आप भी आर्टिस्ट बन सकते हैं

आप भी आर्टिस्ट बन सकते हैं

अच्छी और सुन्दर ड्राइंग सीखने की एक सरल पुस्तक

बैरिंगटन बारबर

अनुवाद एवं संपादन : सुरेन्द्र सुमन

I.G.D.E. (Mumbai) R.D.S. (London)

यूनीकॉर्न बुक्स

प्रकाशक
यूनीकॉर्न बुक्स

F-2/16, अंसारी रोड, दरियागंज, नई दिल्ली-110002
☎ 23275434, 23262683 • Fax: 011-23257790
E-mail: info@unicornbooks.in • *Website:* www.unicornbooks.in

ISBN: 978-81-7806-372-0

संस्करण : 2023

मुद्रकः परम ऑफसेटर्स, ओखला, नई दिल्ली-110020

अनुक्रम

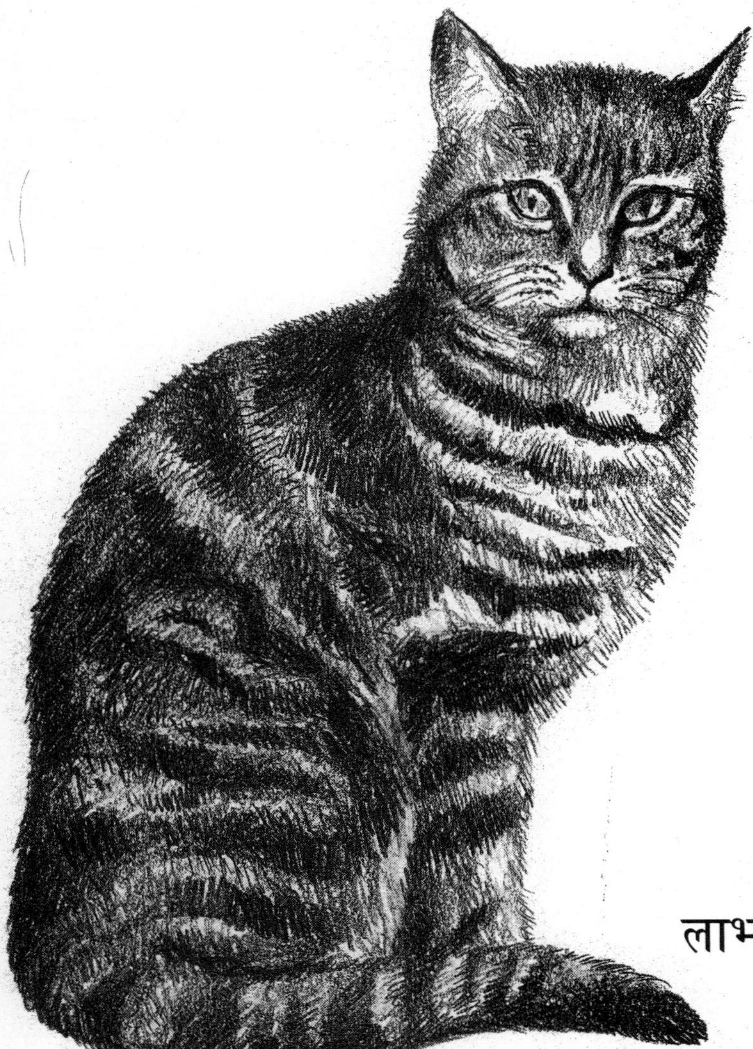

प्रस्तावना

अब यह ऐसी बात नहीं रह गई है जिसे प्राय: न सुना जाता हो। लोग अक्सर यह कहते देखे गए हैं कि ''हम चित्रकला पर अपना हाथ आजमाना तो चाहते हैं पर क्या करें, हमें तो ड्राइंग आती ही नहीं।'' यह एक ऐसा तथ्य है जिसे हम सिरे से नकार भी नहीं सकते।

लेकिन ड्राइंग बनाना कोई विशेष या दुर्लभ चीज नहीं है। यह सोने में सुहागा होगा अगर आपके पास एक आन्तरिक लगन हो, प्रतिभा हो, पर यह चीज मुख्य नहीं है। अपने कला शिक्षक के लम्बे कार्यकाल में मैंने ऐसे विद्यार्थियों को देखा है जो प्रतिभाशाली तो थे, पर उनमें अभ्यास करने की इच्छाशक्ति नहीं थी। कम प्रतिभावान विद्यार्थी अक्सर इन विद्यार्थियों से अभ्यास के कारण ही आगे निकल जाते थे। मैंने 5 वर्ष के बालक से 70 वर्ष के वयोवृद्ध तक के व्यक्ति को सिखाया है और मैंने कोई ऐसा व्यक्ति नहीं देखा जो सीखना चाहता हो, और मैं उसे सिखा न सकूं।

पहला पाठ तो यही है कि आप अपने अन्दर आत्मविश्वास जगाएं और इस बात का ध्यान रखें कि आप कितना अधिक अच्छा अभ्यास करते हैं। आत्मविश्वास ही वह रास्ता है जिस पर चल कर आप मंजिल तक पहुँच जाते हैं, क्योंकि बाधाएं तो हर नए काम को सीखने में आती ही हैं, आप उनकी परवाह न करें।

इस पुस्तक को इस तरह लिखा गया है कि आप आसान या सहज तरीके से ड्राइंग सीख सकें। इसमें प्रारंभ इस बात से किया गया है कि पहले आप लाभदायक माध्यमों से परिचित हो जाएं। फिर आप लाइन ड्राइंग के मूल सिद्धांतों की तरफ बढ़ें जो आसान हैं और निश्चित तरीके हैं। अगर आप लाइन ड्राइंग में महारत हासिल कर लेते हैं तो आगे आप शेडिंग और टोन देने की तरफ बढ़ेंगे जो आपकी ड्राइंग में मांसलता, और त्रिआयामी (Three Dimensional) प्रभाव लाएगा।

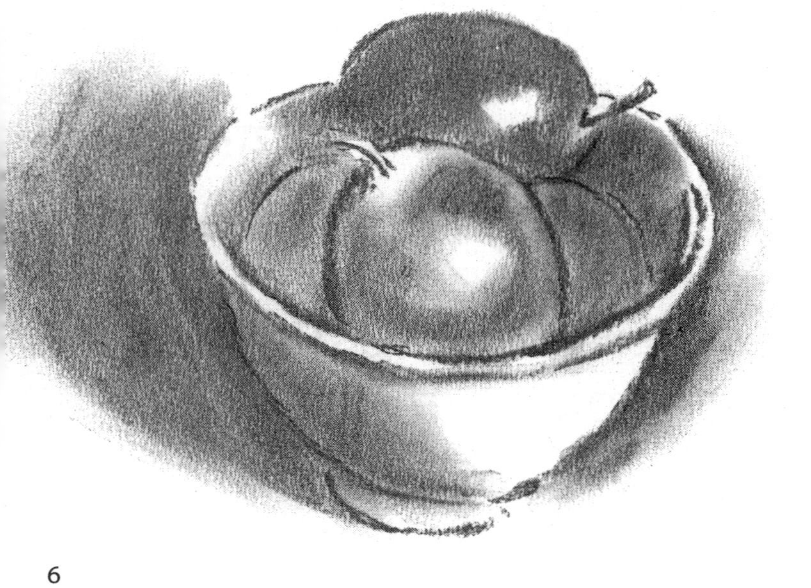

इस पुस्तक में एक खंड निरीक्षण (Observation) का भी हैं, इससे आर्टिस्ट के अभ्यास में निरन्तरता और महत्वपूर्णता आती है। आखिरकार, आप किसी भी वस्तु को सटीकता से तभी चित्रित (Draw) कर सकते है जब आपने वास्तव में उसका निरीक्षण किया हो।

सटीकता (Accuracy) मानव शरीर के चित्रण में महत्वपूर्ण है, क्योंकि हम निरन्तर मानव शरीर को देखते रहते हैं, इसलिए उसके ड्राइंग में जरा सी भी गलती दर्शक की नजर में तुरन्त ही आ जाती है। इस पुस्तक में मानव शरीर का शास्त्रीय चित्रण भी आप सीख सकते हैं। और अगर आप इसके अनुसार चले तो आप आसानी से शरीर चित्रण में महारत हासिल कर लेगें। हममें से कई इन शास्त्रीय नियमों का पालन नहीं करते, यह हमें स्वीकार करना होगा।

आप इसमें एक खंड पर्सपैक्टिव (Perspective) पर पाएंगे। इससे आपको विशाल वस्तुएं जैसे इमारतें सड़के इत्यादि की ड्राइंग करने में सुविधा होगी। इमारतों की जटिल रचना आपके आड़े नहीं आएगी।

इसके बाद, आपके चित्र का संयोजन एक लाभदायक चीज है जिस पर ध्यान दिया जाना चाहिए, बहुत संभव है कि चित्र बनाते समय आप इस पर ध्यान ही न दें। फिर भी अपनी ड्राइंग को नियमानुसार बनाने के लिए ड्राइंग का संयोजन (Compose) आपके चित्र को सुन्दता तो देगा ही आपकी कला-योग्यता में वृद्धि करेगा।

अन्त में हमें उन लाभदायक अभ्यासों पर भी ध्यान देना होगा, जिसके कारण सभी आर्टिस्ट अपनी कला को पूर्णता देने के लिए करते रहते हैं।

उदाहरण के लिए जब कोई आर्टिस्ट हलचल का रेखांकन करता है, तो अलग-अलग कोणों से विषय को ड्रा करने में वह कल्पनाशीलता से काम लेता है और अपनी सृजन क्षमता (Creativity) को बढ़ा लेता है।

कला के बारे में सबसे महत्वपूर्ण यह है कि हमेशा कुछ न कुछ नया मिलता रहता है जो आपके ज्ञान भंडार को बढ़ाता है। यही वह चीज है, जिससे एक आर्टिस्ट प्रसन्नतापूर्वक अपने आगामी वर्षों में और माहिर होता जाता है।

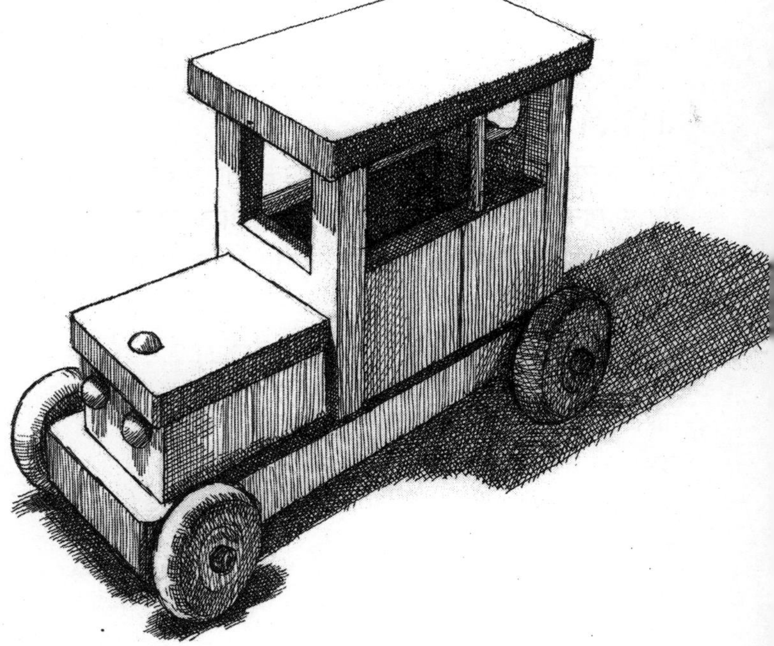

विषय–वस्तु

हम इस पुस्तक में हर प्रकार की विषय वस्तु (Subject Matter) पर विचार करेंगे ताकि आपकी योग्यता में और बढ़ोतरी हो। सबसे सरल तरीका यह है कि रोजमर्रा की वस्तुओं को अपने विषय के रूप में प्रयोग करें क्योंकि इन्हें आप अपनी सुविधा और इच्छा के अनुसार व्यवस्थित (Arrange) कर सकते हैं। इससे अगले कदम के रूप में अपेक्षाकृत जटिल वस्तुएं लें जैसे, संगीत के उपकरण, तबला, हारमोनियम आदि। इसके बाद का कदम है पेड़-पौधे, और जब इनके अभ्यस्त हो जाएं तो पूरा दृश्य ही बनाएं। इससे निरंतर बदलता प्रकाश और हवा से हिलते पत्ते इत्यादि का रेखांकन करने का अभ्यास हो जाएगा।

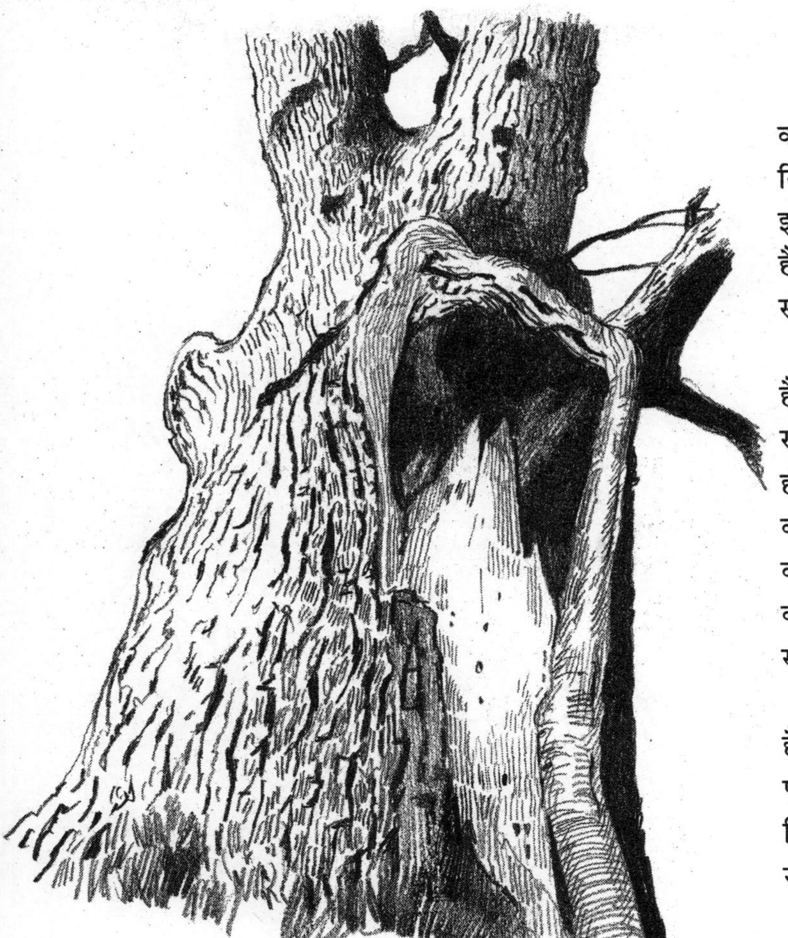

जन्तुओं का चित्रण जरा कठिनाई उपस्थित करता है, क्योंकि वे एक ही स्थिति में बैठे, या खड़े नहीं रहते, वे अपनी स्थिति बदलते रहते हैं। वे आपकी इच्छा के दास नहीं होते। इसके लिए आप जन्तुओं के फोटो की सहायता ले सकते हैं। इससे आप उनके शरीर के अंगों का सूक्ष्म अध्ययन कर सकते हैं।

मानव शरीर का चित्रण अपेक्षाकृत अधिक सुविधाजनक है। क्योंकि पोरट्रेट बनाते समय आप अपने मॉडल को स्थिर रहने को कह सकते हैं, और वह आपके आदेश का निश्चय ही पालन करेगा। इससे आप व्यक्ति के चेहरे के विशेष भेदों को ड्रा कर सकेंगे। अगर आपने इनकी अवहेलना (Avoid) की तो आपके विषय का पोरट्रेट सटीक नहीं बनेगा। पोरट्रेट की सटीकता लाने में थोड़ा समय लगेगा. इससे पोरट्रेट में सजीवता और व्यक्ति के विशेषगुण भी आ जाएंगे।

संभवतः मनुष्य के पूरे शरीर का रेखांकन सबसे कठिन है। यह इतना जटिल है कि बहुत अच्छे चित्रकार भी इसमें पूर्णता प्राप्त नहीं कर पाते, इसलिए आप यह परवाह न करें कि सम्पूर्ण मानव शरीर का आपका प्रथम रेखांकन अपेक्षाकृत सटीक नहीं है।

भीड़ या समूह में मानव-चित्रण और भी परेशान करने वाला है। पर चुनौती बड़ी संतोषपूर्ण होती है, और हल्की सी सफलता आपको यह एहसास करा देती है कि क्यों आर्टिस्ट ड्राइंग न करना असंभव पाते हैं।

आधार (Basic)

जब आप ड्राइंग शुरू करें तो यह जरूरी है कि आपको ड्राइंग में काम आने वाले सभी सामान की जानकारी हो। आप अपनी रुचि के अनुसार सामान का प्रयोग करके अपना खुद का एक स्टाइल बना सकते हैं। जो आपकी पहचान होगी।

पेंसिल पकड़ना

आप शायद यह समझे कि पेंसिल पकड़ना सीखने की क्या आवश्यकता है, पर मैं आपको विश्वास दिलाता हूं कि एक आर्टिस्ट को सामानों का वास्तविक प्रयोग करना आना चाहिए ताकि अच्छे परिणाम प्राप्त किए जा सकें। आपको पेंसिल कसकर मुट्ठी में नहीं पकड़नी है, क्योंकि जटिल वस्तुएं बनाते समय आपके हाथ में पेंसिल एक सुविधा है, कैदी नहीं। इसे ढीले पकड़िए ताकि आप इसे इच्छानुसार चला सकें। इसके बाद अभ्यास से तो आप इसे पकड़ने में माहिर हो जाएंगे।

पेंसिल को आप किसी छड़ी की तरह पकड़िए, आपका अंगूठा पेंसिल के ऊपर होना चाहिए, और देखिए आप कितनी अच्छी तरह पेंसिल पर नियंत्रण रखते हैं। इसे सख्ती से न पकड़ें। यह ईजल पर और खड़े से ड्राइंग बोर्ड पर रेखांकन के लिए आदर्श है।

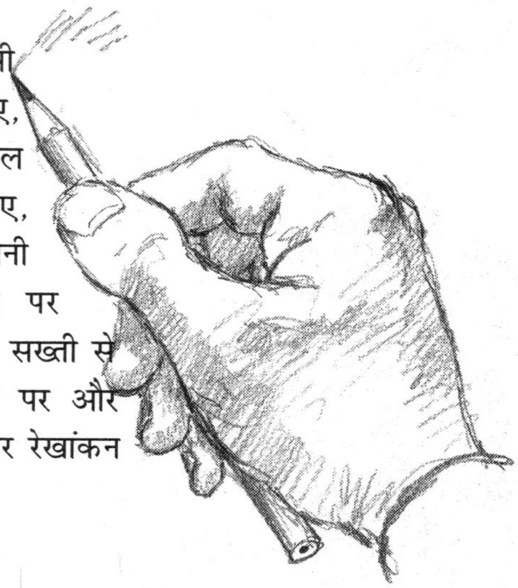

इसके बाद आप पेंसिल को ऐसे पकड़ सकते हैं जैसे पत्र लिख रहे हैं। फिर भी इसे सख्ती से नहीं पकड़ना चाहिए। आप पेंसिल पकड़ने की स्थितियां अपनी सुविधानुसार बदल भी सकते हैं।

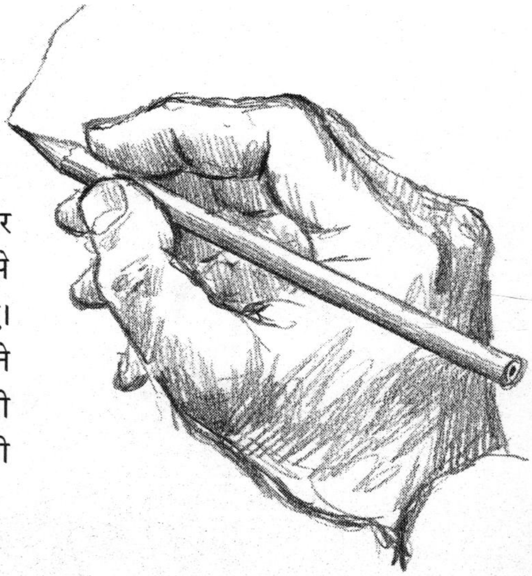

आँख से कागज का कोण

जब आपके बोर्ड पर ड्राइंग पेपर लगा हो तो उसका कोण आँख से 90 डिग्री पर होना चाहिए। अन्यथा आप ड्राइंग में गड़बड़ी कर देंगे। 90 डिग्री के कोण से आप विषयवस्तु को केन्द्र से देख सकेंगे। इस तरह रेखांकन में बेढंगापन नहीं आएगा। हालांकि कई आर्टिस्ट ईजल पसन्द करते हैं, पर यह आवश्यक नहीं, आप ड्राइंग बोर्ड पर अपना कागज सुविधानुसार सरका सकते हैं ताकि आप आराम से कागज की सतह पर दृष्टि रख सकें।

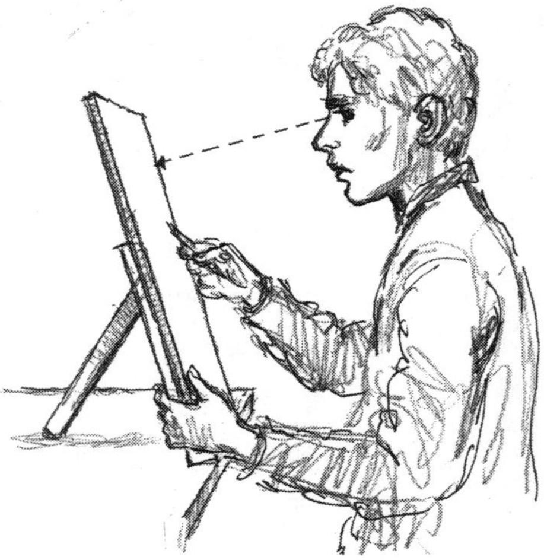

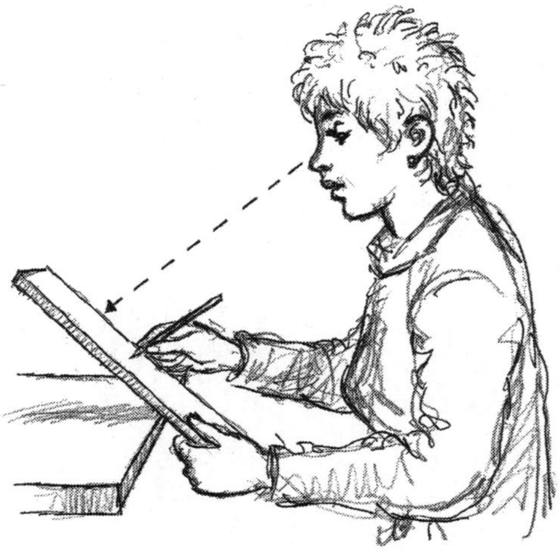

अपनी ड्राइंग नापना

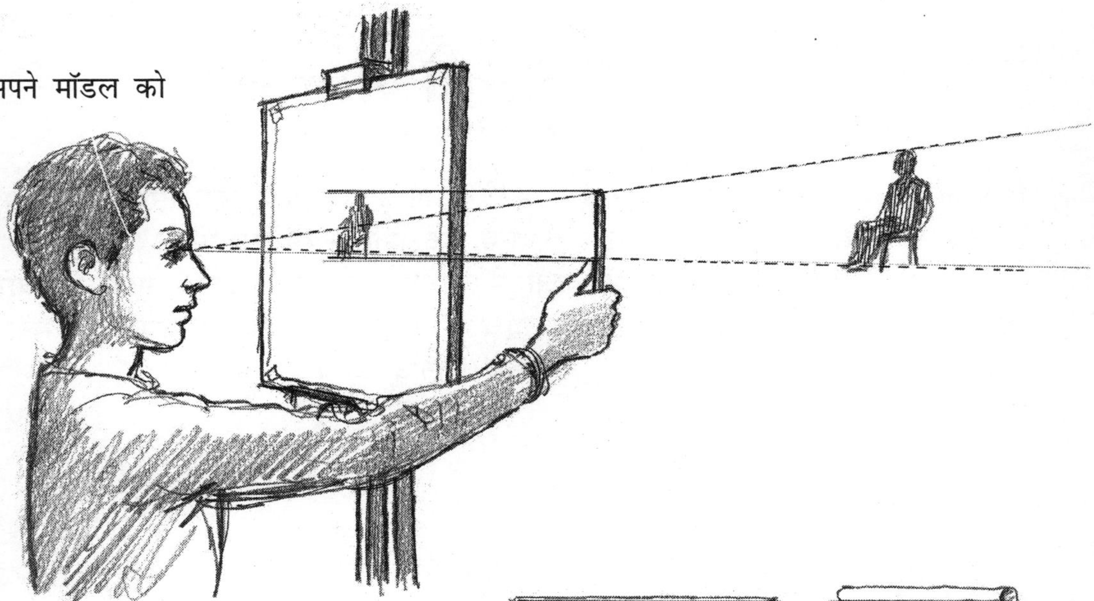

यह काफी सरल है, अगर आप अपने मॉडल को बार-बार एक ही आकार में बना रहे हैं तो पर आपको इसकी आदत पड़ सकती है। यह आपके विकास की क्षमता को घटा सकती है। एक आर्टिस्ट को हर आकार प्रकार के चित्र बनाने में माहिर होना चाहिए।

समान आकार में चित्र बनाना जैसा कि वह आपकी आँखों को दिखाई दे रहा है एक अच्छा अभ्यास है, पर इसके लिए आपका ड्राइंग बोर्ड लम्बे रूप (Vertical) में होना चाहिए, ताकि आप प्रभावपूर्ण चित्र बना सकें। इसके लिए आपकी पेंसिल लम्बी होनी चाहिए (वैसे आप पतली डंडी का भी प्रयोग कर सकते हैं) ताकि आप विषय या मॉडल को नाप सकें। यहां हम एक मानव शरीर का उदाहरण ले रहे हैं।

पहले तो आप ऐसी जगह बैठें, जहां से आप अपने मॉडल को स्पष्ट देख सकें। आपकी स्थिति ऐसी होनी चाहिए, ताकि आप अपना हाथ सीधा, (पूरा) फैला सकें। यह आवश्यक है, अन्यथा आपके नाप में गड़बड़ी हो सकती है। अब अपनी पेंसिल को इस तरह पकड़ें कि पेंसिल का ऊपरी सिरा और मॉडल के सिर का टॉप (उच्चतम) बिन्दु ऐसी लाइन में रहें जिसमें आपका पेंसिल पर रखा अंगूठा और मॉडल के पांव एक ही लाइन में हों जब इस नाप को अपने कागज पर उकेरें (देखें चित्र)। अगर आपका मॉडल आपसे दूर बैठा है तो कागज पर उसका चित्र छोटा बनेगा। और अगर वह आपसे निकट है तो आपको उसे पर्सपैक्टिव में नापने के लिए पेंसिल से लंबी किसी पतली छड़ी की आवश्यकता पड़ेगी। ताकि सिर से पैर तक आप उसका पूरा नाप ले सकें। अगर जरूरत पड़े तो आप अपने मॉडल को नजदीक सुविधाजनक स्थिति में बिठा सकते हैं।

अब आप मॉडल को इस स्थिति में चित्रित करें। आपको यह जान कर हैरानी होगी कि वास्तविक विषय (मॉडल) से आपके कागज पर चित्र कितना छोटा बन गया है। जैसा कि आप चाह रहे थे। अगर आपकी नाप जोख सही रही है तो चित्र सटीक बनेगा। आप जब भी विषयवस्तु की नाप जोख करें आपका हाथ एकदम सीधा होना चाहिए जो आपके धड़ से 90 डिग्री का कोण बनाता हो ताकि आप विषय वस्तु का अनुपात सही रख सकें।

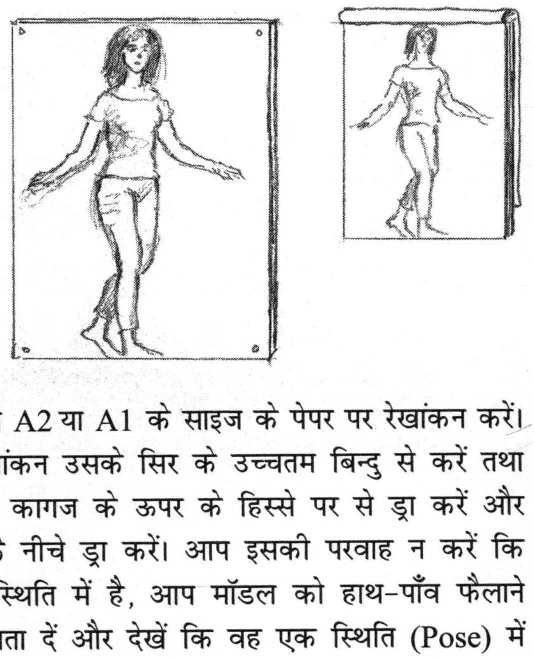

अब आप A2 या A1 के साइज के पेपर पर रेखांकन करें। मॉडल का रेखांकन उसके सिर के उच्चतम बिन्दु से करें तथा कागज पर भी कागज के ऊपर के हिस्से पर से ड्रा करें और पांव कागज के नीचे ड्रा करें। आप इसकी परवाह न करें कि मॉडल किस स्थिति में है, आप मॉडल को हाथ-पाँव फैलाने की पूर्ण स्वतंत्रता दें और देखें कि वह एक स्थिति (Pose) में कितनी देर तक रह सकता है। अब मॉडल को इस नए फोरमेट (आकार) में फिट होना पड़ेगा और आप पाएंगे कि आपका अनुपात गड़बड़ा गया है। चिन्ता न करें, बल्कि इसे चुनौती के रूप में लें, और अपनी ड्राइंग को तब तक ठीक करते रहें, जब तक कि वह सटीक (Accurate) न हो जाए।

अगली बार जब आप कोई ड्राइंग करें तो इसी ढांचे (Format) का छोटे स्तर पर प्रयोग करें। जैसे A2 या A1 कागज के बजाय किसी स्कैच बुक जैसी कोई चीज, और स्कैच के पूरे पृष्ठ पर स्कैच करें। यह अभ्यास आपकी रेखांकन योग्यता में सुधार कर देगा। इसका अक्सर अभ्यास करें।

अध्याय-1

चित्रकारी के सामान की पहचान

जब आप पहली बार ड्राइंग का अभ्यास करते हैं तो आपके लिए सही तरीके से ड्राइंग करना मुश्किल लगता है। इस अध्याय में हम आपको ड्राइंग के कुछ शुरुआती नियम बताएंगे।

इसी अध्याय में हम आपको कला में प्रयोग आने वाले उन सामानों के बारे में बताएंगे, जिनका ड्राइंग में इस्तेमाल होता है। आप अपनी रुचि के अनुसार सामान का चयन कर सकते हैं, जो आपके लिए सुविधाजनक हो और आपको ड्राइंग बनाने में आनन्द आए।

पेंसिल

रेखांकन के लिए सबसे आम और सस्ता माध्यम पेंसिल है। इसमें आप 'B' ग्रेड की पेंसिलें चुने क्योंकि ये कागज पर ज्यादा गहरी रेखाएं बनाती हैं। 'H' ग्रेड की पेंसिलों से आपको ज्यादा दबाव डालना होगा, 'B' ग्रेड की पेंसिलों पर कम दबाव डालना पड़ता है। आदर्श रूप की बात करें तो आपके पास 'B', 2B, 4B, 6B, और 8B रेंज की पेंसिलें होनी चाहिएं।

B-ग्रेड की पेंसिलें हल्की होती हैं और जल्दी ही घिस जाती हैं, इसलिए आप कई छिली (Sharp) हुई पेंसिलें पहले से तैयार रखें। अन्यथा आपका अधिक समय पेंसिलें छीलने में चला जाएगा और रेखांकन के लिए कम समय मिलेगा।

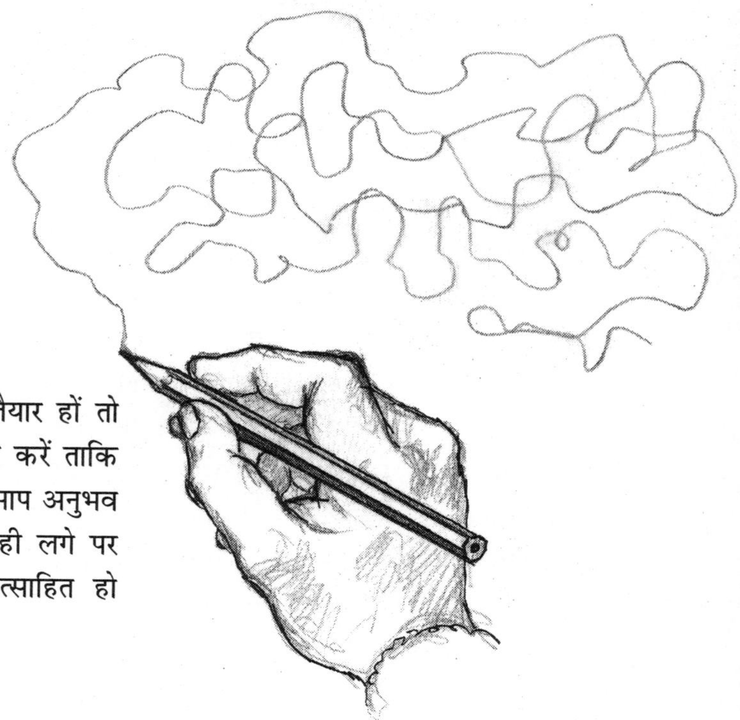

1. जब आप रेखांकन के लिए तैयार हों तो कागज पर लहरियों जैसा रेखांकन करें ताकि पेंसिल का कागज पर चलने को आप अनुभव कर सकें। यह अनावश्यक भले ही लगे पर इससे आप रेखांकन के प्रति उत्साहित हो जाते हैं।

2. पेंसिल को हर दिशा में चलाएं इससे एक पैच (Patch) सा बन जाएगा। (देखें चित्र)

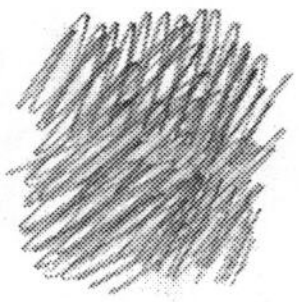

3. अब आप जल्दी खींची लाइनों का अभ्यास करें, इनकी दिशा एक ही हो। लाइन पास लगाएं ताकि एक पैच बन सके।

4. अब कई सारी लाइनें लगाइए जो हर दिशा में हों, रेखाएं छोटी हों पर उनके बीच एक फासला हो। पैच ऐसा लगे जैसे कोई तिनके का ढेर हो।

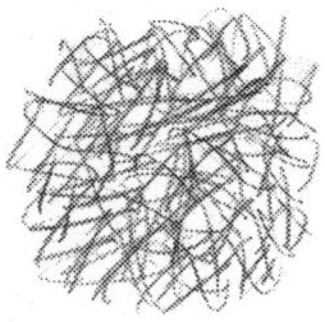

5. अब आप एक पैच बनाएं। जिसमें रेखाएं नजदीक नजदीक हों और ऊपर से नीचे की ओर लगाई गई हो।

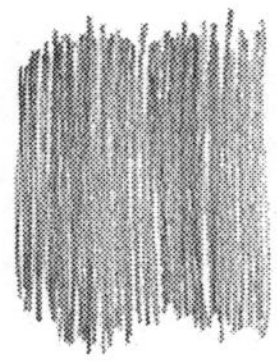

6. अगली बार ऐसी लाइनें लगाएं पर इस बार वे दाएं से बाएं हों। (देखें चित्र)

7. अब इस पैच में रेखाएं ऊपर से नीचे और दाएं से बाएं लगाएं और इन्हें काटती हुई लाइनें भी लगाएं, इससे गहरा पैच (Patch) बन जाएगा।

8. एक वृत बनाने की कोशिश करें जितना भी सटीक आप बना सकें। वृत बनाना कल्पना में आसान लगता है पर इसके लिए आपको सावधानी से रेखांकन करना होगा।

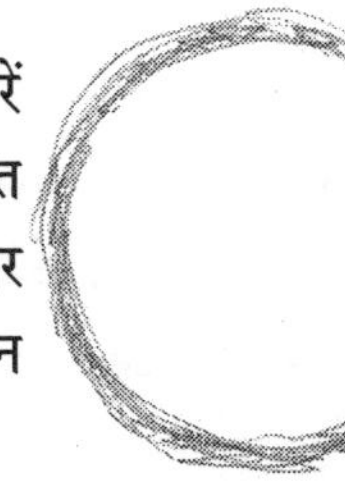

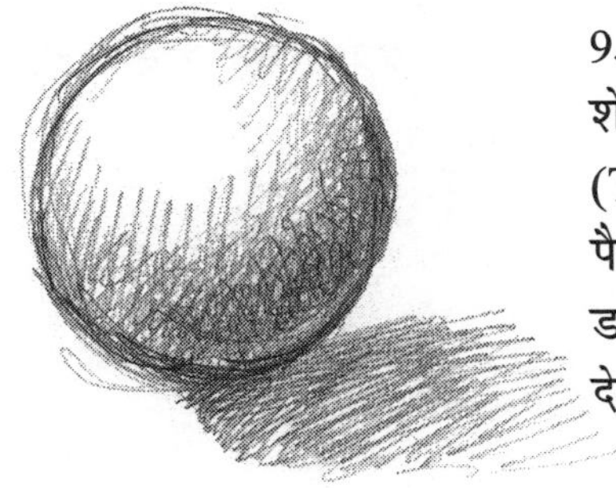

9. अब आप इस वृत (Circle) में शेड डालें इससे वृत्त में त्रिआयामी (Three Dimensional) प्रभाव पैदा होगा। वृत के नीचे भी शेड डालें यह वृत की छाया का आभास देगा (देखें चित्र)।

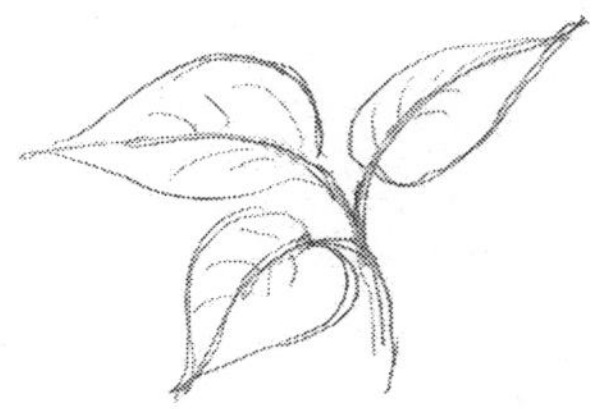

10. अब आप पत्तियों का एक चित्र बनाएं। इसे सरल रखें और ऐसा लगे कि पत्तियां पौधे पर लगी हैं।

11. इसी तरह आप एक फूल का रेखांकन करें, आप इस स्तर पर आकर इस बात की चिन्ता न करें कि आपका चित्र सटीक है या नहीं।

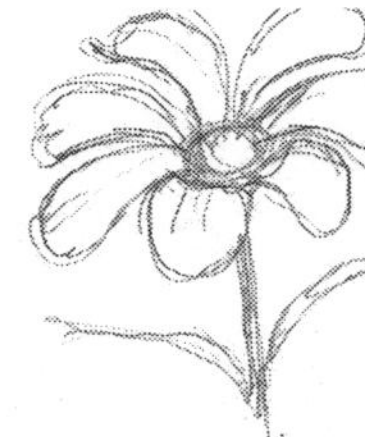

अब हम ड्राइंग करने की तरफ एक कदम और आगे बढ़ेगें, क्योंकि अब आप ऐसी आकृतियां बनाने जा रहे हैं, जिन्हें बनाने की इच्छा आपके मन में पलती रही थी।

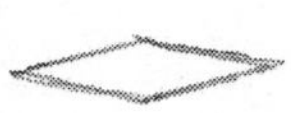

12. एक हीरे की सी आकृति बनाएं जो दाएं से बाएं हो, न कि ऊपर से नीचे।

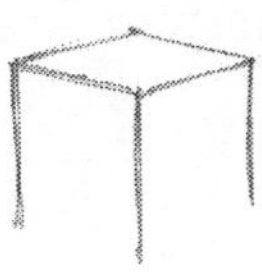

13. अब तीन रेखाएं ऊपर से नीचे ड्रा करें। सभी रेखाएं समानान्तर लगेंगी। दाएं और बाएं की रेखाएं एक ही लंबाई की होंगी। पर केन्द्र की रेखा थोड़ी लम्बी होगी (देखें चित्र)

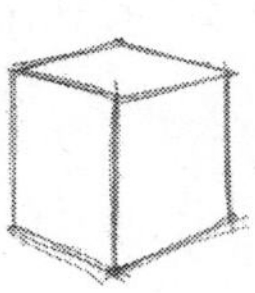

14. अब ऊपर से नीचे खींची रेखाएं खींचिए जो संख्या 12 में खिंचे आकार के निचले हिस्से के समानान्तर हों। अब यह एक ब्लॉक बन गया जो घन (Cube) के आकार का है।

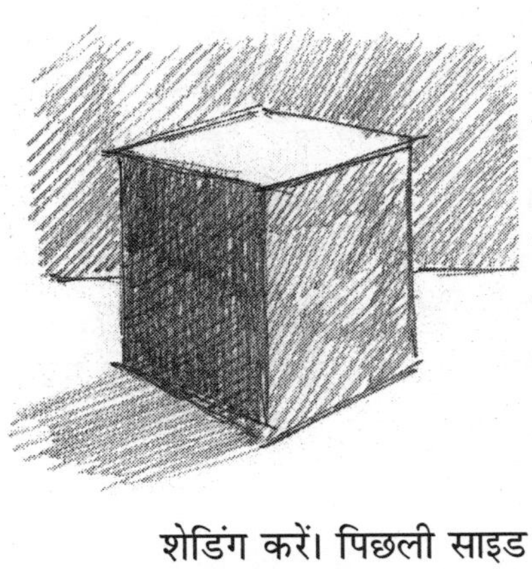

15. ठोसत्व का प्रभाव पैदा करने के लिए बैंक ग्राउंड (Back Ground) में हल्की सी शेडिंग करें (देखें चित्र) जो घन (Cube) के आधे भाग तक जाए। अब घन के सामने के भागों में शेडिंग करें। पिछली साइड के घन पर भारी शेडिंग दें (देखें चित्र) अन्त में घन (Cube) के नीचे हल्की शेड्गि दें जो घन की छाया का आभास दे। अब आपको ऐसा चित्र मिल गया है जिसमें दिखाया गया हो कि एक घन किसी समतल भूमि पर रखा हुआ है।

पैन और स्याही का प्रयोग.....

पैन और स्याही से रेखांकन के लिए सबसे उपयुक्त ग्राफिक पैन है। ये पैन पतली मोटी लाइनों के लिए अलग-अलग नम्बरों में मिलते हैं। इनमें आपको आवश्यकता होगी 0.1, 0.3 और 0.8 की, इनसे आप बारीक और मोटी लाइनें लगा सकते हैं। इन्हें आप आर्टिस्टों की स्टेशनरी की दुकान से खरीद सकते हैं। इन पैनों की कमी यह है कि ये एक जैसी मोटाई की ही लाइनें लगाते हैं। रेखाओं में एक साथ ही मोटे पतले प्रभाव के लिए आप 'क्रोगिल' का प्रयोग कर सकते हैं। इसके लिए आपको काली 'इंडियन इंक' की भी आवश्यकता होगी।

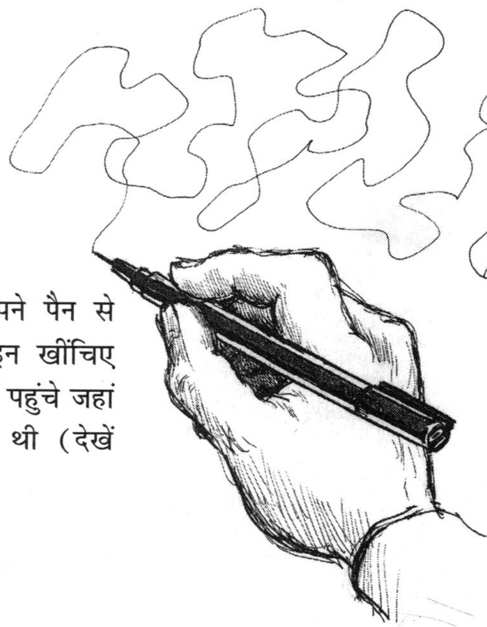

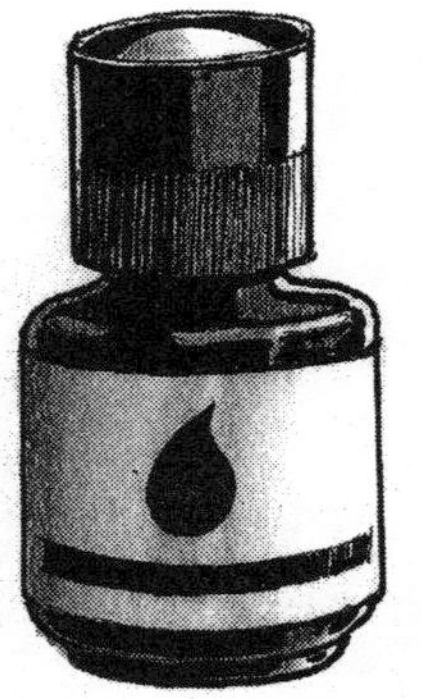

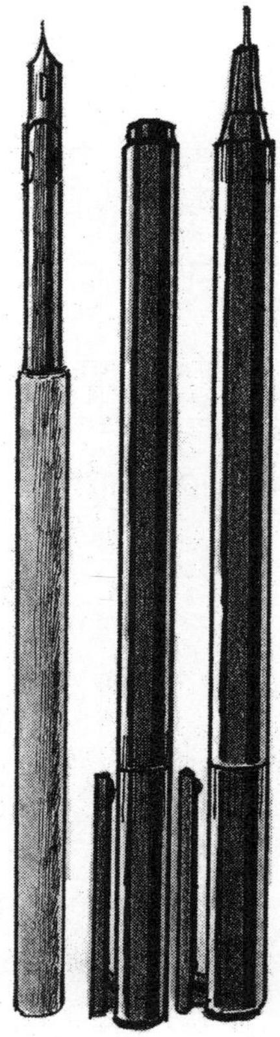

1. अब आप अपने पैन से लहरिया देती लाइन खींचिए जो घूमती हुई वहीं पहुंचे जहां से वह शुरू हुई थी (देखें चित्र)

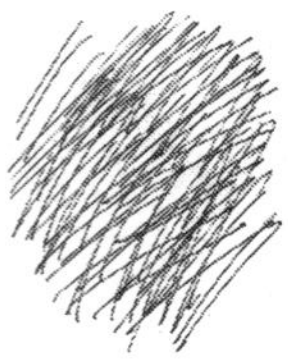

2. अब जैसे कि आपने पेंसिल के साथ लाइनें लगाई थीं वैसी ही पैन के साथ लगाइए। इस बात की चिन्ता न करें कि लाइनों की दिशा क्या है।

3. अब आप थोड़ी संतुलित रेखाएं लगाएं, जो एक ही दिशा में लगाई गई हों। वे रेखाएं एक दूसरे से अलग हों और कहीं भी छूती न हों।

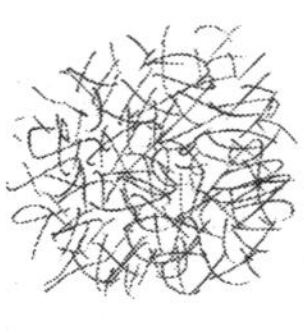

4. अब एक ऐसा पैच बनाएं जो आलपिनों का ढेर सा लगे।

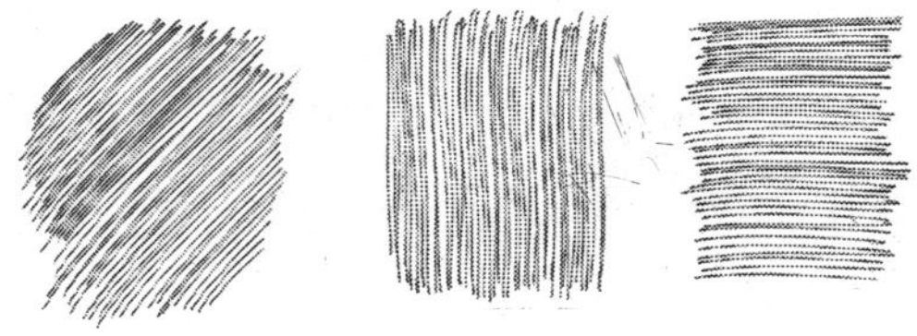

5. अब संख्या 3 की तरह का पैच बनाएं और रेखाएं ऊपर नीचे, दाएं बायें और कर्ण रेखावृत (Diagonally) हों।

6. इस पैच में ऐसी रेखाएं लगाएं जो सभी दिशाओं में जाती हों। इससे पैच (Patch) गहरा बनेगा।

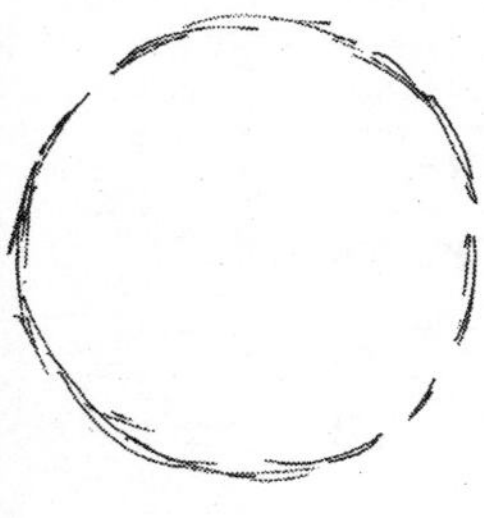

7. अब एक वृत (Circle) बनाएं, ठीक वैसे ही जैसे कि आपने पेंसिल से बनाया था।

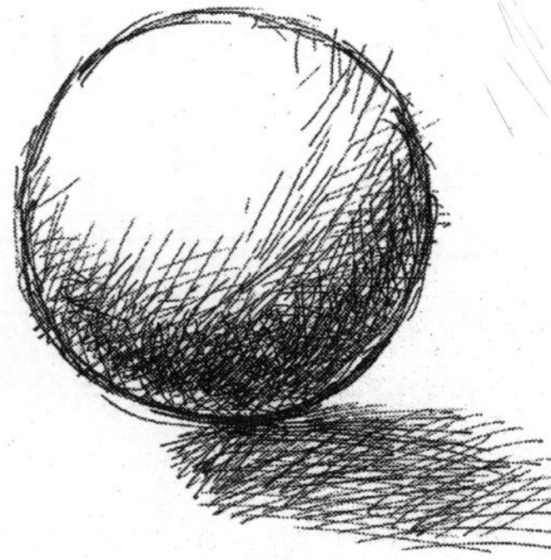

8. अब एक जाल की सी बुनावट सी शैडिंग दें, और चित्र को गोले जैसा आकार देने की कोशिश करें।

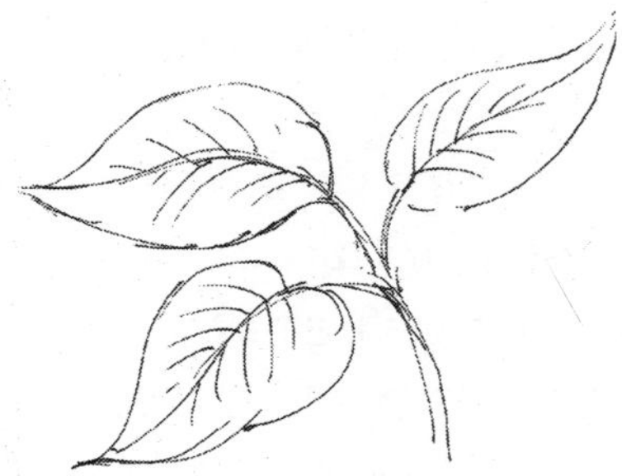

9. अब पत्तियां बनाएं, पैन पर ज्यादा दबाव न डालें, हल्के दबाव से लाइनों द्वारा वैसे ही ड्रा करें जैसा कि पेंसिल से आपने किया था। अन्यथा ड्राइंग अधकचरी हो जाएगी।

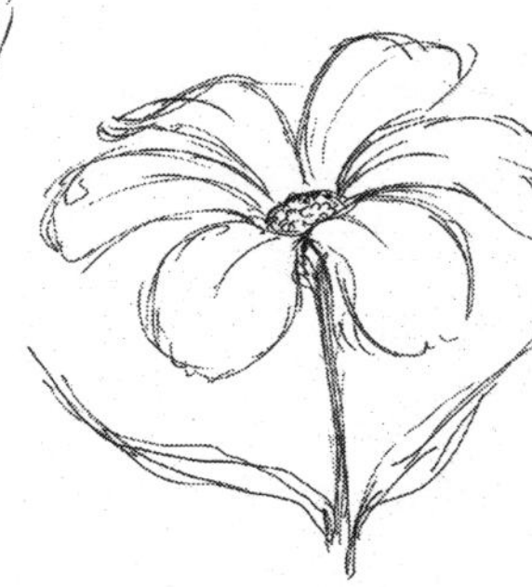

10. अब एक फूल का रेखांकन करें, जिसमें पूरा फूल डंडी के साथ बनाएं। अपनी ड्राइंग को हल्के हाथ से बनाएं जैसा कि पेंसिल के साथ बनाया था। इससे चित्र आकर्षक लगेगा।

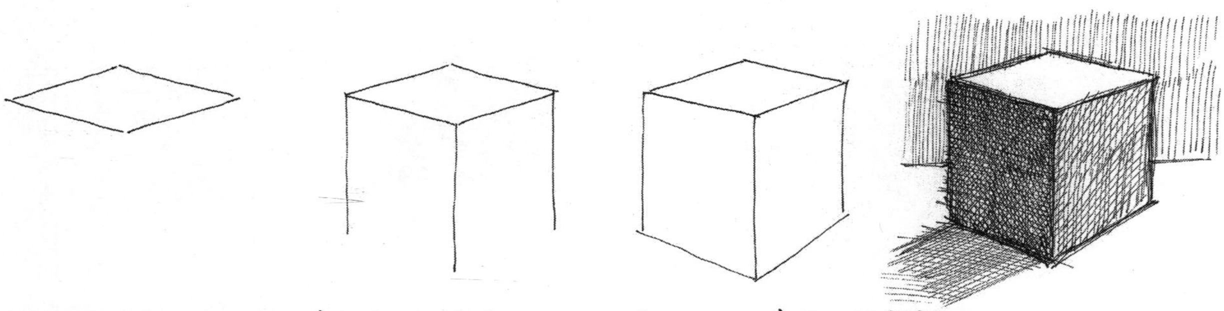

11. अब घन पर हाथ आजमाएं जैसा कि पहले किया था। फर्क बस इतना है कि पहले पेंसिल से किया था अब पैन और स्याही करना है। आप अंतिम चित्र में देखेंगे कि एक दूसरे पर मारी गई रेखाओं ने घन (Cube) में त्रिआयामी प्रभाव पैदा कर दिया है।

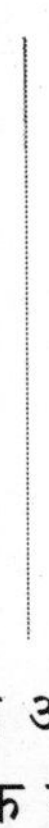

12. अब आप पैन से एक वास्तविक वस्तु का चित्रण कीजिए। पहले एक रेखा ऊपर से नीचे खींचिए। इसे एक निश्चित दूरी तक ही खींचिए।

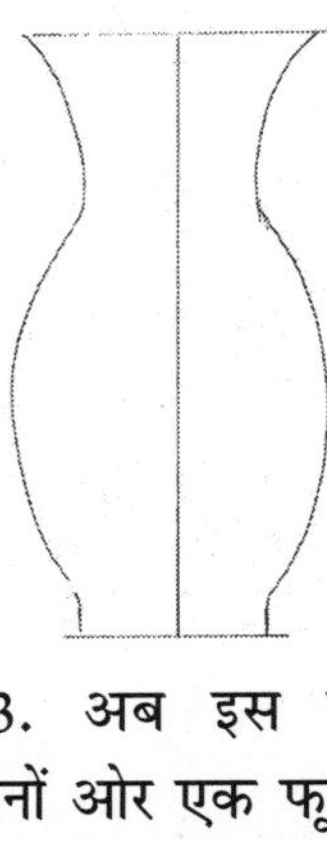

13. अब इस रेखा के दोनों ओर एक फूलदान के आकार की रेखाएं खींचिए (देखें चित्र) ऊपर और नीचे अब दाएं से बाएं की रेखाओं से फूलदान के लिए खींची रेखाओं से मिला दें (देखें चित्र)

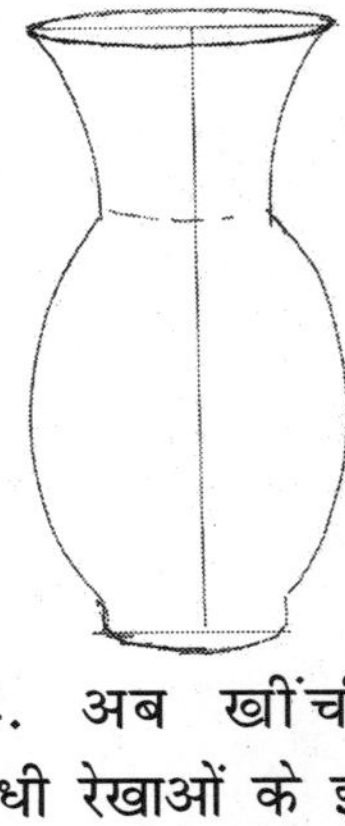

14. अब खींची हुई सीधी रेखाओं के इर्द-गिर्द अन्डावृत बनाएं, ऊपर भी और नीचे भी।

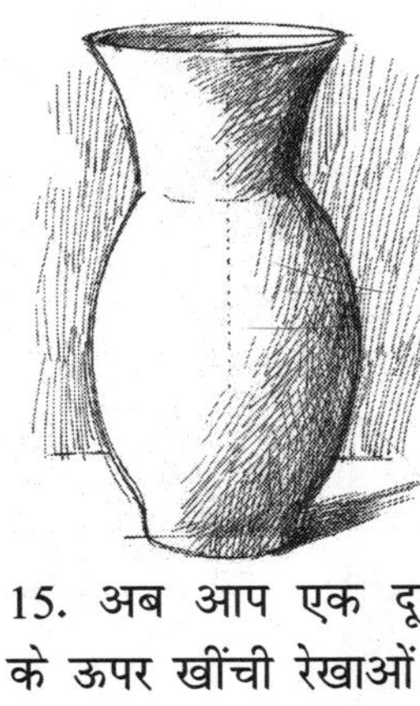

15. अब आप एक दूसरे के ऊपर खींची रेखाओं से शेडिंग (छाया) दें, और फूलदान के नीचे की छाया भी दें जो यह आभास दे कि फूलदान जमीन पर रखा है।

चारकोल और कोन्टे (एक प्रकार का पेस्टल (Pastal) क्रेयन)

चारकोल और पेस्टल का प्रयोग बहुत से आर्टिस्ट करते हैं। ताकि उल्टे शेडिंग (Tone) में लचीलापन आ जाए। चारकोल लकड़ी की डंडियों के रूप में मिलता है। आपको एक दो डंडियों की ही जरूरत पड़ेगी। यह कुरकुरी (Brittle) और जल्दी टूटने वाली होती है। इसलिए इनका प्रयोग सावधानी और हल्के हाथ से करना चाहिए। चारकोल की लकड़ी खुद कागज पर गहरा काला प्रभाव डालती है इसलिए इस पर अधिक दबाव डालने की आवश्यकता ही नहीं है।

अगर आपको शक्तिशाली और हॉफ टोन प्रभाव देना हो तो पेस्टल *(Conte)* का प्रयोग करें। कोन्टे ग्रेफाइट पाउडर से बनाई जाती हैं। इसे कागज पर स्थिर रखने के लिए केमिकल *(Fixative)* का प्रयोग करना होगा। पर इसका प्रयोग घर से बाहर करना चाहिए क्योंकि इससे उठता हुआ धुआं कसैला होता है।

1. इन दो माध्यमों से कागज पर घसीटने का अभ्यास करें, इससे आपको इनके कागज पर प्रभाव का अनुभव होगा।

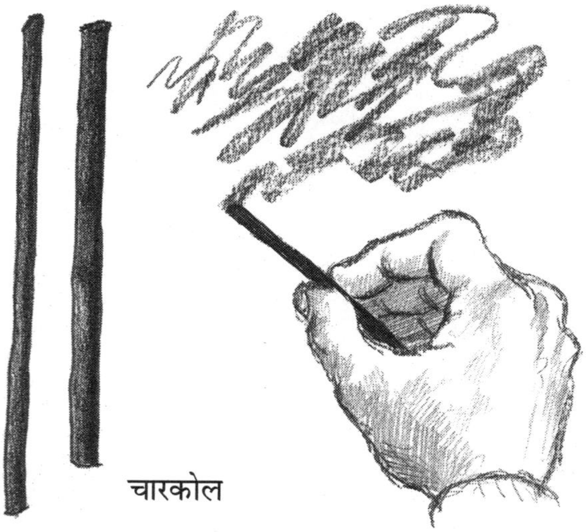

चारकोल

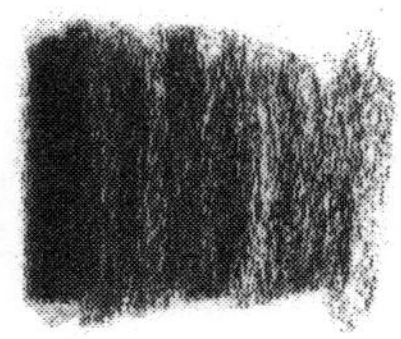

2. अब ऊपर से नीचे स्ट्रोक लगाइए। जैसे जैसे आप दाईं तरफ बढ़ें इन्हें हल्का करते जाइए (देखें चित्र)।

3. इसमें भी ऐसा ही करें, पर इस बार चित्र के दायीं तरफ अपनी उंगली से मसल कर इसे धुंधला करते जाएं (देखें चित्र)

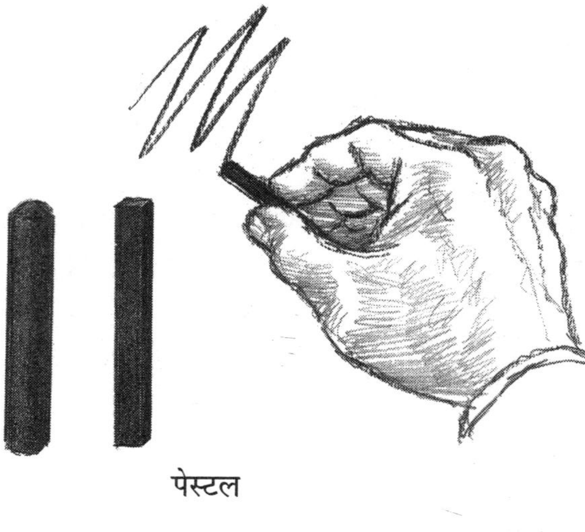

पेस्टल

4. अब एक वृत (Circle) का अभ्यास करें इसमें सर्किल का केन्द्र काला है, अपनी उंगली से केन्द्र को धीरे-धीरे मसल कर धुंधलके का प्रभाव पैदा करें।

अब आप इसी तरह के अभ्यास चारकोल और पेस्टल क्रायन से करें। टोन में धुंधलके का नाजुक प्रभाव देने के लिए आप पैच को उंगली से मसल कर ऐसा कर सकते हैं। (देखें चित्र 7)

5. अब एक ऐसा घसीटा पैच बनाएं जिसमें रेखाएं एक दूसरे के ऊपर हों। इससे पैच गहरा होता जाएगा।

6. अब एक और पैच बनाएं जो हल्की रेखाओं द्वारा बनाया गया हो। कागज़ पर घसीटा मारते समय चारकोल और कोन्टे से ज्यादा दबाव न दें।

7. इसके बाद काफी सारी रेखाएं खींच कर उन्हें उंगली से मसल कर धुंधलके का प्रभाव पैदा करें (देखें चित्र)

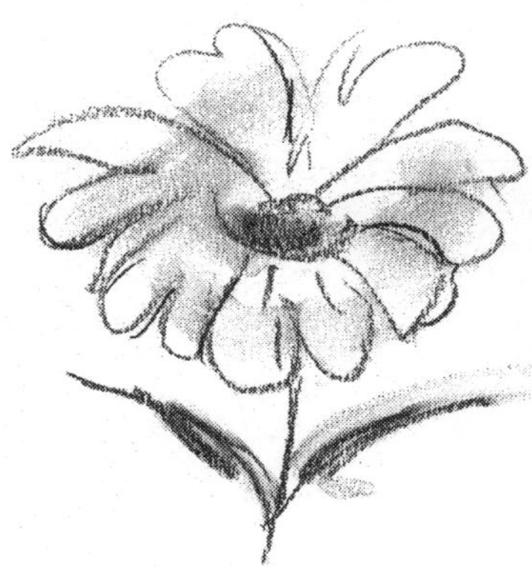

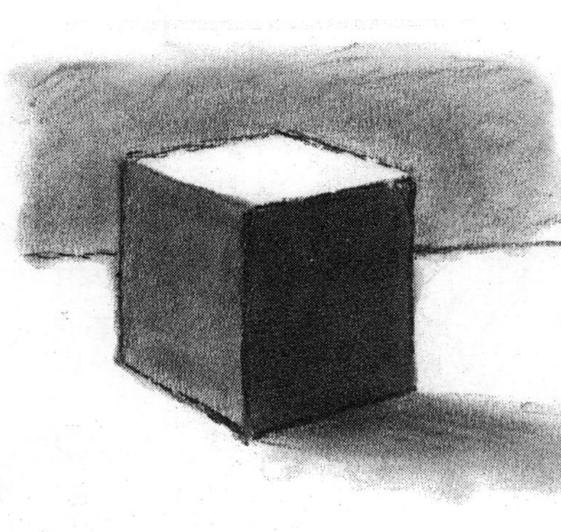

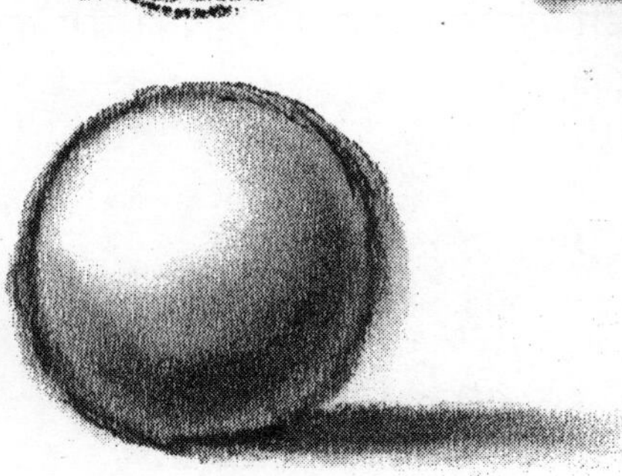

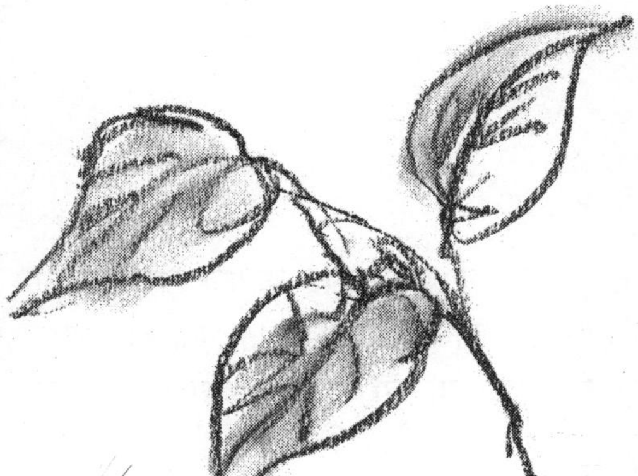

8. एक वृत (Circle) बनाएं उसमें ऊपर का भाग छोड़कर नीचे शेडिंग करें। इससे वृत एक गोले की या गेंद की तरह लगने लगेगा। यह वृत आपके पिछले पृष्ठों से सीखे हुए गोले (Sphere) से अच्छा लगने लगेगा।

9. अब एक घन (Cube) बनाएं। इसके दायें बायें शेड दें। ध्यान रहे ऊपर का भाग खाली या सफेद छोड़ना है। अब उंगली से मसलकर आप कागज पर अपनी उंगली रखकर उसे दायें-बाएं घुमाएं। चारकोल या पेस्टल स्टिक का हल्का सा पदार्थ आपकी उंगली पर लग जाएगा, यही पदार्थ धुंधलके (Blurred) का प्रभाव देगा।

10. अन्त में, पत्तों और फूल की एक ड्राइंग बनाएं अपनी उंगली इस पर चलाएं और धुंधलके का प्रभाव दें। (देखें चित्र)

ब्रश और वाश (जल रंग) का प्रयोग

इस विधा में पेंसिल, चारकोल या कोन्टे (Pastel) के प्रयोग की बजाय ब्रश और जलरंगों का प्रयोग किया जाता है, जो एक लाभदायक तकनीक है। आपको इसके लिए 10 नंबर और 2 नंबर के ब्रश (Brush) चाहिए। साथ ही पानी में घुलनशील रंग, या घुलनशील काली स्याही की जरूरत पड़ेगी। इसके लिए यदि आप कार्टेज कागज का प्रयोग कर रहे हैं, तो मोटा कार्टेज कागज ही लें अन्यथा पानी कागज में सिकुड़ने पैदा कर देगा।

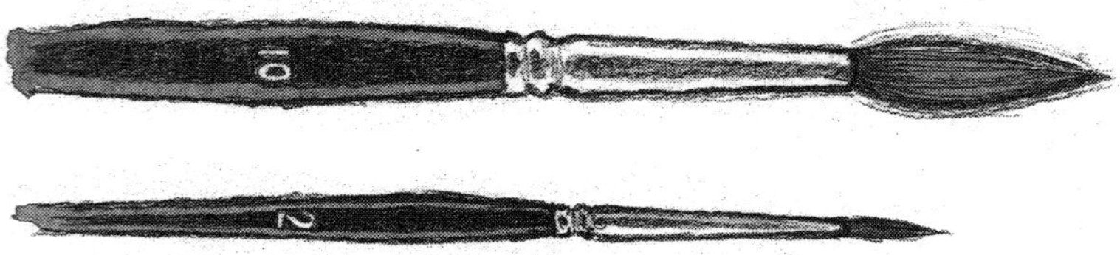

ब्रशों के अलग-अलग साइज के कारण आपको चयन करने की सुविधा होगी।

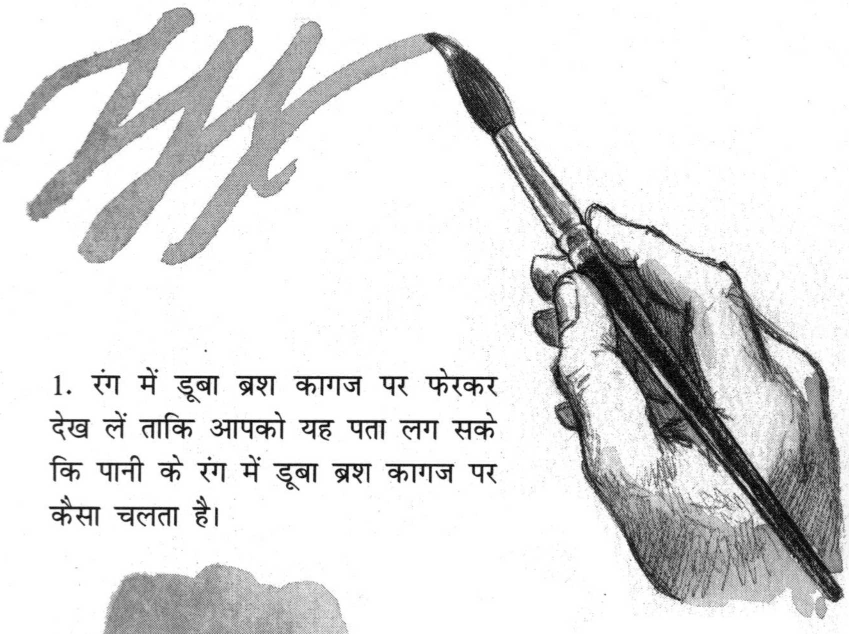

1. रंग में डूबा ब्रश कागज पर फेरकर देख लें ताकि आपको यह पता लग सके कि पानी के रंग में डूबा ब्रश कागज पर कैसा चलता है।

2. अब एक हल्के रंग का पैच बनाइए।

3. अब गहरे रंग से शुरू कीजिए और धीरे-धीरे अपने दायीं तरफ ब्रश चलाइए। इसमें हल्का सा पानी ब्रश में लगाते रहें।

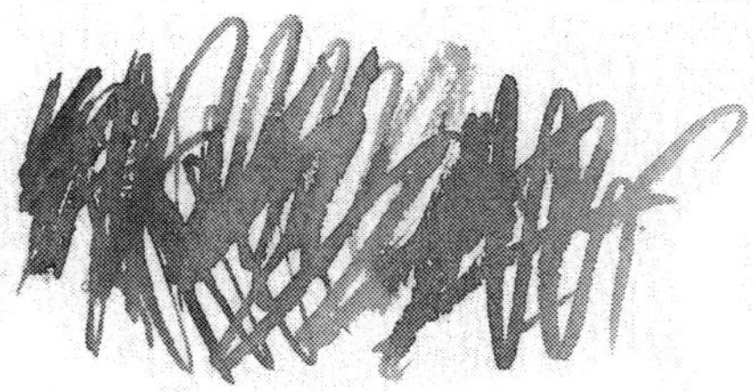

4. अब आप 2 नंबर के ब्रश से कागज पर आड़ी तिरछी लकीरें खींचिए। ध्यान रहे आपको ब्रश कागज से नहीं हटाना है।

5. अब आप गहरा रंग ब्रश में लीजिए। जैसे जैसे आप दायीं तरफ बढ़ें, ब्रश में हल्का सा पानी लेकर ब्रश तब तक चलाइए जब तक कि आपका पैच बिल्कुल कागज के रंग से न मिल जाए। इस पैच के अन्तर्गत गहरे रंग से सफेद हो जाने तक का अभ्यास कीजिए। निरन्तर अभ्यास से आप इसमें माहिर हो जाएंगे।

6. अब ऐसी ही पत्तियां बनाएं जैसी आपने पिछले पृष्ठों में बनाई हैं। इस विधा में आप एक ही स्ट्रोक में वह प्रभाव ला सकते हैं जो पिछले पृष्ठों में बहुत सी लाइनें खींचकर आप लाए थे।

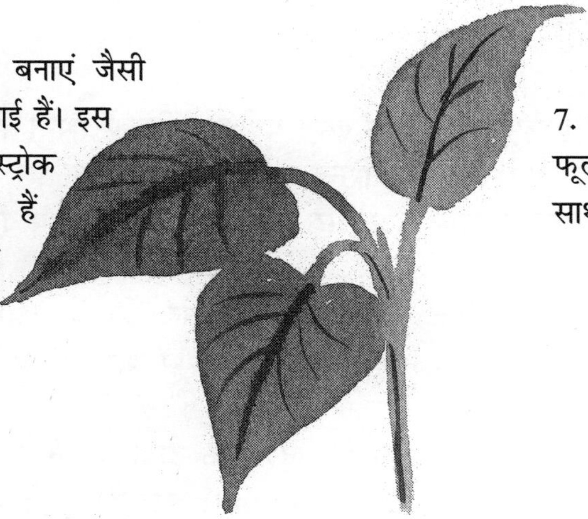

7. ऐसा ही आप फूल के चित्र के साथ प्रयोग करें।

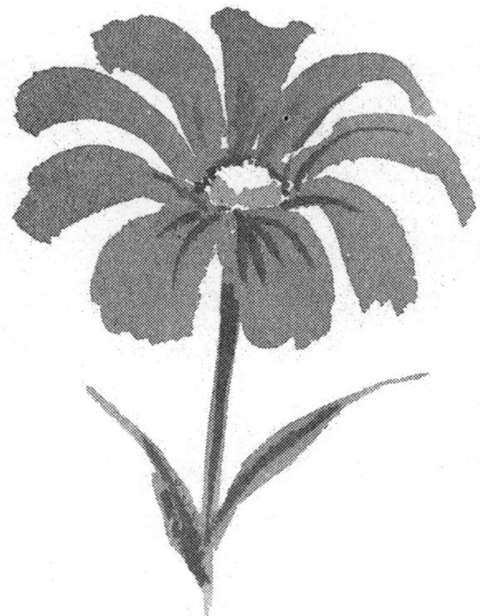

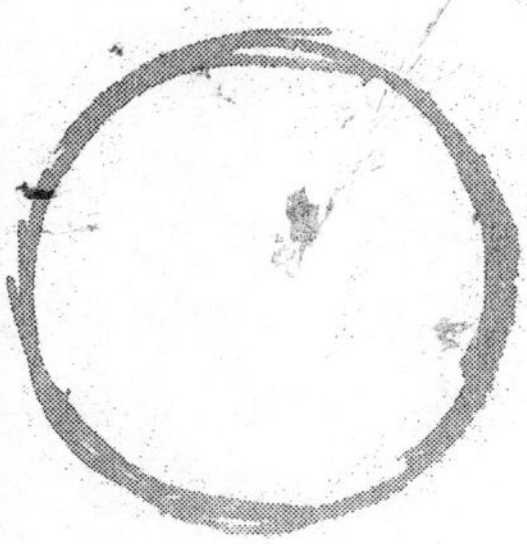

8. पिछले पृष्ठों की तरह यहां भी एक वृत (Circle) बनाएं।

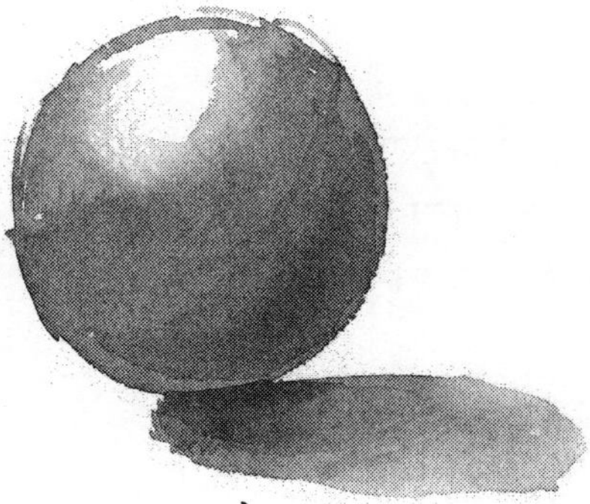

9. एक और वृत बनाएं जिसमें निचले तीन चौथाई भाग में टोन दें गीले ब्रश से ऊपर की तरफ टोन उठाएं और गोल सा सफेद पैच छोड़ें। एक गोला (Sphere) बन गया जो ठोस दिखता है, अब गोले के नीचे ब्रश स्ट्रोक लगा कर यह आभास दें कि गोला किसी सतह पर रखा है।

10. अब एक घन (Cube) चित्रित करें; पर इस बार आप 2 नम्बर के ब्रश से इसे बनाएं ताकि रेखाएं बारीक पेंसिल जैसी आएं। अब जब तक ये रेखाएं सूख न जाएं टोन न दें।

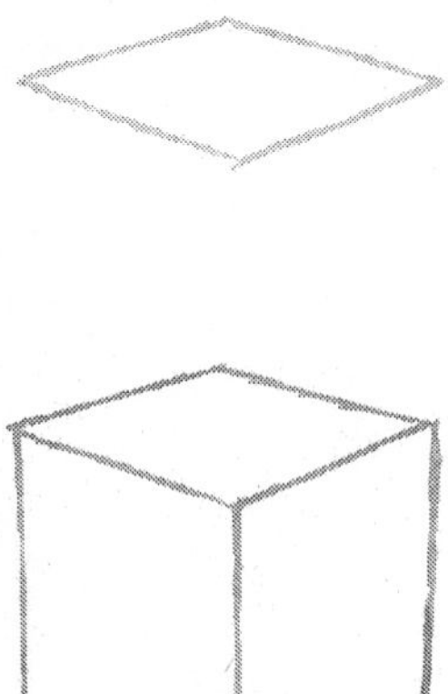

11. अब अपने 12 नंबर के ब्रश से (Back Ground) में घन (Cube) के आधे भाग तक रंग भर दें (देखे चित्र) इतने ही हल्के रंग से आप घन की दोनों सामने के हिस्से भर दें। नीचे आप समतल दिखाने वाली छाया भी एक ही स्ट्रोक से बना दें।

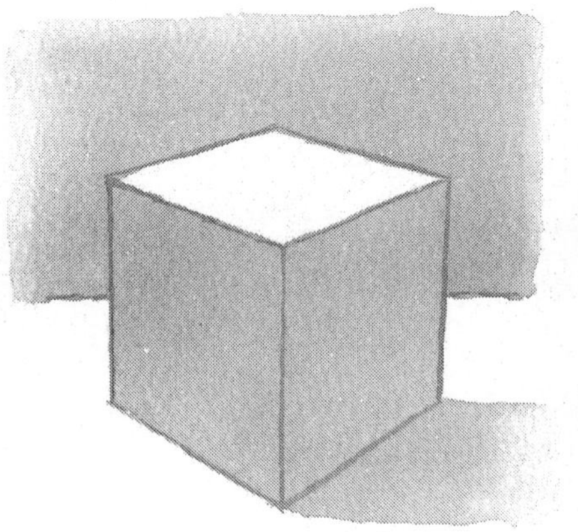

12. अब घन की एक साइड को ब्रश में गहरा रंग लेकर भर दें।

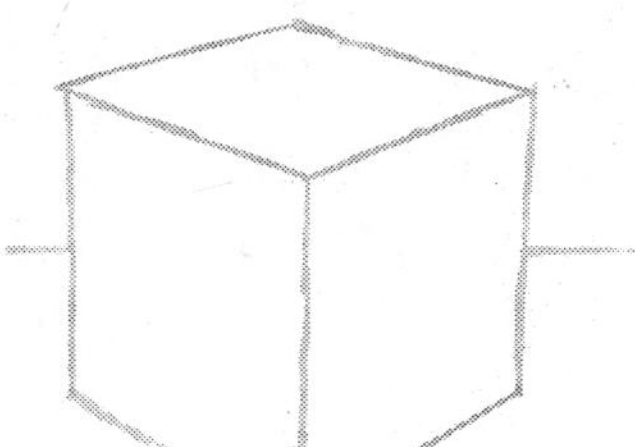

इसी रंग से घन के नीचे की छाया भी दिखा दें ताकि घन किसी सतह पर रखा दिखाई पड़े।

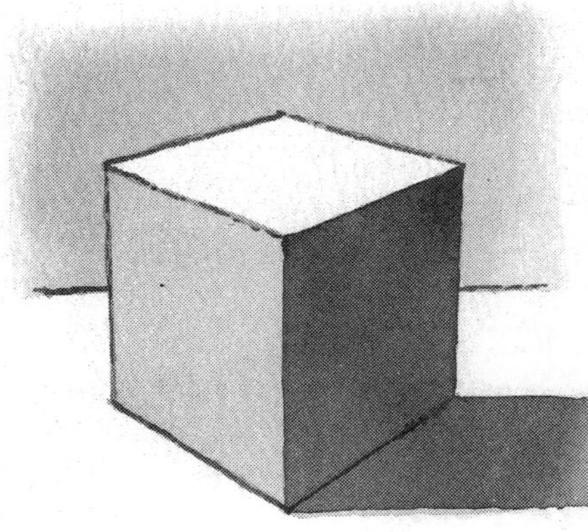

पेंसिल द्वारा वस्तु चित्रण (Still Life)

उदाहरण देने के लिए मैंने अगले कुछ पृष्ठों पर वस्तु चित्रण के कुछ नमूने बनाए हैं जिनमें भिन्न-भिन्न माध्यमों का प्रयोग किया गया है। ताकि आप यह जान सकें कि भिन्न माध्यमों का दर्शक पर क्या प्रभाव पड़ता है। पिछले पृष्ठों के अभ्यासों से आपको अच्छा अनुभव मिला है उससे आप भिन्न माध्यमों से ड्राइंग बनाने के अभ्यस्त (Expert) हो गए हैं।

मैं आपको सीधे वास्तविक स्थितियों के लिए प्रोत्साहित करना चाहूंगा। इससे आपके काम में निखार आएगा और वस्तुओं को आप विस्तार में देख सकेंगे और वे पर्सपैक्टिव में कैसी दिखती हैं इसका अनुभव आपको हो जाएगा।

इसके लिए मैंने फलों से भरा एक कटोरा मेज पर रखा है जो मेरी नजर के ठीक सामने है और एक तरफ से प्रकाश कटोरे (Bowl) पर पड़ रहा है। पार्श्वभूमि (Background) नहीं है। इससे मुख्य विषय-वस्तु साफ नजर आ रही है।

1 पहले एक रफ (Rough) पेंसिल स्कैच बनाएं जिसमें विषय वस्तु के मुख्य घटक दिखाई दे रहे हों। जैसे ही आप इससे संतुष्ट हों, आप रेखांकन में और सुधार करें। आप अवांछित (Unwanted) रेखाएं रबर (Eraser) से मिटा दें।

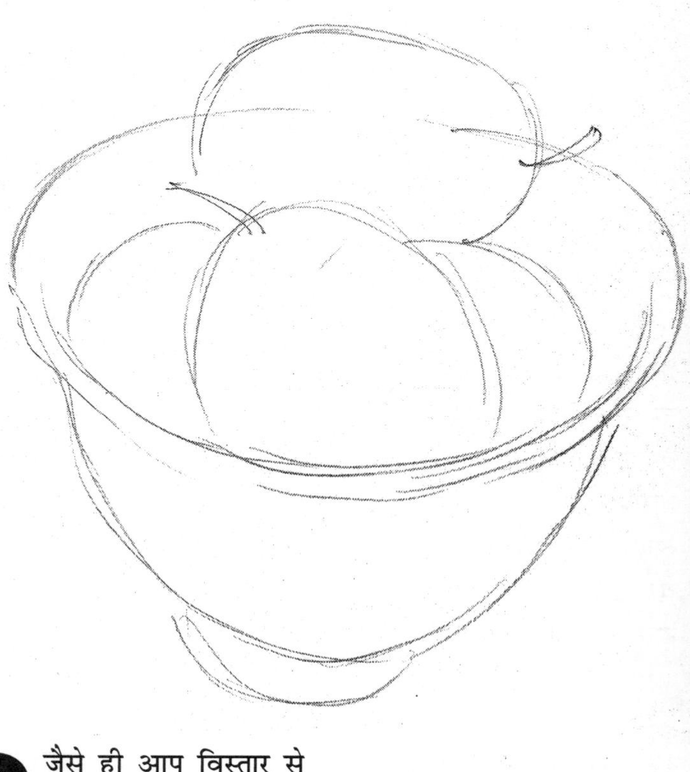

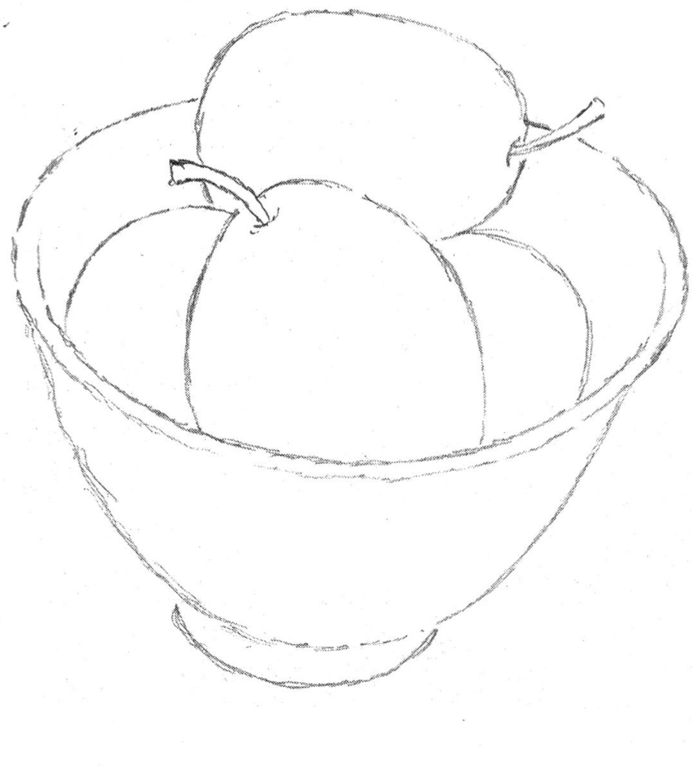

2 जैसे ही आप विस्तार से चित्र को सुधारें, इसे जितना चाहें सटीक बनाते जाएं। क्योंकि ऐसा करना अब आसान होगा। आगे जाकर यह कठिन हो सकता है।

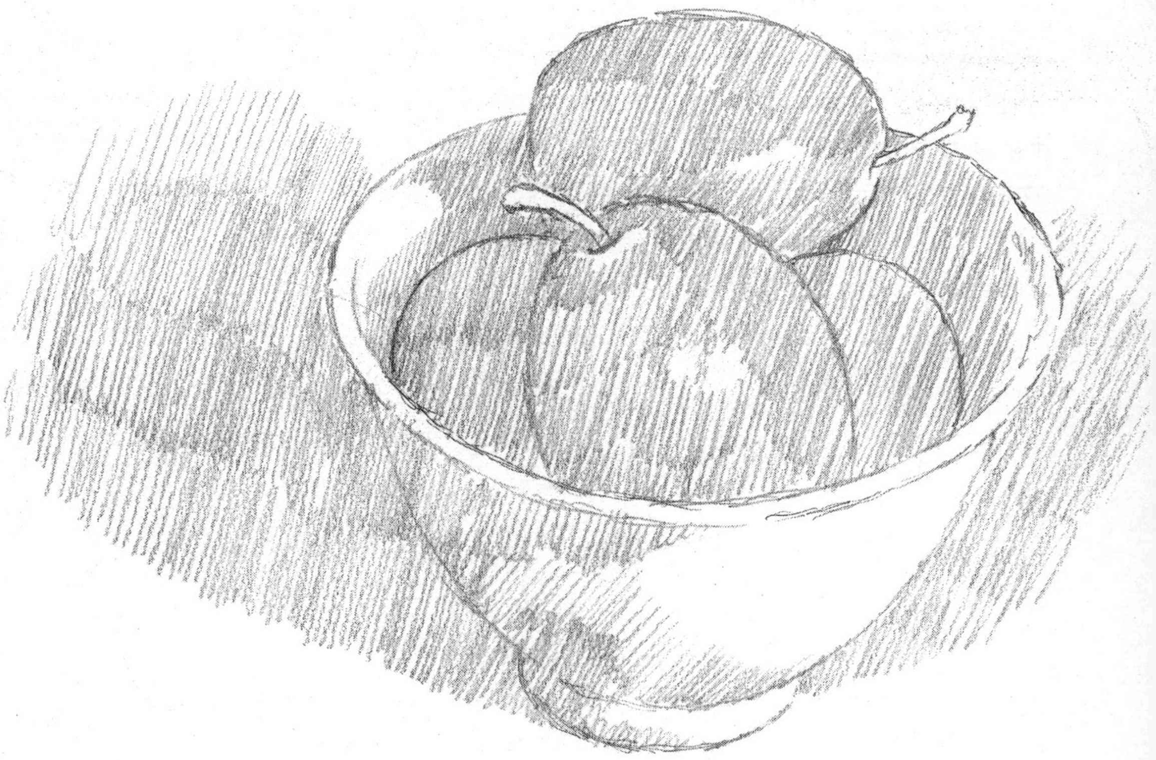

3 अगली स्थिति आपके लिए प्रमुख भागों पर शेडिंग भरने की होगी। इसमें आप हाइलाइट को छोड़कर एक सी रेखाओं से शेडिंग करेंगे।

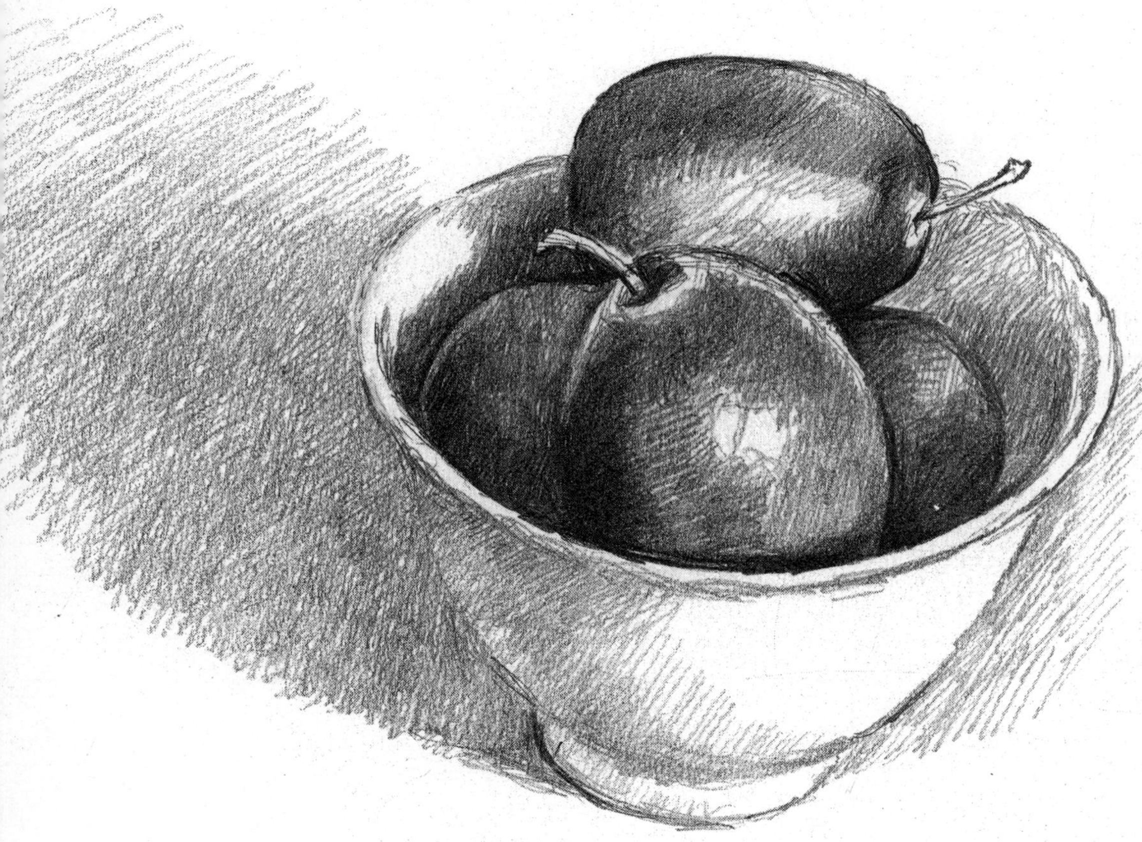

4 जब आप इस स्थिति से संतुष्ट हो जाएं कि सभी प्रमुख भाग आपकी हल्की शेडिंग से ढक गए हैं। तो अब आप गहरी शेडिंग कर सकते हैं। इसका अच्छा तरीका यह है कि सबसे गहरी शेड पहले दें ओर इसके बाद हल्की करते जाएं। संभव है आप इसे अलग तरीके से करना चाहें। जैसे भी हो आप उसे अपनी इच्छानुसार करें। ड्राइंग कैसी दिख रही है, सटीक या थोड़ी गलत उसे जांचें और ठीक करते जाए। आपका संदर्भ (Reference) सामने रखी वस्तुएं हैं, फलों से भरा कटोरा ही आपका संदर्भ है।

पैन द्वारा वस्तु चित्रण

अब आपको पेंसिल की बजाय पैन और स्याही का प्रयोग करना है। अन्तर केवल इतना है कि आप पिछले पृष्ठों की तरह इसमें उंगली से मसलकर धुंधलके का प्रभाव पैदा नहीं कर सकते। पर सिद्धांत वही है कि धीरे-धीरे रेखाओं द्वारा ही वह प्रभाव पैदा किया जा सके।

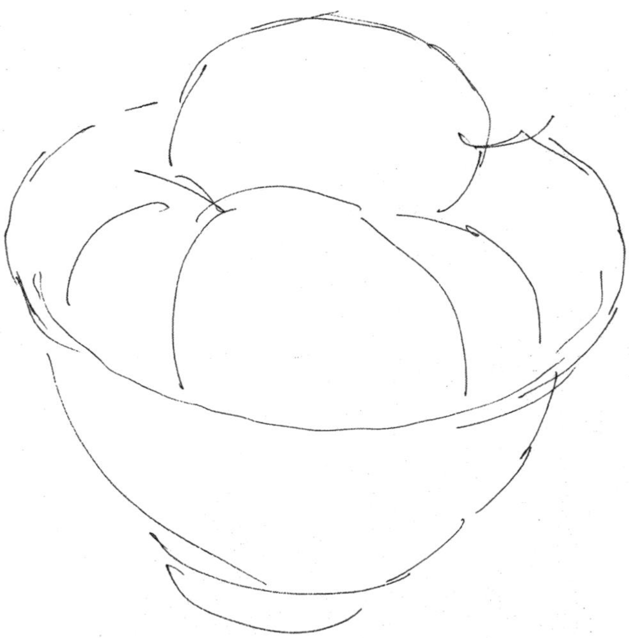

1 बेहद हल्के हाथ से आप रफ (Rough) ड्राइंग करें। क्योंकि आप इसके चिन्ह मिटा नहीं पाएंगे। इसलिए टूटती हुई रेखाओं से भी रेखांकन किया जा सकता है।

2 जब आप अपनी रेखाओं को सुनिश्चित करते हैं, तो इन्हें पूर्ण करने में समय लगाएं, तसल्ली से करें।

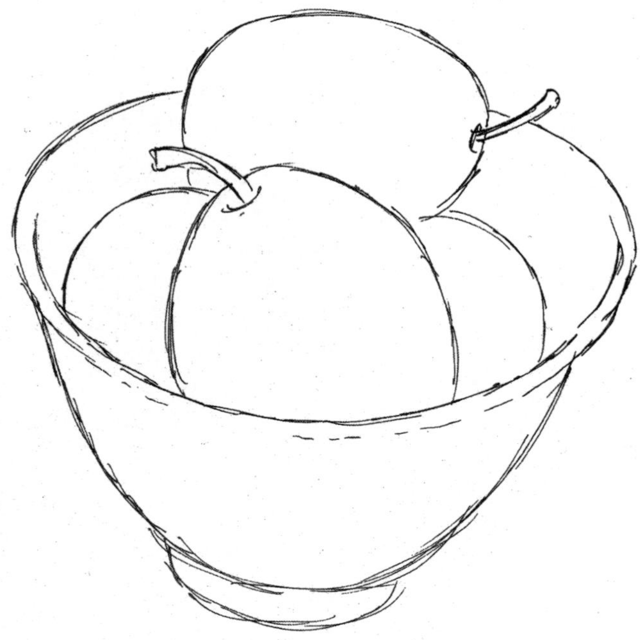

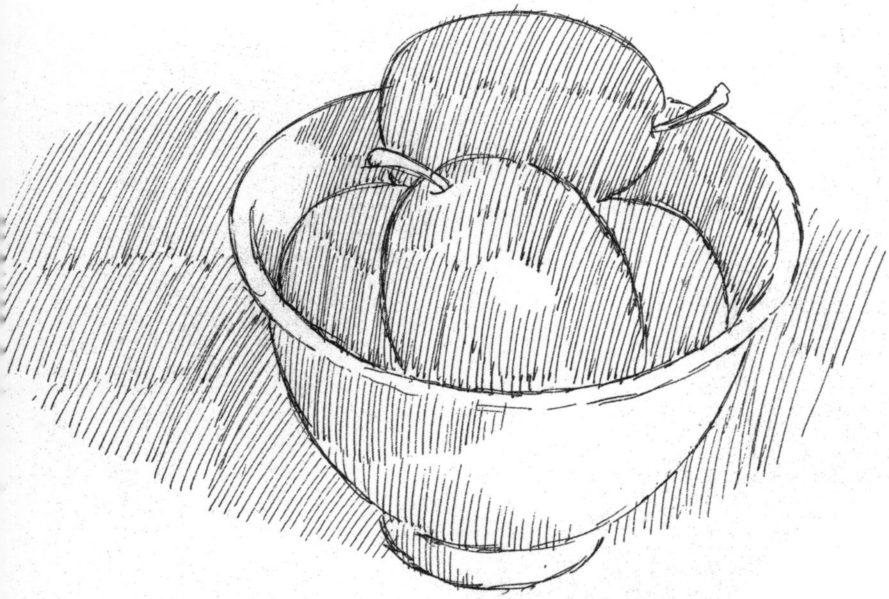

3 अब आप हल्के स्ट्रोकों से उस भाग पर समानान्तर रेखाएं खींचें जिसे आपने शेडिंग के लिए चुना है। ध्यान रहे रेखाएं बहुत ज्यादा निकट न हों। इस बात की परवाह न करें कि आपकी रेखाओं की दिशा ठीक है या नहीं। इस स्तर पर आप गहरी टोन (Tone) न दें।

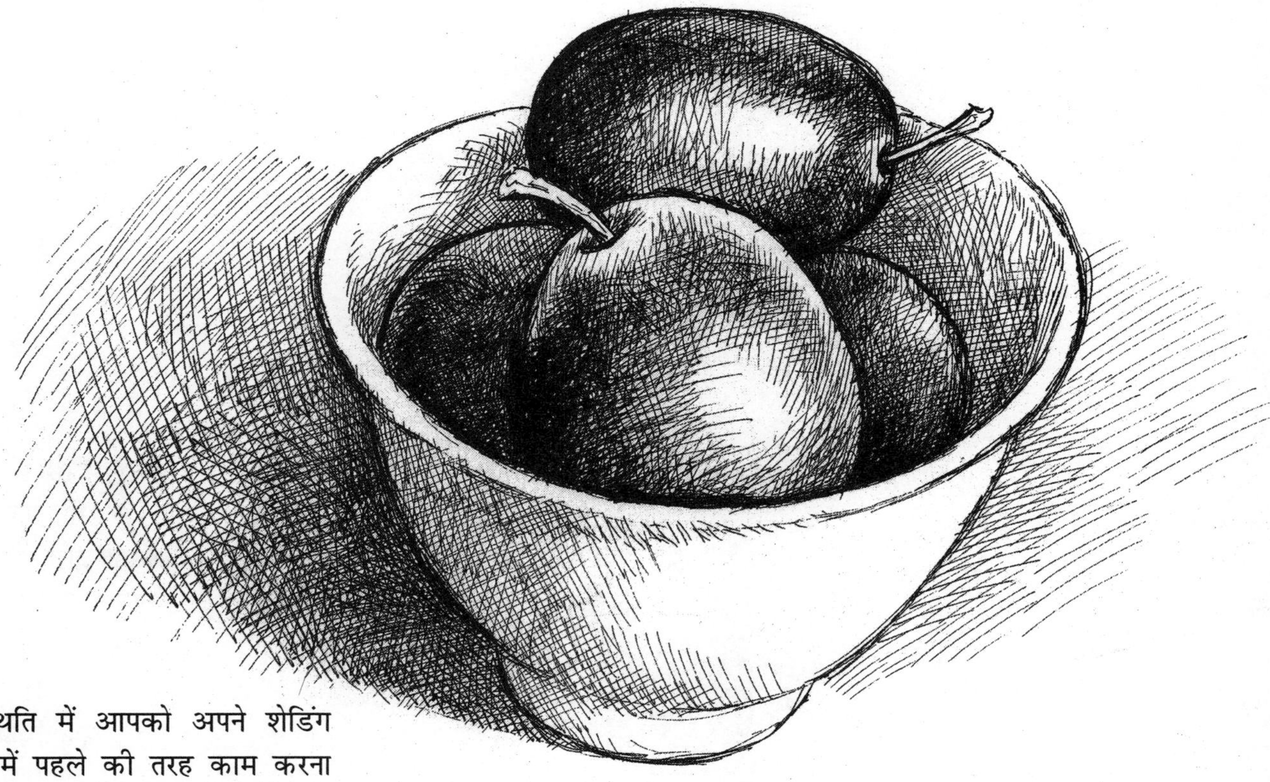

4 अन्तिम स्थिति में आपको अपने शेडिंग वाले भाग में पहले की तरह काम करना है। आप एक पर्त पर शेडिंग की दूसरी पर्त चढ़ाकर, टोन को हल्का या गहरा कर सकते हैं। यह एक तरह का जालीदार (Lattice Work) काम है। जेसे ही आप पर्त पर पर्त चढ़ाएंगे, वह हिस्सा गहरा होता जाएगा।

चारकोल में वस्तु-चित्रण (Still Life)

अब आप अन्दाज लगा सकते हैं कि जब आप वस्तु चित्रण (Still Life) चारकोल में बनाते हैं, तो पेंसिल और पेन के नियम इस माध्यम पर भी लागू होते हैं। अन्तर केवल इतना है कि इस माध्यम में ड्राइंग को उंगली से मसलकर जल्दी ही धुंधलके (Half Tone) का प्रभाव पैदा किया जा सकता है। मेरी सलाह है कि चारकोल में आप बड़ी ड्राइंग बनाएं, तब चाक जैसी रेखाएं अधिक प्रभाव डाल पाएंगी।

1 इस स्थिति में रेखाएं अधिक प्रामाणिक होती हैं। और आप इनमें सरलता से सुधार कर सकते हैं। फिर भी आप रेखाएं कोमल रखें, चारकोल पर ड्राइंग करते समय अधिक दबाव न डालें और ड्राइंग में सुधार लाते जाएं। सुधार करना कभी भी समय की बर्बादी नहीं है, अन्ततः इसी से तो आप धीरे-धीरे माहिर होते जाते हैं।

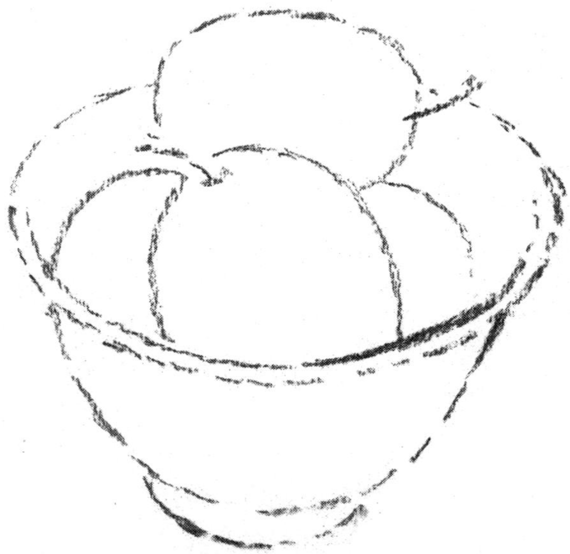

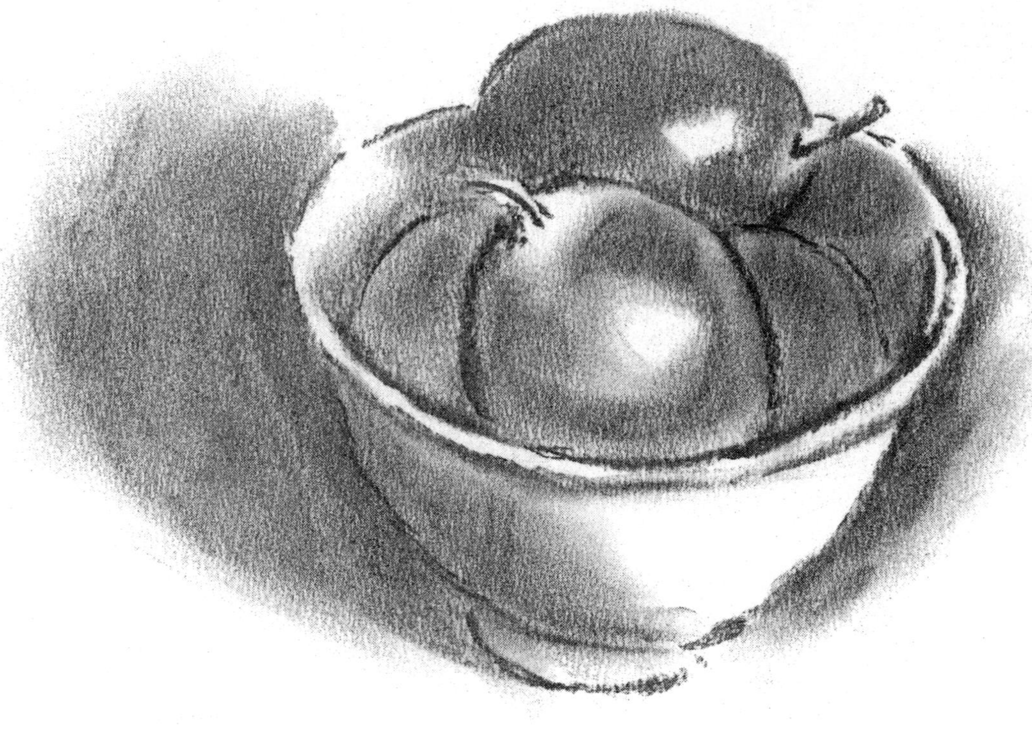

2 पिछले पृष्ठों की तरह इसमें भी टोन दें, पर इसमें उंगली द्वारा मसलना, थोड़ा कम दबाव का रखें। उन स्थानों को बिल्कुल न छुएं जहां प्रकाश तीव्रता से केन्द्रित है। कागज की सफेद सतह खुद ही प्रकाश के भाग को उजागर करने में सहायक होगी।

3 अब गहरी शेडिंग विकसित कीजिए। उंगली से टोन लाने के लिए जब आप मसलें तो चारकोल स्टिक पर हल्का दबाव ही डालें। ध्यान रहे कि आप इतना अधिक न मसलें कि स्वाभाविकता के स्थान पर चिकना सा आँखों को न भाने वाला प्रभाव आ जाए।

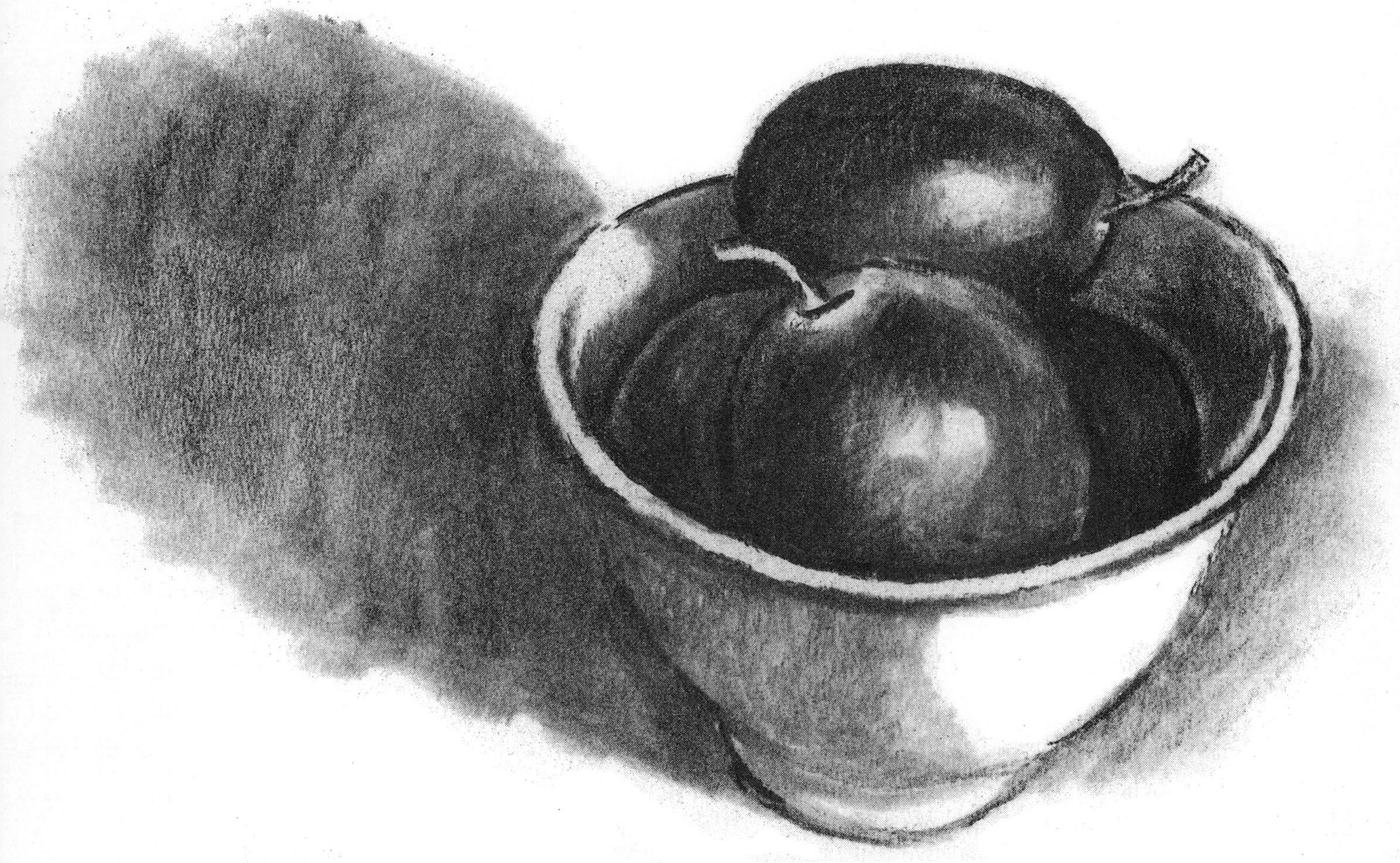

ब्रश और जल रंगों का प्रयोग

जल रंगों और ब्रश के प्रयोग द्वारा आप विषय वस्तु में बहुत ज्यादा यथार्थता ला सकते हैं जो पेंसिल से अधिक प्रभावशाली है। पर इस माध्यम में इस पर नियन्त्रण इतना आसान नहीं। अगर आप इसका निरन्तर अभ्यास करें तो इसमें महारत हासिल की जा सकती है। इस माध्यम का फोटोग्राफिक प्रभाव आपको इसमें काम करने की आदत डाल देगा।

1 पहला रेखांकन पैन ड्राइंग की ही तरह होगा, पर इस माध्यम में ब्रश पैन की तरह सख्त नहीं होता, अत: सावधानी से इसे चलाना होगा। हालांकि स्याही के मुकाबले इसे आप बदल सकते है, इससे आप को अतिरिक्त सुविधा मिलेगी। ब्रश को अधिक गहरे रंग में न डुबोएं रंग हल्का ही रखें।

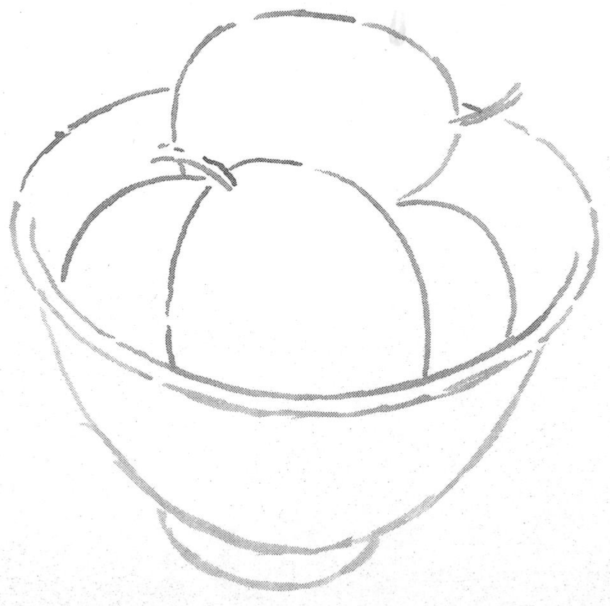

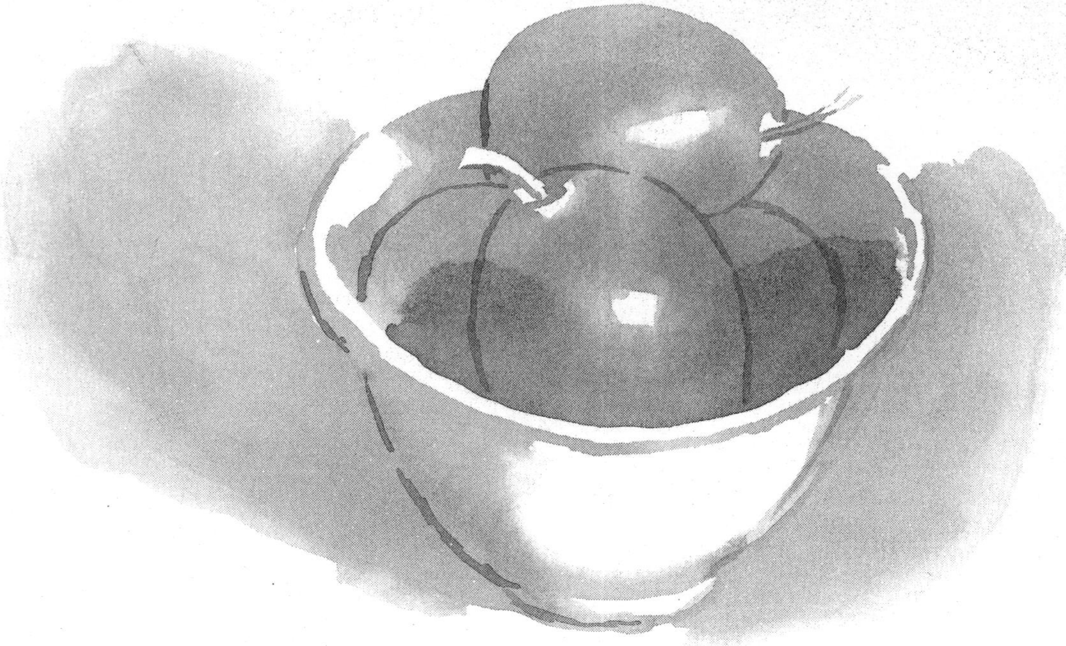

2 दूसरी स्थिति में रंग की दूसरी परत तभी चढ़ाई जा सकती है जब नीचे की पहली परत सूख जाए अन्यथा परतों को मिलने में परतों का गीलापन सब कुछ गड़बड़ा देगा।

3 तीसरे कदम पर, जब हल्की रंग की परत सूख जाए तब गहरी रंग की परत चढ़ाएं, पर कभी-कभी आपको कुछ हिस्सों पर हल्की टोन लाने के लिए ब्रश में पानी लेना होगा। यह ब्रश के प्रयोग का कठिन भाग है। इसके लिए अनुभव की आवश्यकता होती है जो आप प्राप्त कर ही रहे हैं। जितना ज्यादा अभ्यास उतनी अधिक महारत या दक्षता।

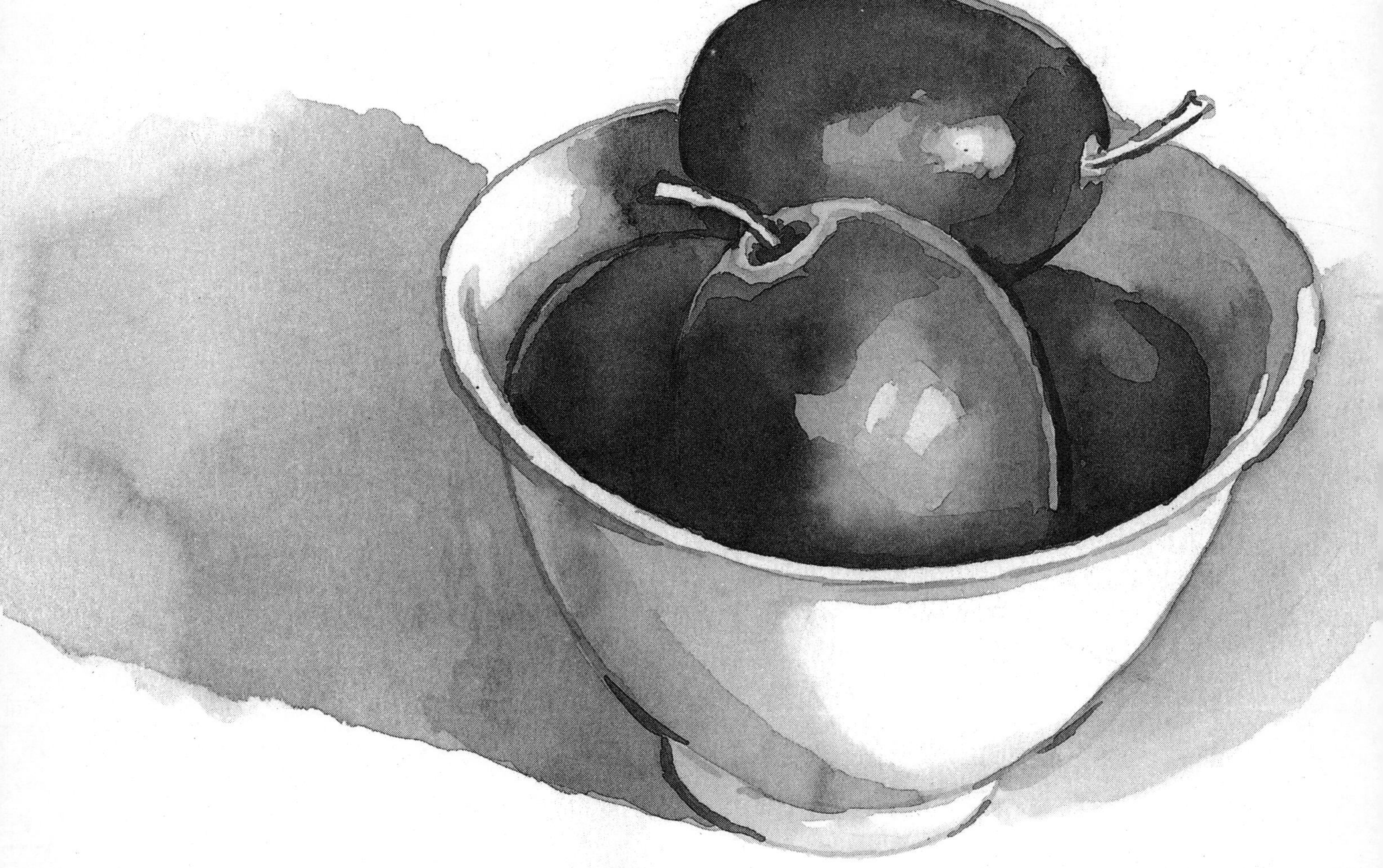

अध्याय-2

लाइन ड्राइंग

जैसे-जैसे आप कला के माध्यमों के प्रयोग में होशियार होते जाते हैं आप जीवित वस्तुओं या अन्य विषयों का रेखांकन करने के लिए अपने आप को तैयार पाते हैं, सजग पाते हैं। इस अध्याय में हम कई विषयों के रेखांकन का अभ्यास करेंगे और किसी डिटेल आदि की तनिक परवाह नहीं करेंगे।

दैनिक प्रयोग में आने वाली वस्तुओं का आकार-अध्ययन।

अब आप परकार (Compass) से एक वृत (Circle) बनाने से शुरू करें। इसके बाद आप ऐसा सटीक वृत अपने हाथ से बनाने का अभ्यास करें। इससे आप उस योग्यता की जांच कर पाएंगें कि आप सटीकता से वृत बना सकते हैं या नहीं। तुलना के लिए परकार से बनाए वृत के साथ ही बनाएं, और परिश्रम से बनाएं ताकि वह परकार से बने सर्किल जैसा सटीक बन सके।

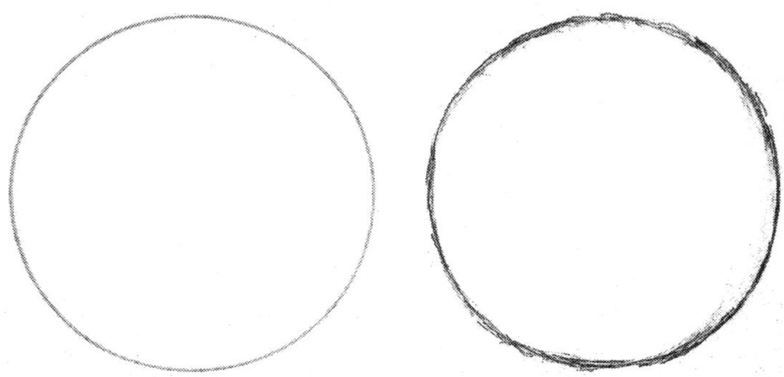

फिर सिलेंडर (Cylinder) शंकु (Cone) घन (Cube) बनाएं। शंकु (Cone) दोनों तरफ से बनाएं उल्टा भी और सीधा भी (देखें चित्र)

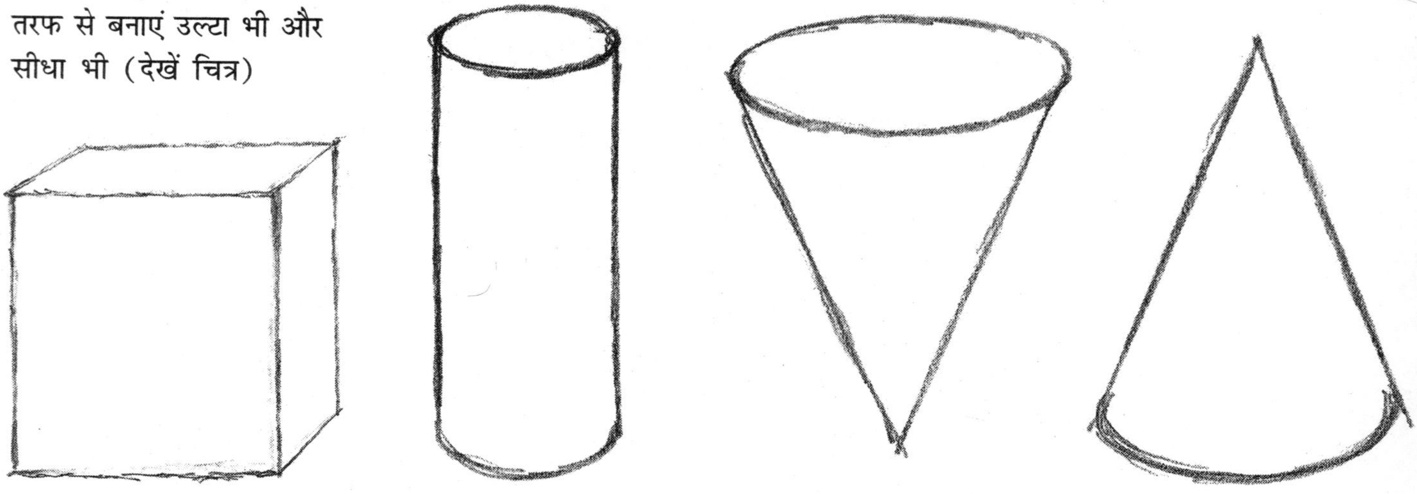

अब आप कोई साधारण लकड़ी का बक्सा या टीन का बक्सा ढूंढ़िए और उसका सटीकता से रेखांकन करिए जैसा कि इस चित्र में दिख रहा है। और पर्सपैक्टिव (Perspective) का पूरा ध्यान रखिए। गौर कीजिए बक्से का दूर का भाग निकट के भाग से छोटा दिखाई दे रहा है। पर्सपैक्टिव के नियमों पर चलने की कोशिश करें। पर रेखांकन आप वैसा ही करें जैसा कि आपकी आँख को दिखाई दे रहा है।

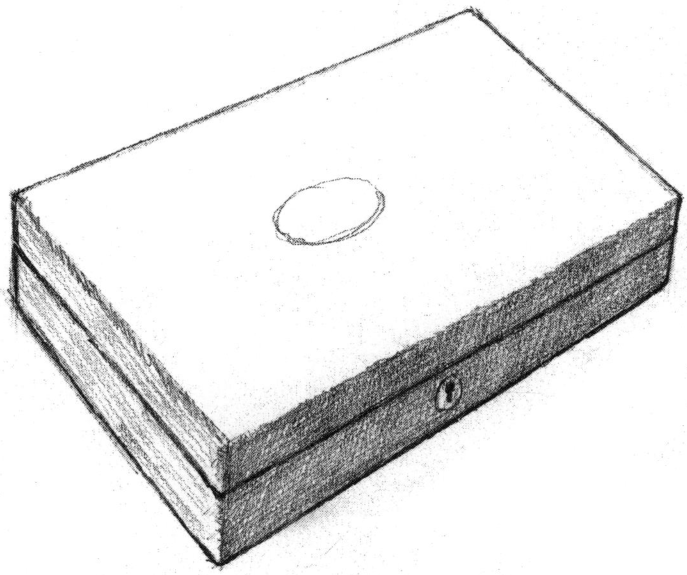

अपने अगले अभ्यास के लिए आप घर में पड़ी साधारण वस्तुओं को चुनें और सामान्य तरीके से ही उनका रेखांकन करें। उन वस्तुओं को न चुनें जो जटिल हों। साधारण सी वस्तुएं जैसे बोतल, गिलास आदि को सटीकता से ड्रा करें।

इस चित्र में छोटी कांच की शीशियां जिसमें रंग सा कुछ भरा है दिखाई दे रही हैं, इन्हें मैंने अपने स्टुडियो से लिया है। इसमें दो साथ-साथ रखी दिख रही हैं। दूसरी शीशी पहली शीशी का प्रतिबिंब सी लग रही है।

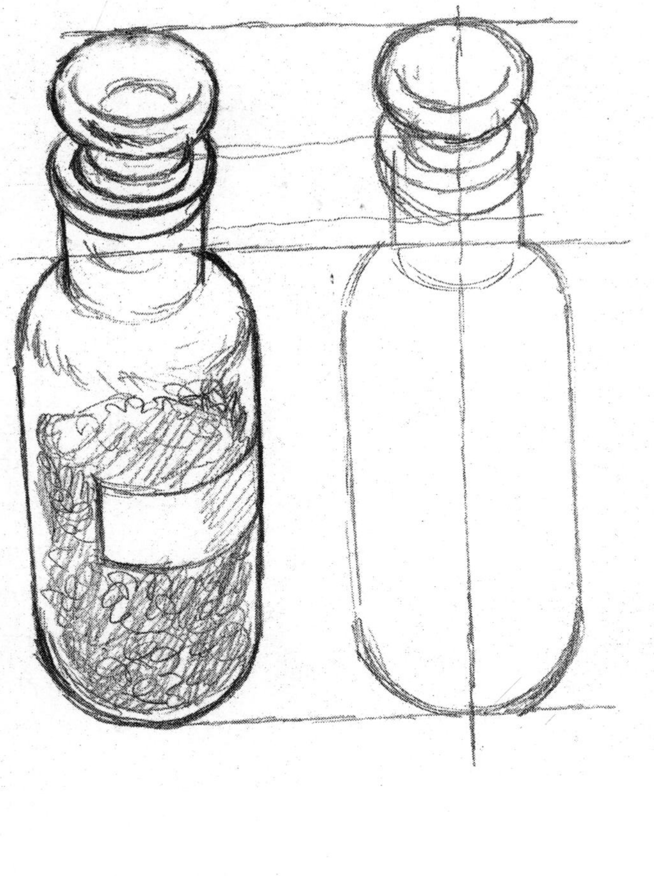

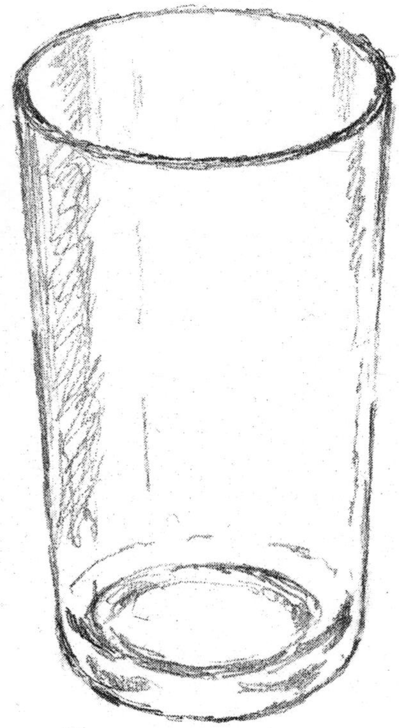

यह बात अगली वस्तु (एक गिलास) के बारे में भी ऐसी ही है। अपने घर की रसोई में आपको कई ऐसी वस्तुएं मिलेंगी जो या तो गोलाकार होंगी, या चौखटे के रूप में बनी होंगी। इन सबके रेखांकन का सटीक अभ्यास करें।

मैंने अब रेखांकन के लिए एक बड़ी बोतल को चुना। और रेखांकनों की तरह इसमें मैंने कोई शेडिंग और टोन देने की कोशिश नहीं की है। बस आकार को प्रमुखता दी है। आप साधारण वस्तुओं का रेखांकन शुरू करें। यह अभ्यास का सीधा-सादा और सबसे अच्छा तरीका है।

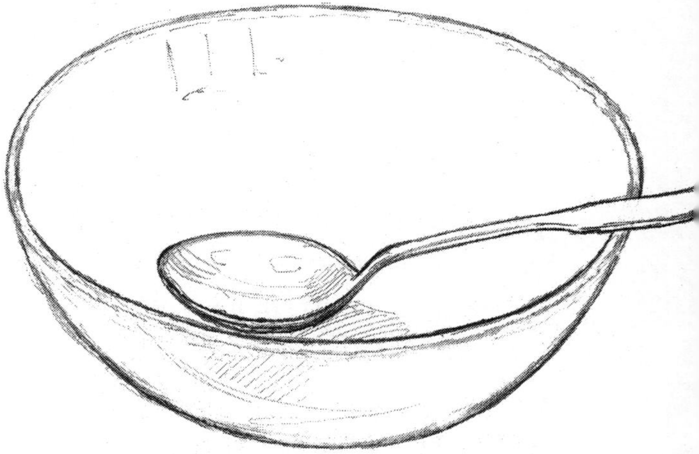

दूसरी वस्तु एक चम्मच और कटोरा है। इसमें आपने अपने नाश्ते के समय कुछ तरल पदार्थ खाया होगा। यह रेखांकन थोड़ा मुश्किल है क्योंकि चम्मच कटोरे के किनारे पर टिका हुआ है, और तुम्हें ऐसी स्थिति में ही इसे बनाना है।

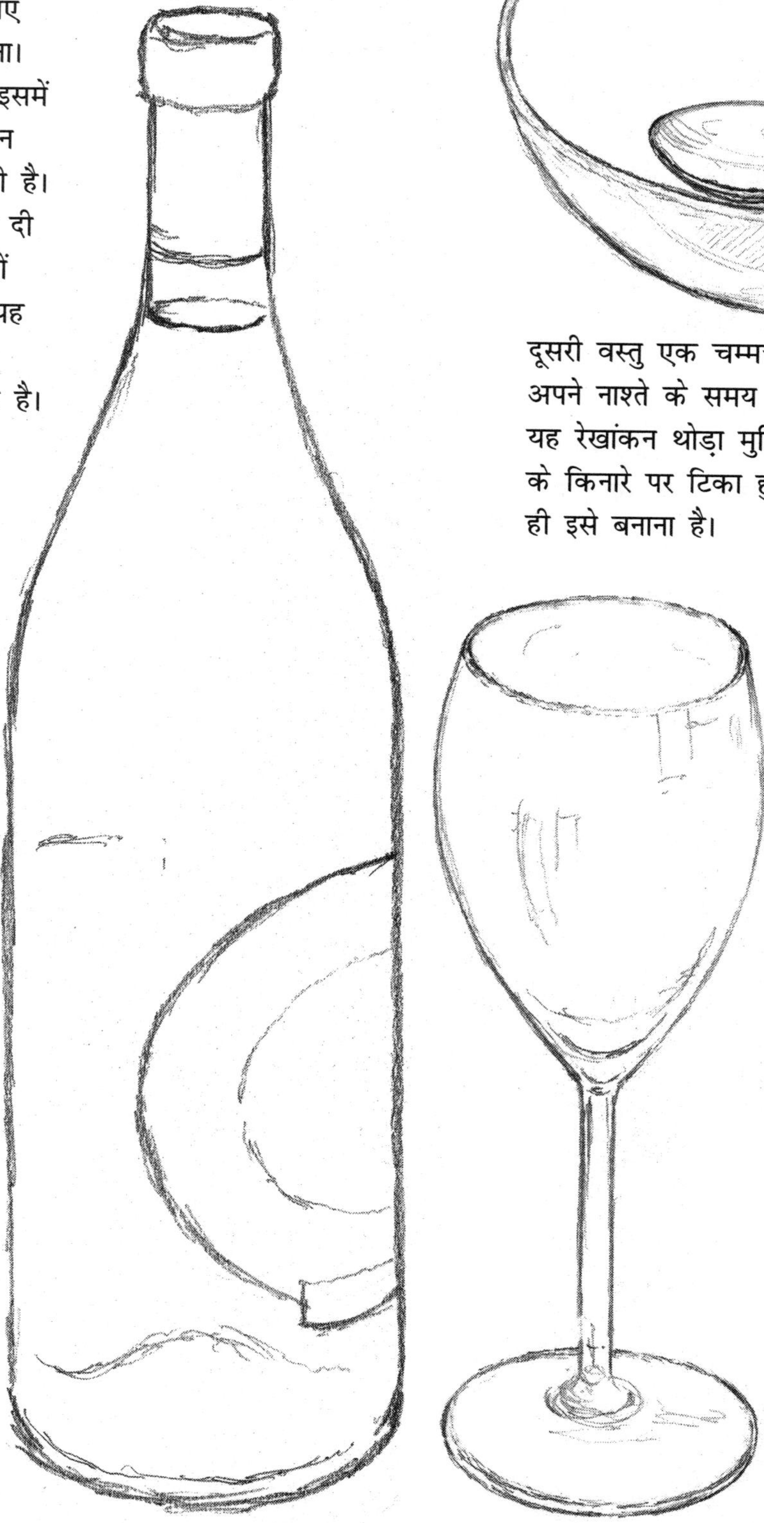

कांच की चीजों की एक विशेषता यह होती है कि आप इनके आर-पार देख सकते हैं तथा सामने और पीछे के आकार आपकी नजर में आ जाते हैं। अगर आपने इनका आकार सटीक नहीं बनाया तो दर्शक को चित्र अटपटा लगेगा। भले ही गलती छुपाने के लिए कितनी ही शेडिंग आपने की हो।

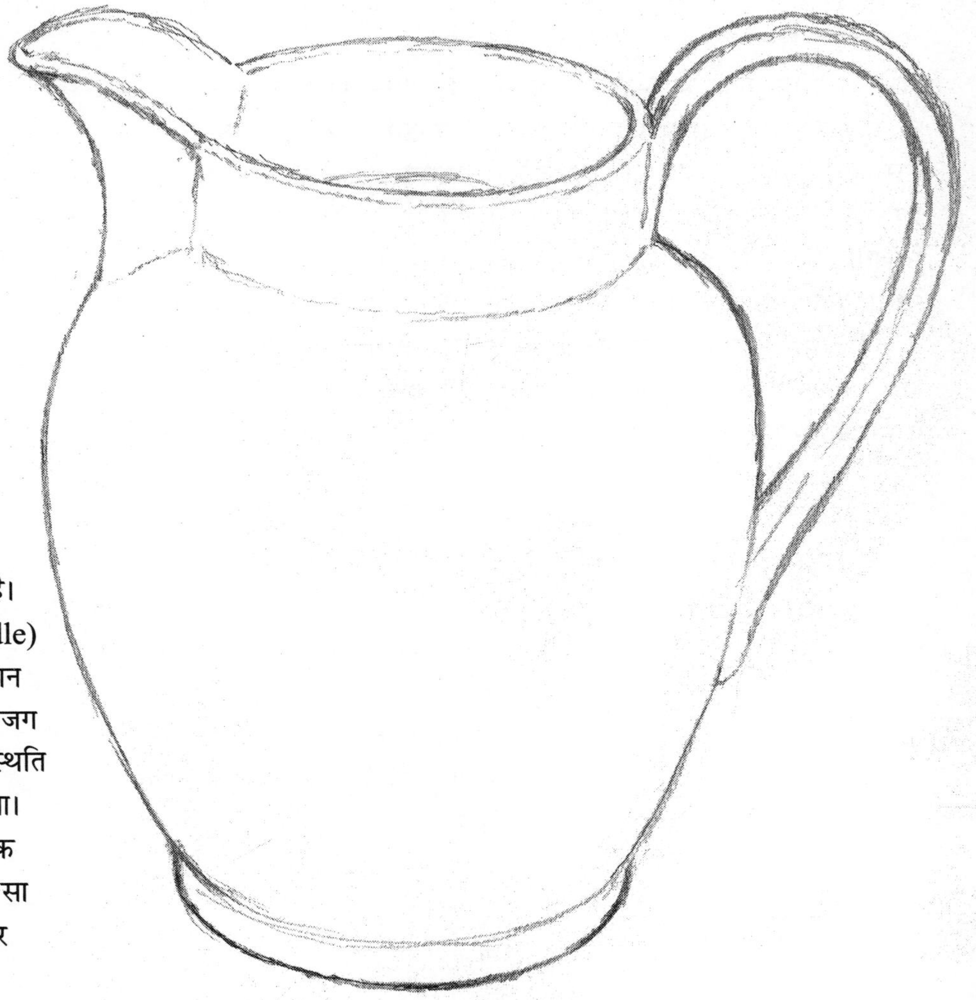

यह जग इतना जटिल नहीं है। केवल आपको हत्था (Handle) और नल (Spout) सही स्थान पर चित्रित करना होगा। पूरे जग के आकार में इनकी सही स्थिति का ही रेखांकरन सटीक होगा। और अन्त में सबसे आवश्यक जग के दोनों छोरों का एक सा आकार बनाना होगा। एक पर नल (Spout) है और दूसरी तरफ हैंडिल है।

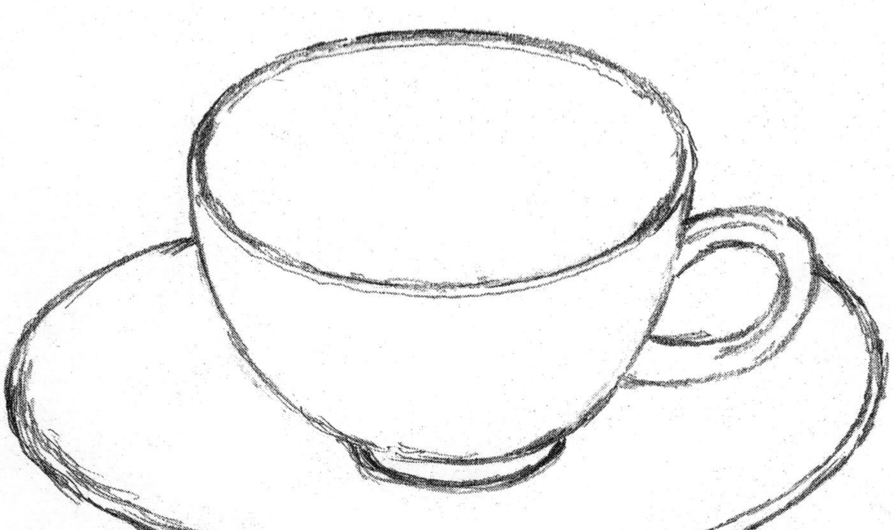

कप और प्लेट (Saucer) का अभ्यास तुम्हें पिछली तकनीक की ही तरह करना आ जाएगा। क्योंकि प्लेट प्याले के ठीक नीचे रखी है। और प्याले का हैंडिल मजबूती से प्याले में सही स्थान पर जड़ा है।

वृक्ष और फूल

भले ही आप शहर में रहते हों, आपके आसपास पार्क में कुछ न कुछ हरियाली अवश्य होगी। पार्क में जाइए और वृक्षों का निरीक्षण कीजिए, और गौर कीजिए वे कितने जटिल हैं, उनके पत्ते और शाखाएँ ही उनकी जटिलता को बढ़ाते हैं। मेरा एक विद्यार्थी जो एक वृक्ष का रेखांकन कर रहा था ने मुझसे पूछा 'क्या मुझे एक एक पत्ती बनानी होगी? इसका संभावित उत्तर है नहीं, पर आपको ऐसा चित्र तो बनाना होगा जो वृक्ष तो लगे, भले ही आपने एक एक पत्ती नहीं बनाई हो। आपको पत्तों का समूह सा दिखने वाला पैच तो बनाना ही होगा।

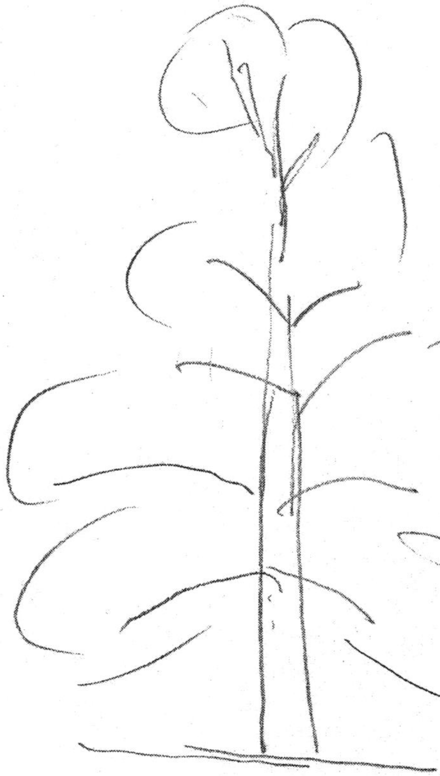

आप देख रहे है कि वृक्ष का यह रफ स्कैच पेड़ के हिस्सों को अलग दिखाता सा दिख रहा है। जबकि कोई खास डिटेल ड्राइंग नहीं की गई है।

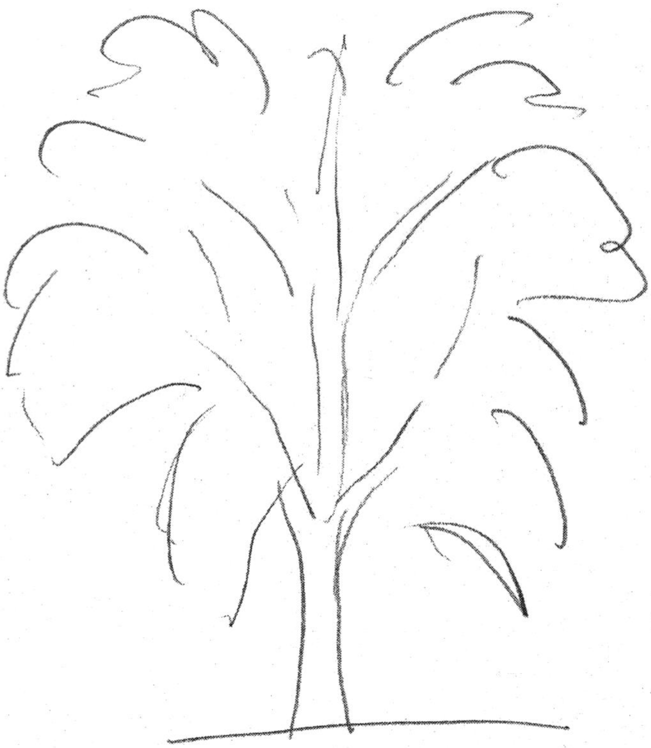

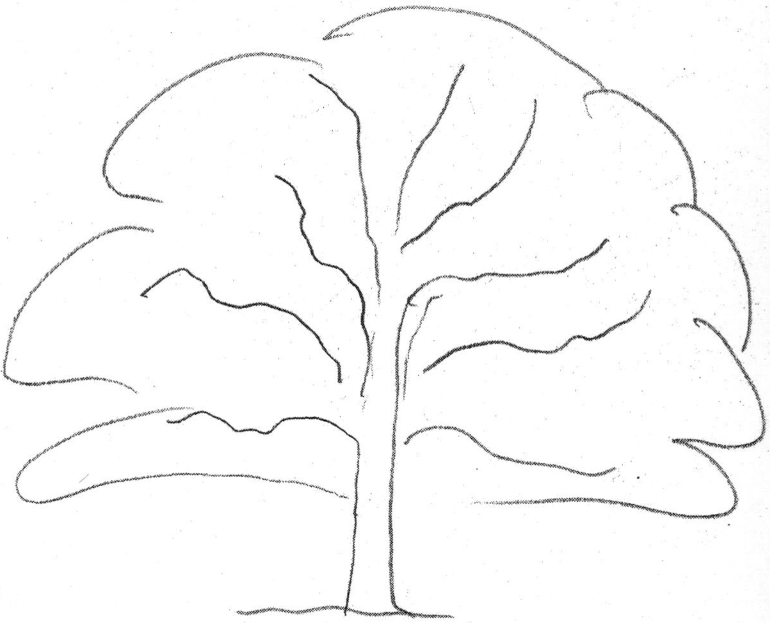

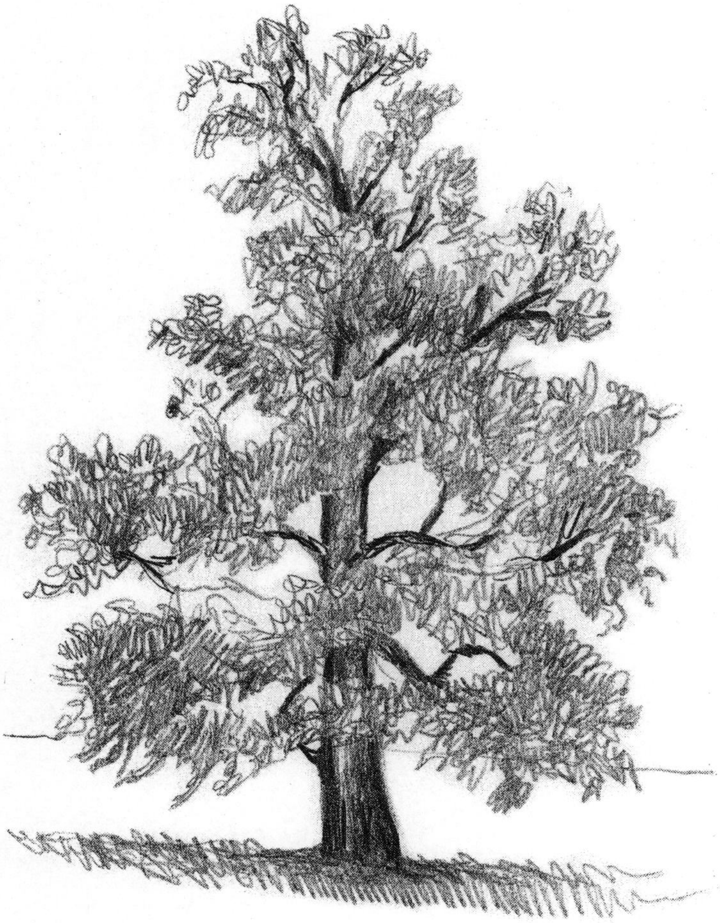

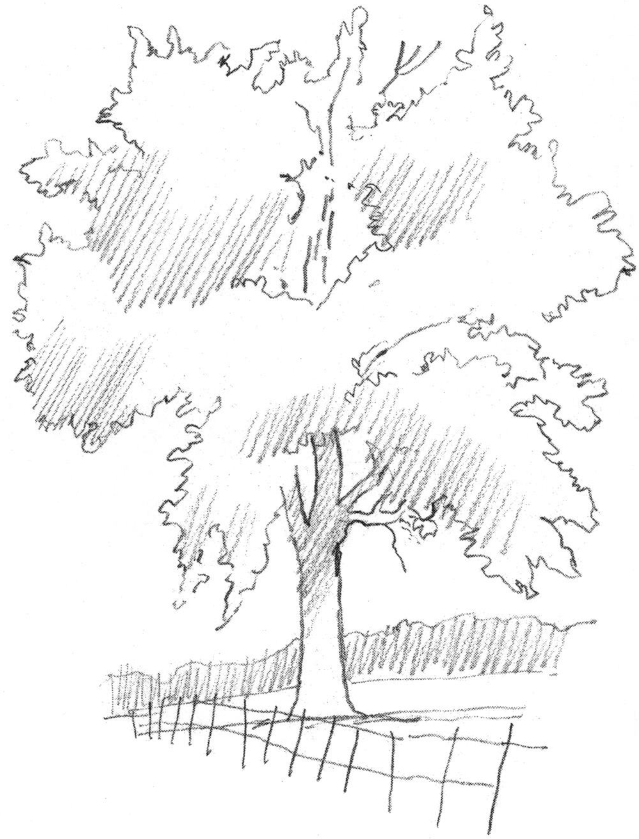

इन तीन ड्राइंगों में जो कि इस पृष्ठ पर हैं मैंने यह दिखाया है कि कैसे आप पत्तियों के लिए चील-मकौड़े जैसे पैच बनाकर, उनका प्रभाव पैदा कर सकते हैं। इसमें शाखाएं पत्तियों से अलग दिखाई देने लगेंगी। आप यह भी कर सकते हैं कि आप वृक्ष का आकार बनाएं और उसमें टोन दे दें, यह टोन वहीं दें जहां जहां पत्तियों के घना होने से गहरे पैच दिखाई देते हैं। आप चाहें तो पूरे पेड़ की आउट लाइन भी दे सकते हैं।

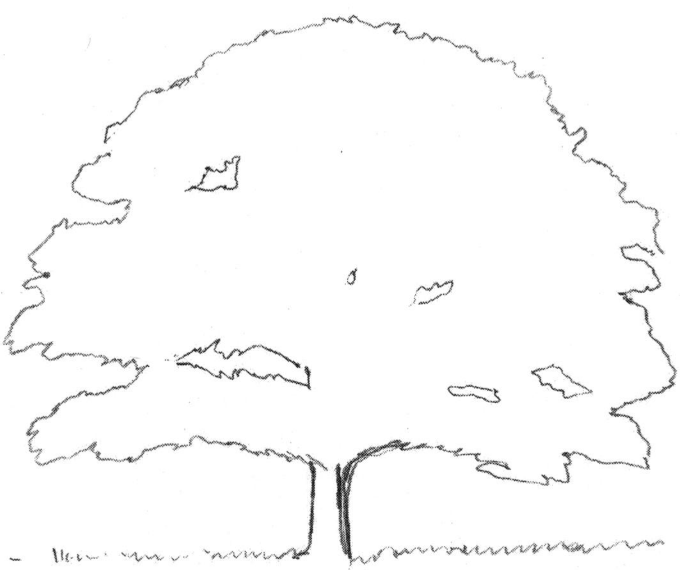

फूल आपके ड्राइंग अभ्यास के लिए एक अच्छा विषय है। क्योंकि एक तो वे बेहद सुलभ हैं, आप उन्हें किसी भी नीची वनस्पति से तोड़ सकते हैं। फिर उनका आकार थोड़ा सरल, कभी थोड़ा जटिल होता है। और हैरानी की बात तो यह है कि जब भी कोई व्यक्ति अपने पैन से खेलना चाहता है तो वह फूल का ही चित्र बनाता है।

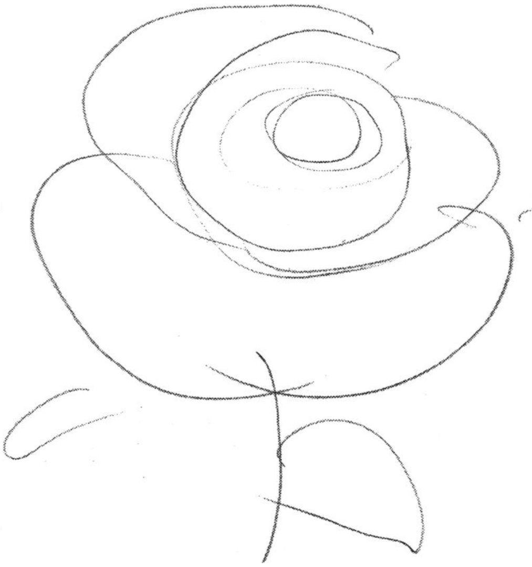

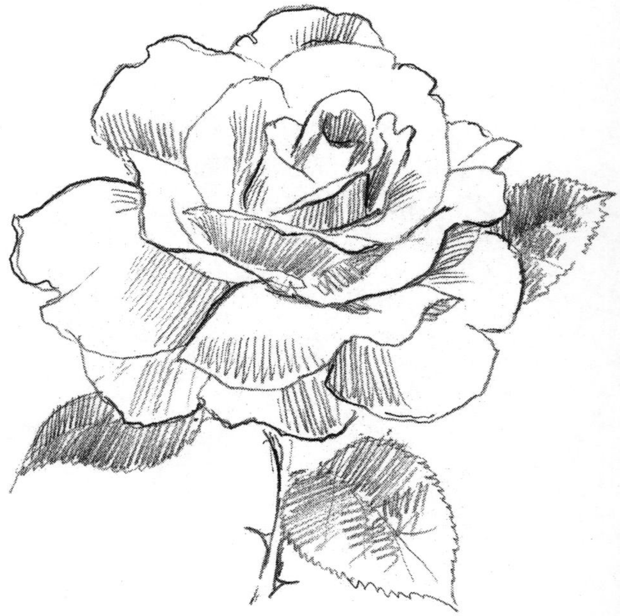

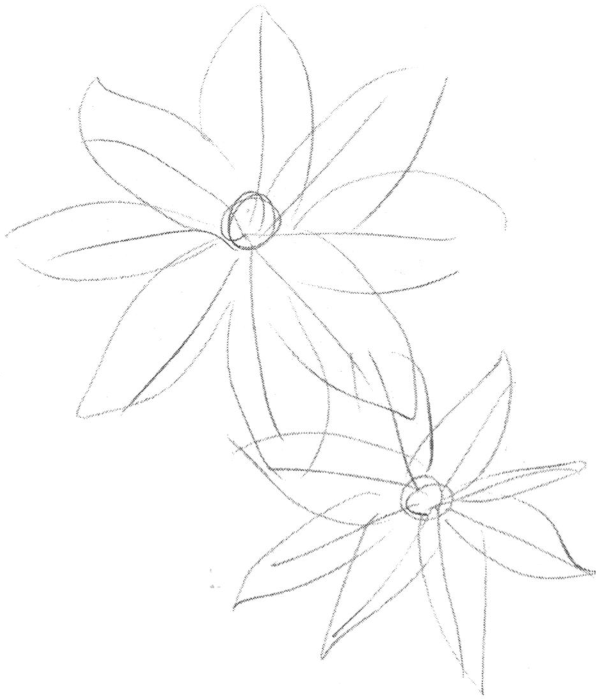

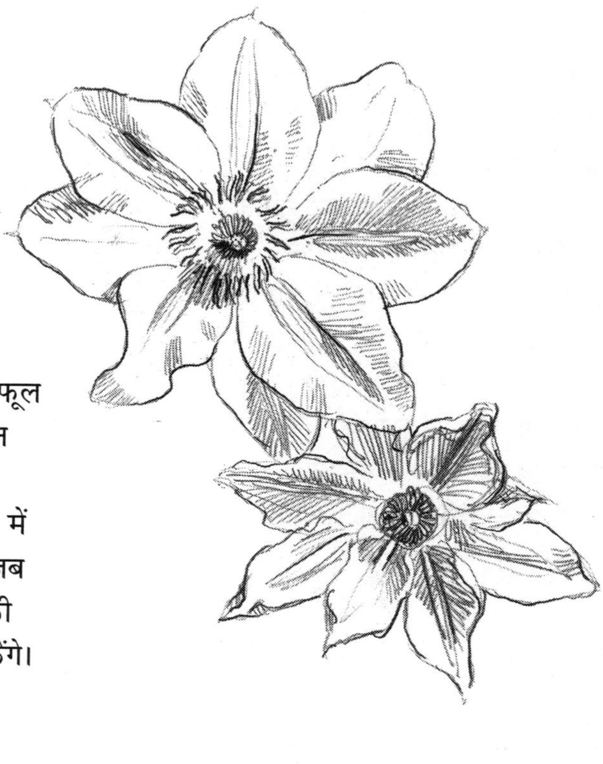

इस पृष्ठ पर चित्रित गुलाब और क्लीमेटिस के फूल दिलचस्प आकार प्रस्तुत करते हैं। इनका अध्ययन आवश्यक है, ताकि इन फूलों की कोमलता को कोमल रेखाओं द्वारा उकेरा जा सके। इस स्थिति में फूलों के आकार की सटीकता का ध्यान रखें। जब आप इन्हें बनाने में माहिर हो जाएंगे तो फूलों की संवेदनाओं का रेखाओं में सुन्दर रूपांतर कर सकेंगे।

बड़े आकार

अब हमें कुछ बड़ी और कारीगरों द्वारा निर्मित वस्तुओं पर हाथ आजमाना चाहिए। इस चित्र में बगीचे में रखी जाने वाली लोहे की एक कुर्सी है। यह पुरानी सी दिखनेवाली कुर्सी मेरे अपने गार्डन की है। क्योंकि यह अपने पतलेपन के कारण इस तरह के अभ्यास के लिए आदर्श है।

1 पहले कुर्सी का रेखाओं का एक कंकाल बनाइए। यह आपको कुर्सी का आकार प्रदान करेगा, जिसमें कोई Detail नहीं है। इस स्थिति में पूरी कुर्सी के आकार को ब्लॉकों में बाट दीजिए, ऊपर से नीचे तक जहाँ कुर्सी के पैर जमीन पर टिके हैं। जो घन (Cube) आपने बनाए हैं उनमें दोनों तरफ के पैर ठीक बीच में अंग्रेजी का × अक्षर बनाते हैं।

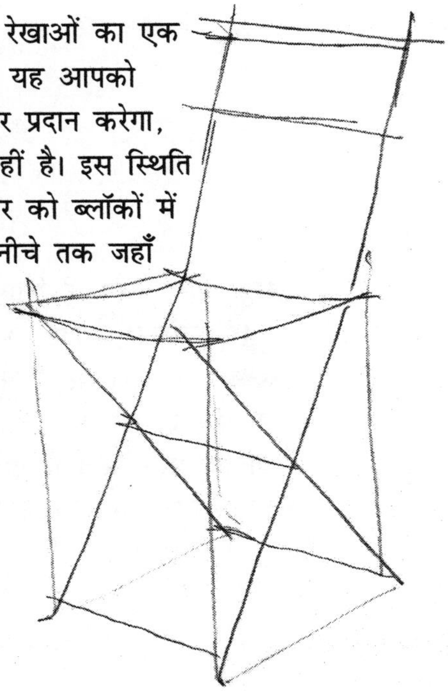

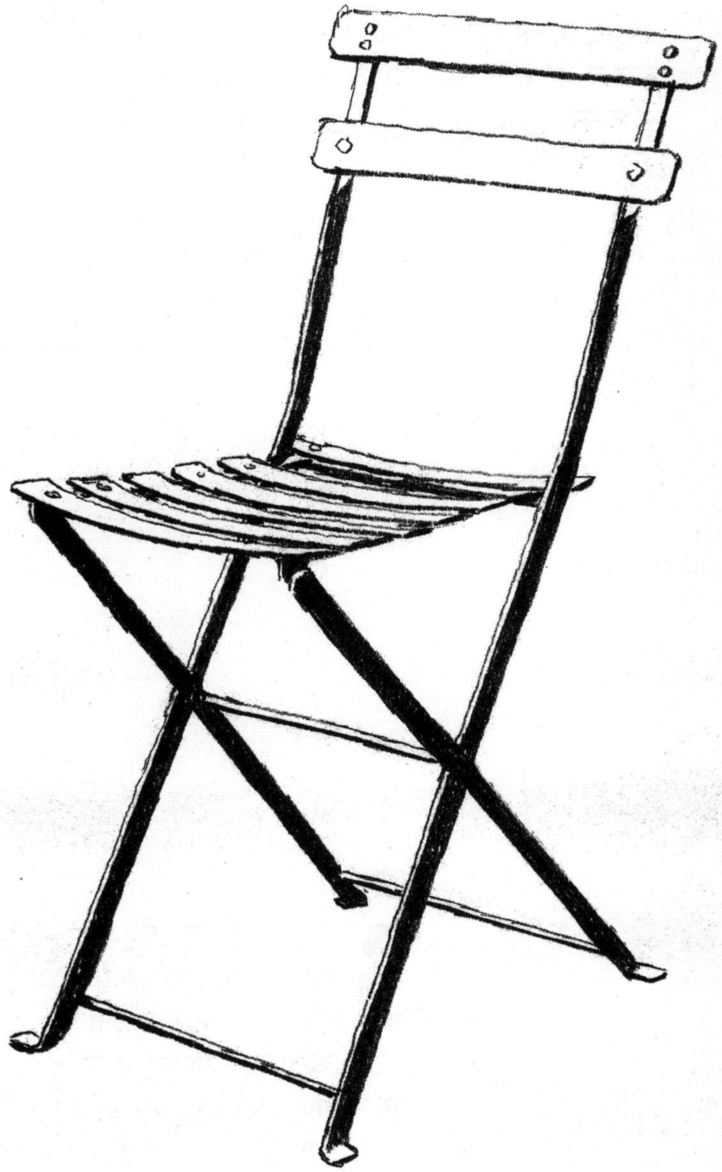

2 अब आप कुर्सी में सूक्ष्मताएं (Detail) भरिए जो कुर्सी को त्रिआयामी (Three-Dimensional) प्रभाव देगा। इसमें लोहे की वह सपाट छड़ें भी दिखाई देने लगेंगी जिनसे कि कुर्सी का पूरा शरीर बना है। इस स्थिति में आप रबर (Eraser) लेकर डिटेल को और ठीक कर के कुर्सी के रेखांकन को सम्पूर्णता तक पहुंचा दें।

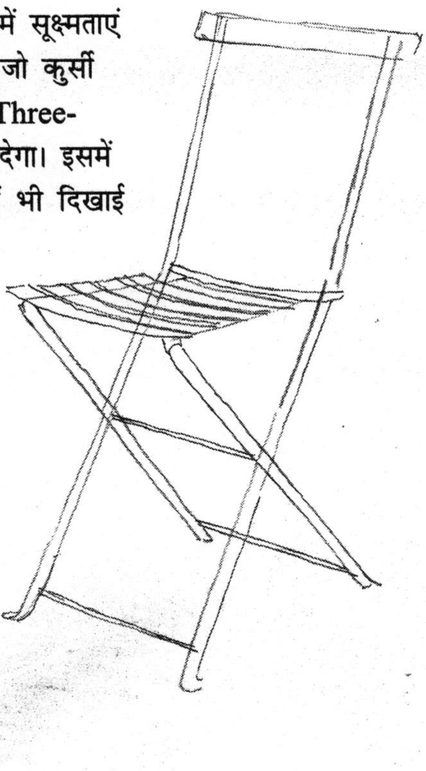

3 अब समतल लोहे की छड़ को गहरा कीजिए। पेंसिल से गहरा करते समय छड़ की मोटाई को सफेद छोड़ देंगे इससे छड़ का मोटापन दिखने लगेगा। इस तरह कुर्सी अपने सही रूप में निकल आएगी।

1 अब हमारी ड्राइंग विशाल है। जो एक गार्डन शेड है। अगर आपके बगीचे में शेड नहीं है तो कोई भी झोंपड़ी चुन लें। सबसे पहले तो पर्सपैक्टिव को ध्यान में रखते हुए झोंपड़ी का त्रिआयामी आकार बनाएं। पर्सपैक्टिव के लिए इस पुस्तक का दृश्य रूप (Perspective) अध्याय देखें। आपको बस इतना करना है कि झोंपड़ी का सबसे नजदीक का कोना अगर लिया जो कि एक खड़ी रेखा के रूप में होगा, तो सभी क्षितिजीय (Horizontal) रेखाएं आपके दृष्टि-स्तर (Eye level) पर आकर मिल जाएंगी।

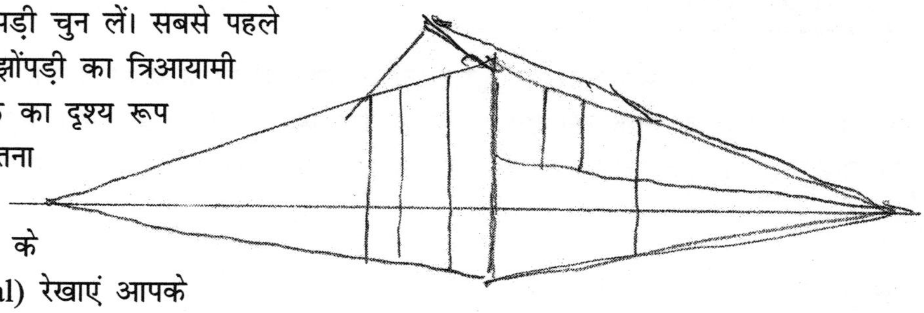

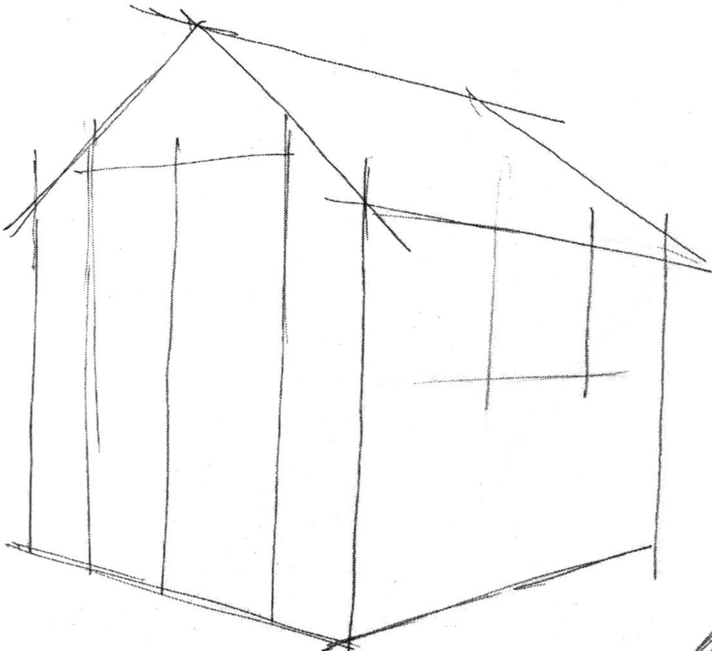

2 शुरू करने के लिए झोंपड़ी की रूपरेखा बनाइए, अभी सूक्ष्म (Detail) वस्तुएं मत बनाइए, बस आकार सही होना चाहिए। आपने देखा कि पर्सपैक्टिव में ड्राइंग बनाने से चित्र में त्रिआयामी प्रभाव आ गया है।

3 अब झोपड़ी के चित्र में डिटेल भरिए, सावधानी से भरिए और सिर्फ लाइनों से ही ऐसा करें। आप जितना मर्जी समय लगाएं पर चित्र सटीक बनना चाहिए। बेशक रबर (Eraser) का प्रयोग, चाहें तो करें। पर झोपड़ी का हर भाग सटीक (Accurate) बनना चाहिए।

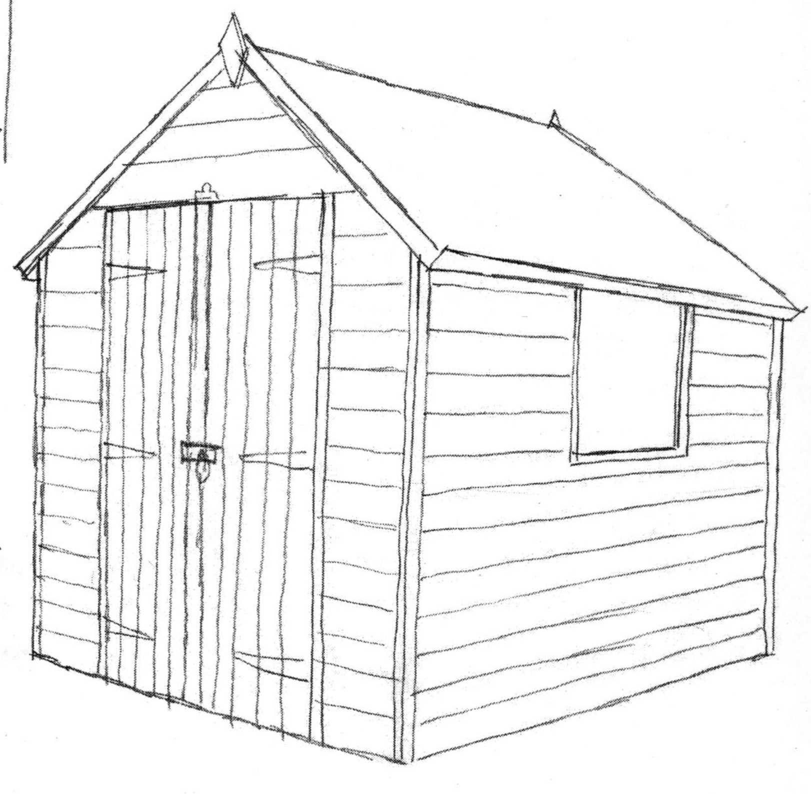

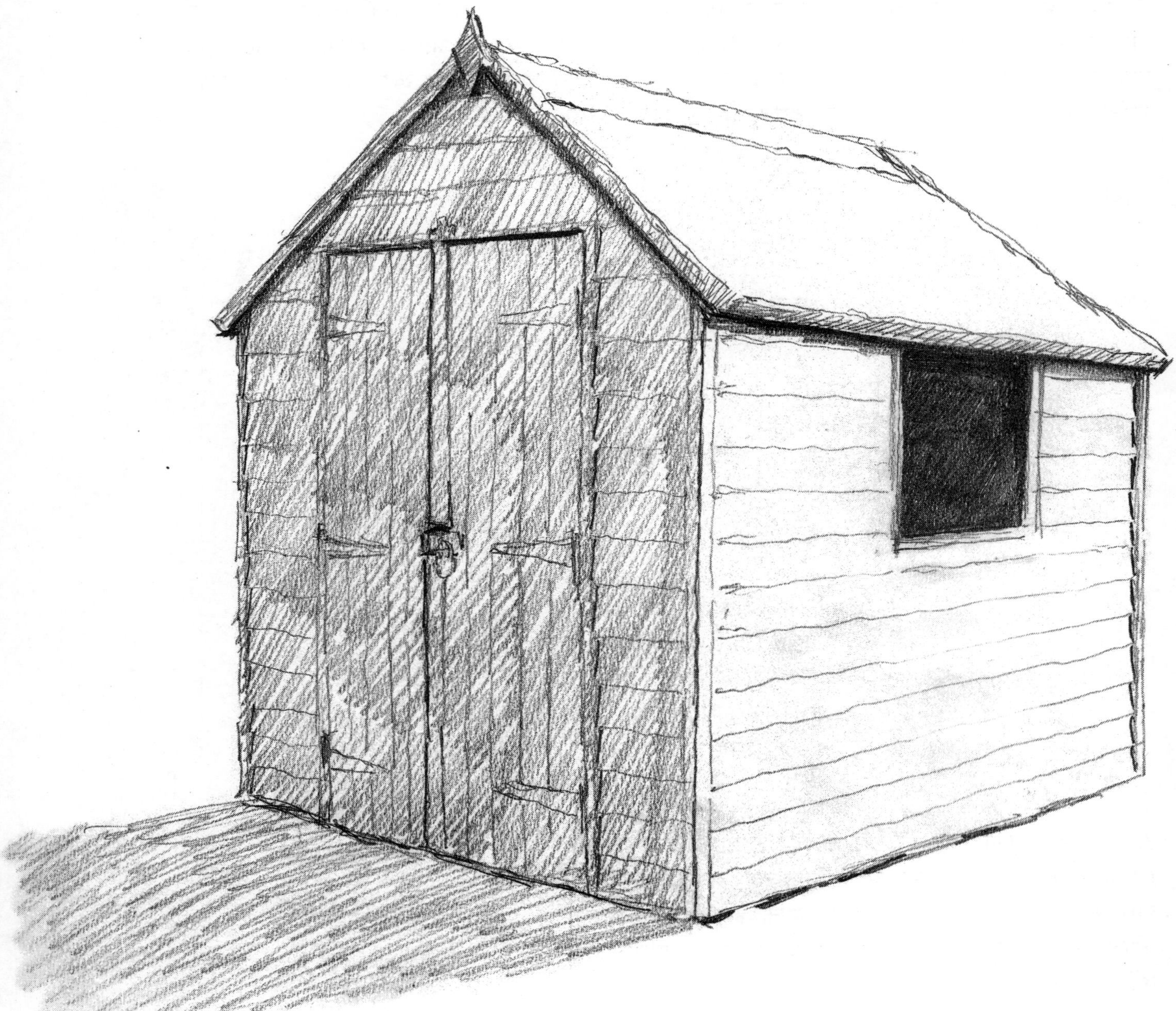

4 जब आप यह सब कुछ कर चुकें तो झोपड़ी में हल्की शेडिंग करें (देखे चित्र) झोपड़ी के नीचे भी हल्की शेडिंग दें, इससे झोपड़ी जमीन पर बनी दिखाई देगी। झोपड़ी में एक खिड़की भी है इसे गहरी शेडिंग से भर दें। इससे दर्शक को झोपड़ी के अन्दर अंधेरे का आभास होगा।

व्यक्तियों का रेखांकन

मानव के शरीर का रेखांकन किसी भी चित्रकार के लिए अन्य विषयों से अधिक चुनौतीपूर्ण होता है, क्योंकि हम मानव शरीर से भली भांति परिचित होते हैं। अगर चित्रकार ने इसके चित्रण में जरा सी भी गलती की है, तो हम तुरन्त पहचान लेंगे। केवल इसी एक कारण से आपको इसका अभ्यास दूसरे विषयों की अपेक्षा अधिक लगन के साथ निरन्तर करते रहना चाहिए और खैर, इसका प्रारंभ उतना कठिन नहीं है, क्योंकि हम आसान तरीके से इसे शुरू करेंगे।

हाथ

हम हाथ से शुरू करेंगे क्यों आप अपने हाथ से ही ड्राइंग प्रारंभ कर सकते हैं। इसका एक लाभ तो यह है आप अपने हाथों को अच्छी तरह जानते हैं, दूसरे यह हमेशा आपके लिए उपलब्ध है।

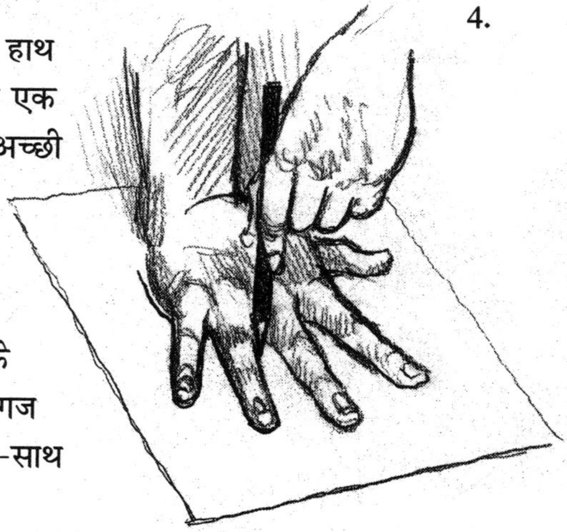

1. पहले अपने हाथ के चारों ओर ड्रा कीजिए, ताकि कागज पर आप इसके अनुपातों को समझ सकें। अपना हाथ कागज पर रखिए और पेंसिल को इसके साथ-साथ सटा कर चलाइए।

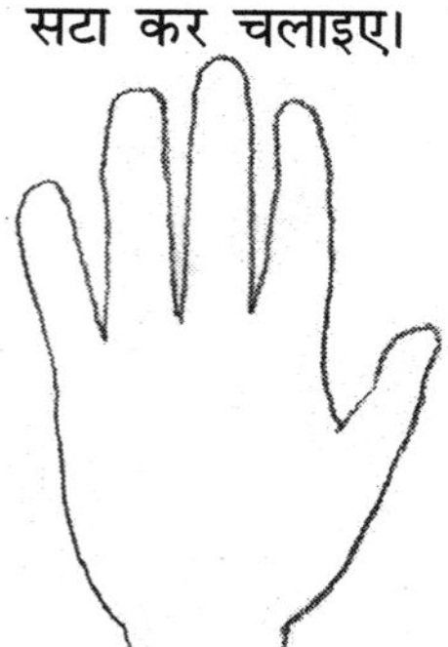

2. इस तरीके से संभव है आप अपने हाथ का सटीक चित्रण न कर पाएं। पर आप साफ साफ अपनी उंगलियों की छोटाई और लंबाई देख सकेंगे जो आपके हाथ के ऊपर के हिस्से का तुलनात्मक रूप होगा।

3. अब आप अपने हाथ की ट्रेस की हुई ड्राइंग के साथ अपनी हथेली रखिए ताकि आपको अपने वास्तविक हाथ और चित्रित हाथ का अन्तर पता लग सके। अब अपनी हथेली का रेखांकन कीजिए (इसके चारों ओर पेंसिल नहीं चलानी है) आपकी ड्राइंग की तुलना में आपको अपना हाथ जरा बड़ा लगेगा। पर रेखांकन करते रहिए। ध्यान रहे आपकी ट्रेसिंग आनुपातिक दृष्टि से सटीक थी। जैसे ही आप हाथ की अपनी ड्राइंग से संतुष्ट हो जाएं, अन्य कोणों से हाथ की ड्राइंग कीजिए।

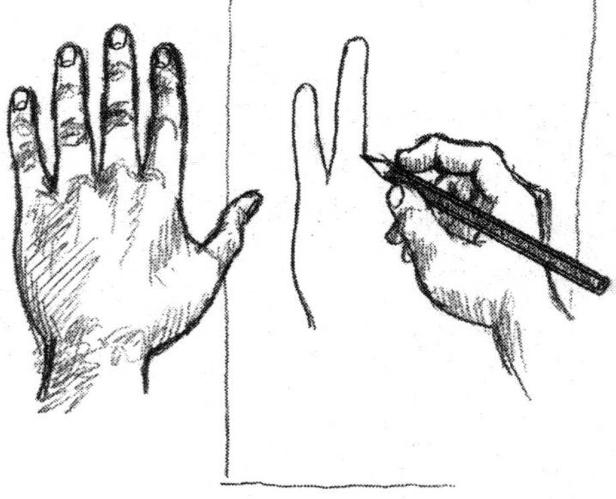

4.

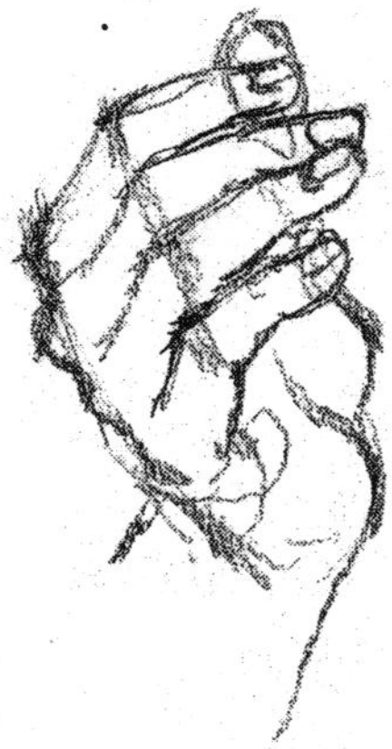

5.

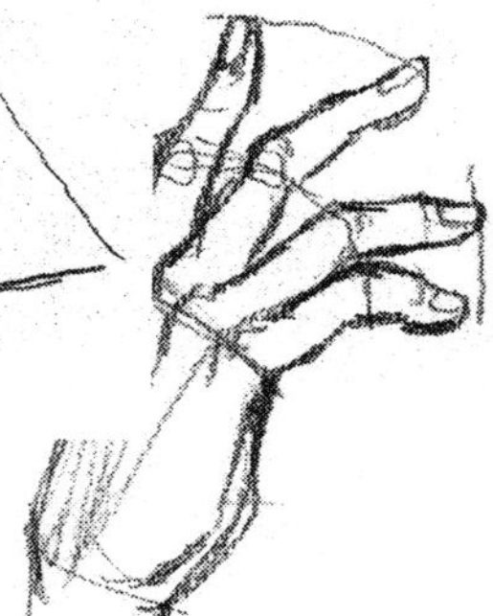

6.

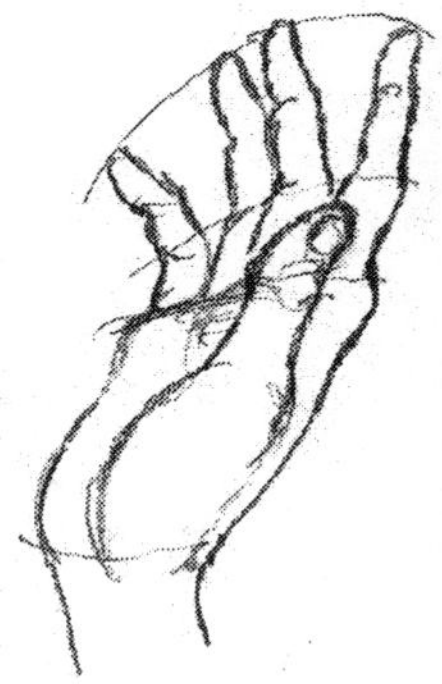

7.

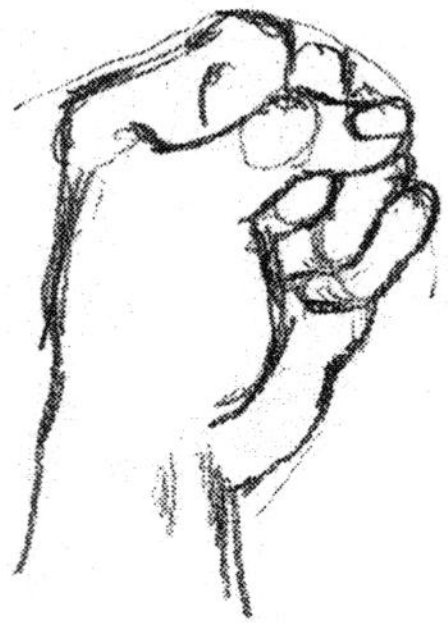

8.

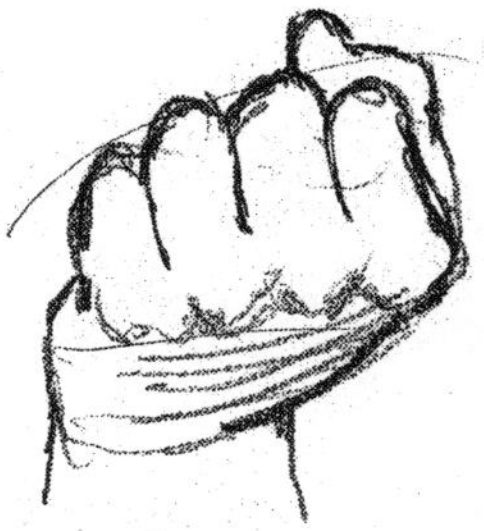

विभिन्न कोणों से हाथ का अभ्यास

अब आप भिन्न-भिन्न कोणों से हाथ बनाने का अभ्यास कीजिए। कितने ही हाथ बना डालिए। चित्र देखिए! मैंने कुछ चित्रों में सारी उंगलियों की बजाय एक ब्लॉक बना दिया है, सिर्फ उन चिन्हों को बनाकर कि उंगलियां कहां मुड़ती हैं। मैंने ब्लॉक को सटीक बनाया है। इसका आशय बस इतना है मैंने उंगलियों या हाथ को एक भवन निर्माता की दृष्टि से देखा है। हाथों का रेखांकन जटिल होता है। लेकिन आप जितना इनकी रचना का सरलीकरण करते जाएंगे, उतना ही आप हाथों की प्रारंभिक (Basic) विशेषताओं से परिचित होते जाएंगे। सभी चित्रों को सरलीकरण की प्रक्रिया से गुजरना होगा, जब तक कि आप यह न समझ जाएं कि इमारत के निर्माण की तरह ही ब्लॉक दर ब्लॉक हाथ का भी चित्रण होता है।

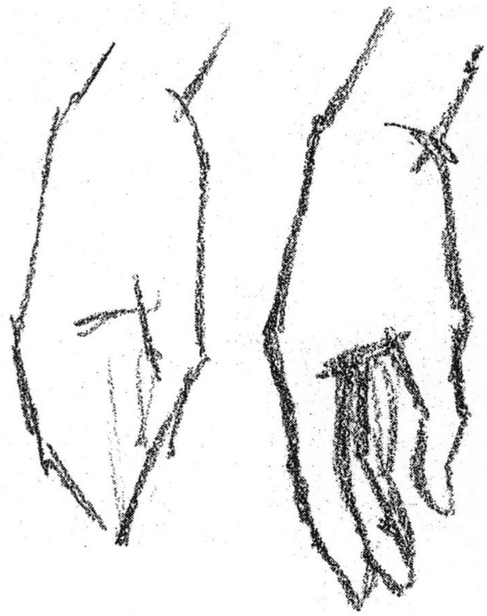

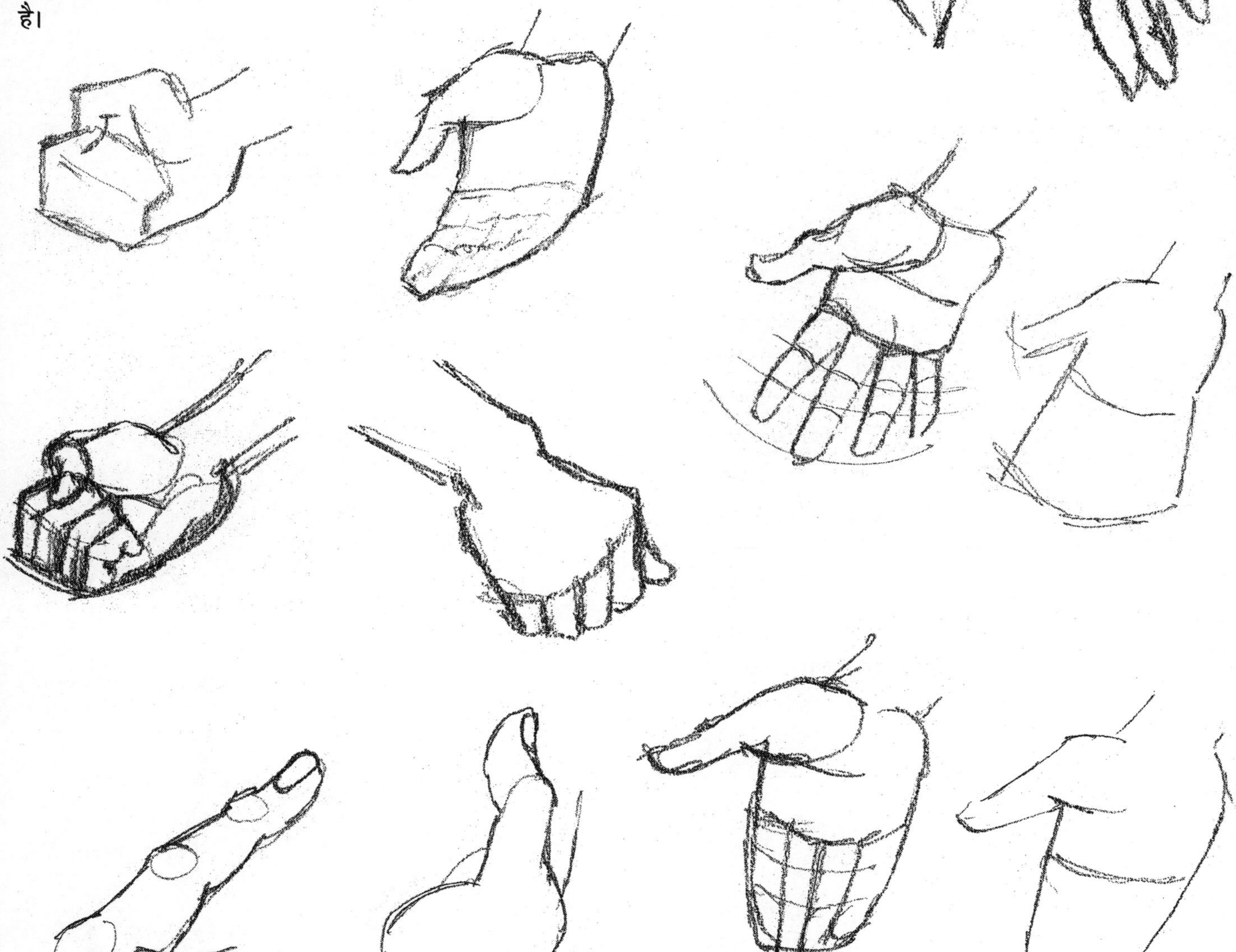

पांव (Feet)

हाथ के बाद स्पष्टत: पांव ही रेखांकन के लिए आपका प्रथम चयन होगा क्योंकि आप अपने ही पांव को सरलता से बना सकते हैं। आप पांव को हर कोण से बनाने के लिए दर्पण (Mirror) का प्रयोग कर सकते हैं। क्योंकि पांव की एड़ी और पंजे अधिक गति नहीं करते इसीलिए इनका बनाना अधिक कठिन नहीं होगा। हम सामान्यत: पांवों को अधिक नहीं देखते, इसलिए पांवों के आकार से हम उतने परिचित नहीं होते।

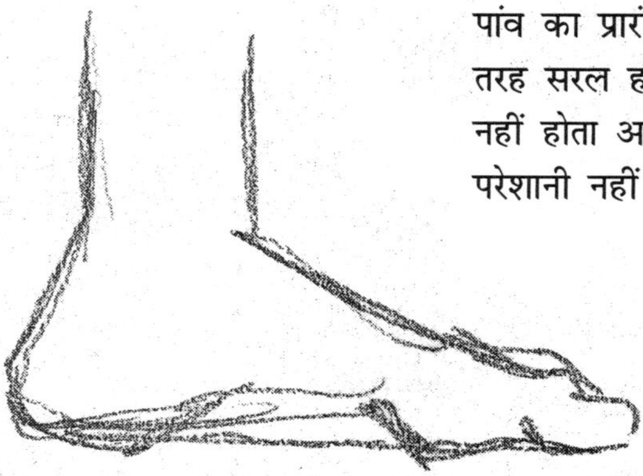

पांव का प्रारंभिक आकार किसी पिरामिड की तरह सरल होता है। यह हाथों की तरह जटिल नहीं होता आपको इसे ड्रा करने में अधिक परेशानी नहीं होगी।

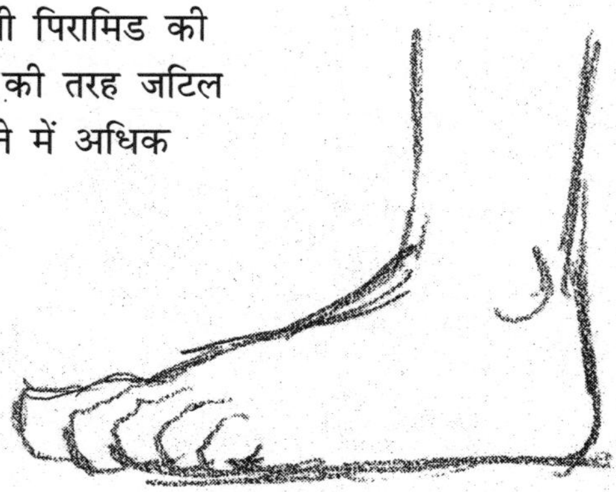

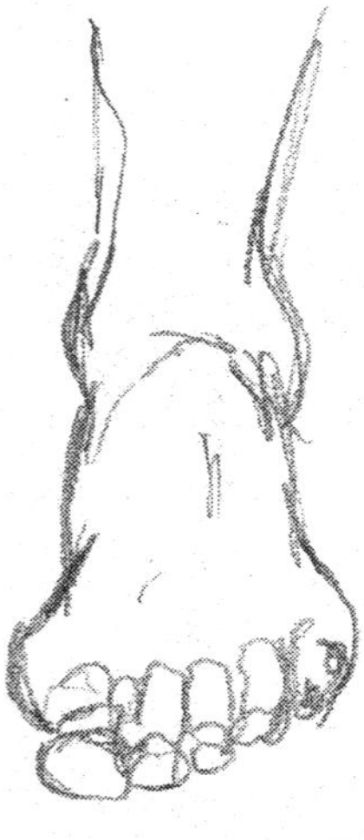

3. पांवों के सामने और पीछे का हिस्सा थोड़ा जटिल होता है, इसलिए यह आवश्यक है कि आप इसे सूक्ष्मता से देखें। आगे के हिस्से को देखने के लिए आप दर्पण (Mirror) की सहायता ले सकते हैं। एड़ी वाली साइड बनाना सरल है अगर आप किसी दूसरे व्यक्ति की एड़ी देखकर इसे बना रहे हैं।

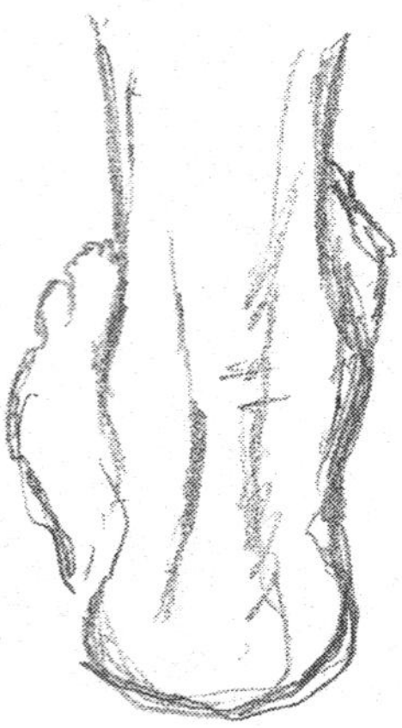

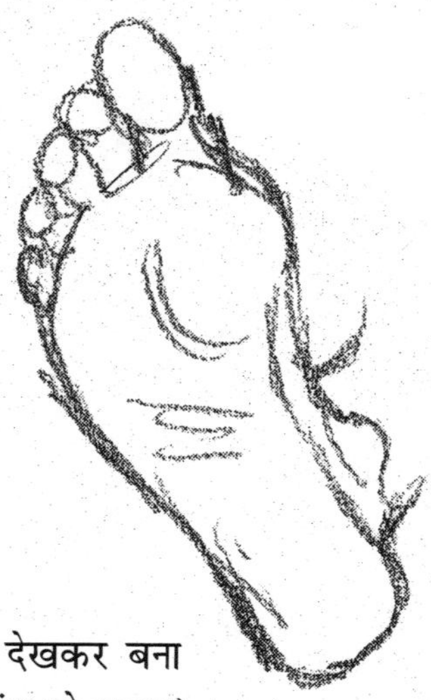

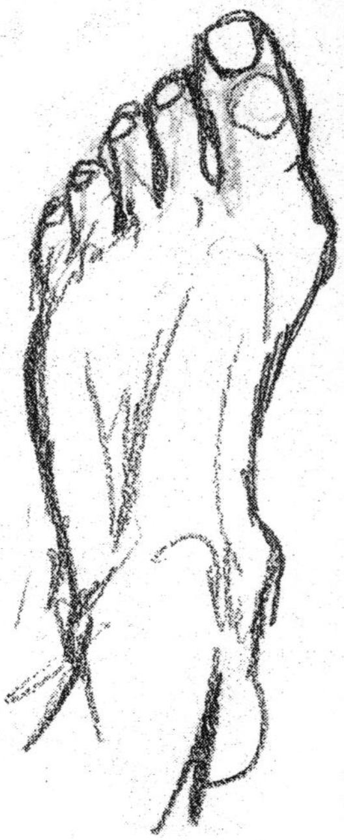

तलुवे को भी आप दर्पण में देखकर बना सकते हैं इसलिए इसका (पांव के तलुए) बनाना अपेक्षाकृत सरल होता है।

सिर और चेहरा

जब सिर का रेखांकन किया जाता है, तो नौसिखिए आर्टिस्ट अपना ध्यान चेहरे पर ही अधिक लगाते हैं, जबकि बाकी सिर चेहरे से ज्यादा बड़ा हिस्सा घेरता है।

इस ड्राइंग में टूटी रेखाओं (Dotted Line) के भीतर चेहरे का वह भाग है जो पूरे सिर में अपना स्थान घेरता है।

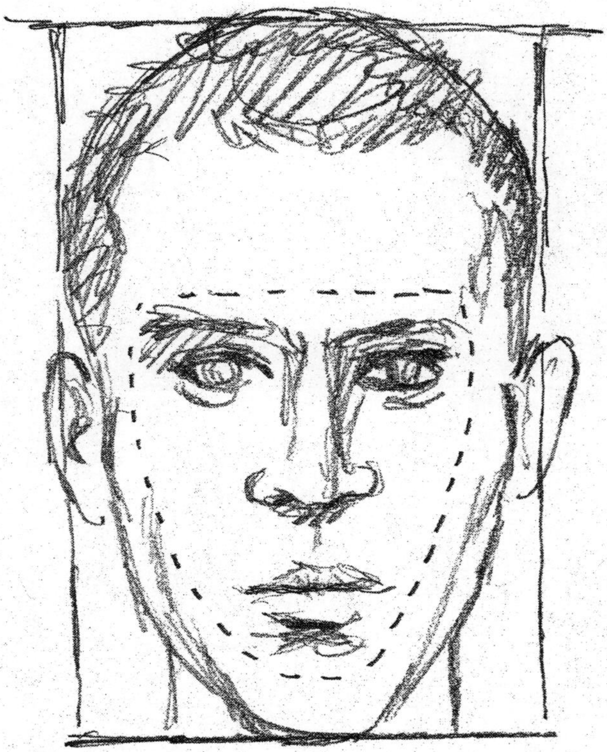

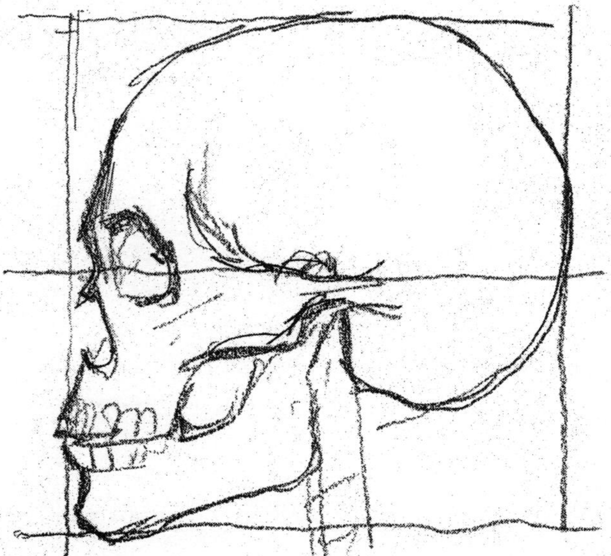

अगर तुम खुद इस सच्चाई का पता लगाना चाहते हो तो एक चौखटा बनाएं (Draw) इसमें एक कपाल (Skull) ड्रा करें। इसके लिए आप मेरे इस स्कैच को कॉपी कर सकते हैं। क्योंकि मॉडल के लिए मानव खोपड़ी मिलना अक्सर मुश्किल होता है। खोपड़ी में आप देखेंगे कि आँख के गड़े पूरी खोपड़ी के आधे भाग में हैं। यह नौसिखिए आर्टिस्ट नहीं देख पाते। आप इसी पुस्तक के अन्य पृष्ठों पर और अधिक सूक्ष्मता (Detail) से इस अनुपात को देख पाएंगे।

सिर का रेखांकन (Sketching Heads)

यहां मैंने पांच अलग अलग व्यक्तियों का रेखांकन किया है, इनमें आप पाएंगे कि इनके कपाल (Skull) एक से दिखाई दे रहे हैं। हर चित्र एक कपाल का चित्र है, इससे आपको सिर का प्रारंभिक (Basic) आकार ही पता चलता है।

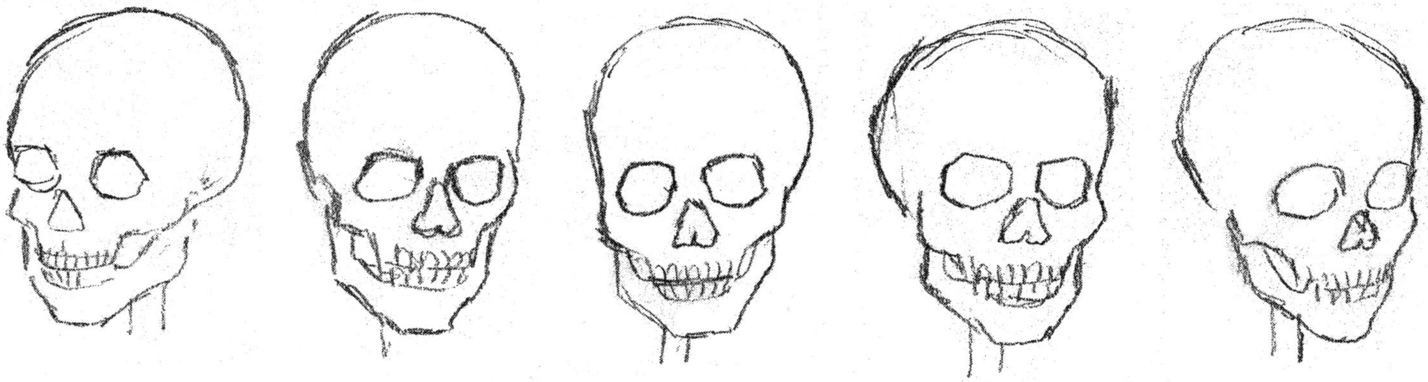

इस अगले चित्र में व्यक्तिगत सिरों की बाहरी रेखाएं (Out Lines) हैं और इनमें उनके चेहरे के नैन नक्श उभारे गए हैं। इनमें बालों को नहीं बनाया गया है लेकिन फिर भी इन चेहरों में आप पहचानने लायक चिन्ह देख सकते हैं।

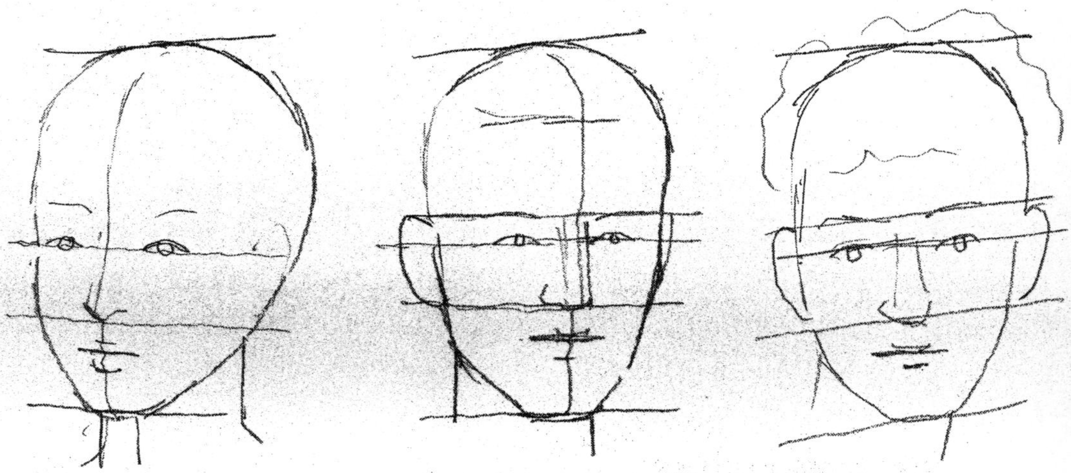

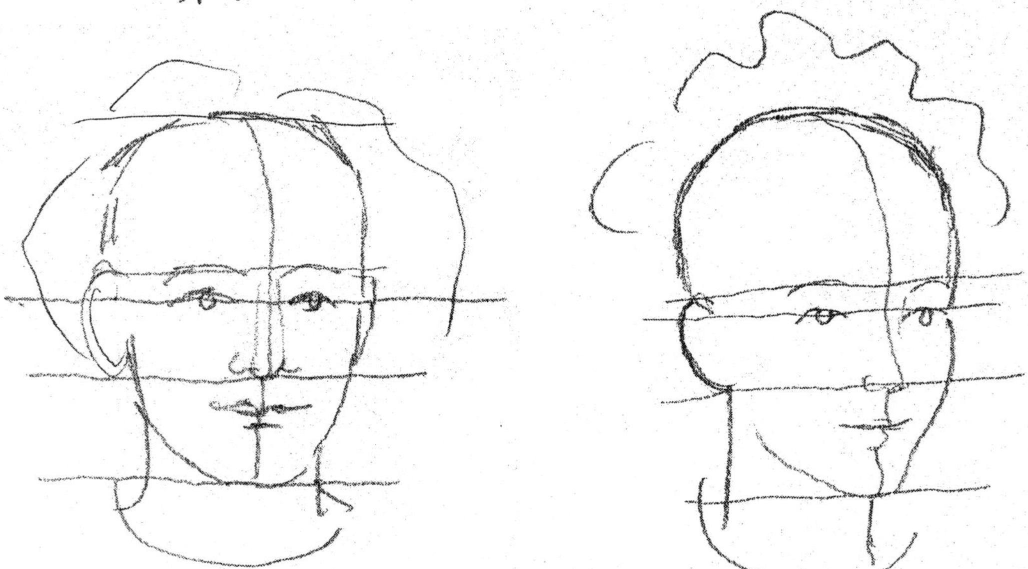

अंतिम स्थिति में मैंने वे सभी विशेषताएं स्कैच की हैं जो रेखांकन को दो महिलाओं के विशिष्ठ रेखांकन में बदल देता है। और शेष बचे तीन स्कैचों को पुरुषों के व्यक्ति चित्रों (Portraits) में परिवर्तित कर देता है। इन व्यक्ति चित्रों के विशेष लक्षण (Features) इन्हें पुरुष और महिलाओं के अन्तर को स्पष्ट कर देते हैं। अगर इन व्यक्तियों से आप मिलें जिनके ये चित्र हैं तो आप तुरन्त उन्हें पहचान जाएंगे। जबकि इनके कपाल (Skulls) एक ही जैसे थे।

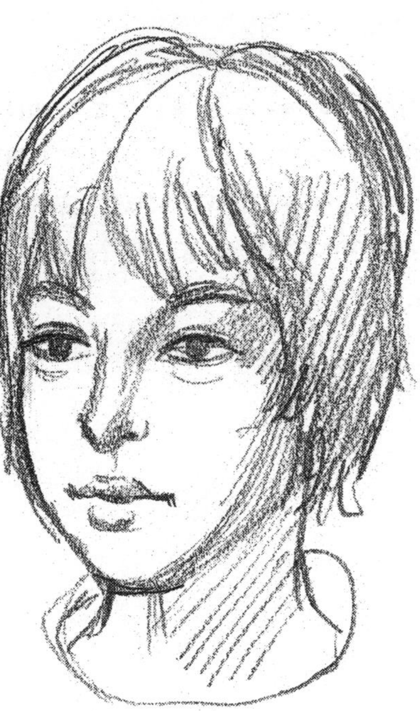

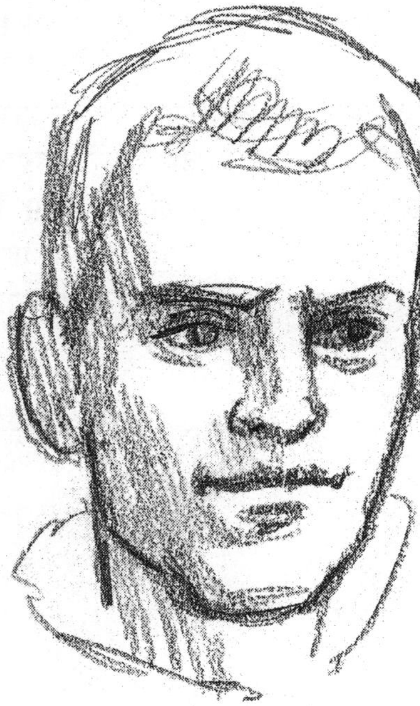

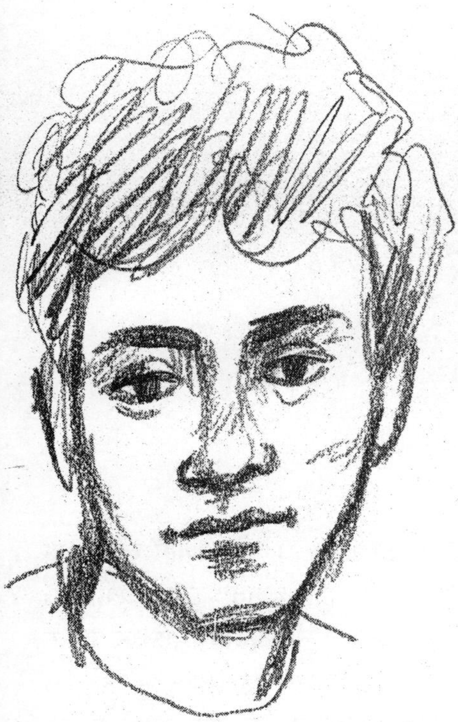

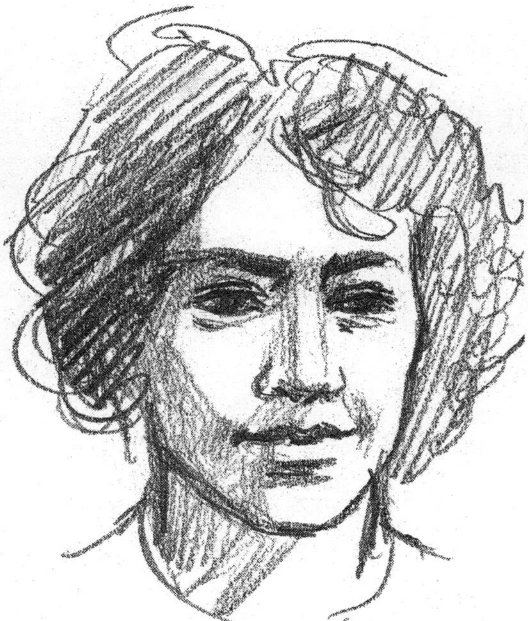

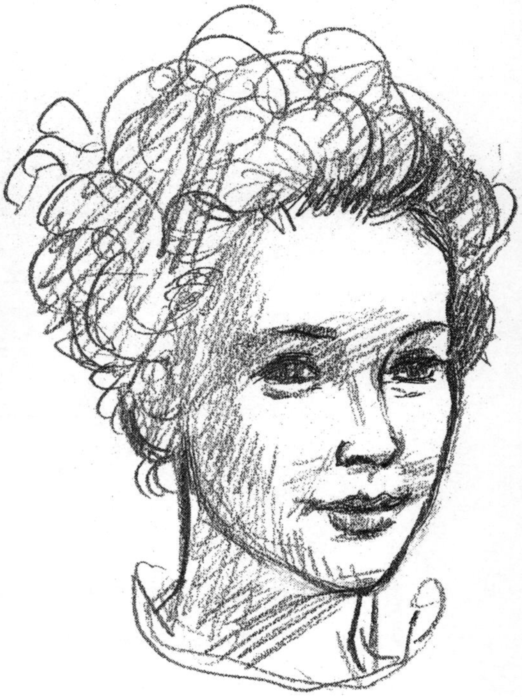

अभ्यास ने आपको यह बता दिया होगा कि एक व्यक्ति-चित्र (Portrait) दूसरे से कठिन नहीं है, क्योंकि उनकी बेसिक संरचना एक सी थी। बस चेहरे की सूक्ष्मताएं ही उन्हें एक दूसरे से अलग करती हैं। हमेशा व्यक्तिचित्रों को ऐसे बनाएं जैसे वे एक ही हों, पर उनके चेहरों के लक्षणों को सूक्ष्मता (Detail) से ड्रा करें। आखिर में आप एक पूर्ण व्यक्ति-चित्र (Portrait) बनाने में सफल हो जाएंगे।

व्यक्ति-चित्र (Portrait) का रेखांकन

अब तक आपको यह आभास हो गया होगा कि सिर कैसे बने होते हैं। एक साधारण पोरट्रेट बनाइए। अगर आपको पोरट्रेट बनाने के लिए मॉडल न मिले तो आप अपना व्यक्ति-चित्र दर्पण में देख-देख कर बना सकते हैं। पर इस स्टेज पर अच्छा होगा आप किसी दूसरे को देख कर ही पोरट्रेट बनाएं। अगर यह भी संभव न हो तो किसी ऐसे फोटो को कॉपी करें जिसका सिर आगे या पीछे की ओर मुड़ा न हो।

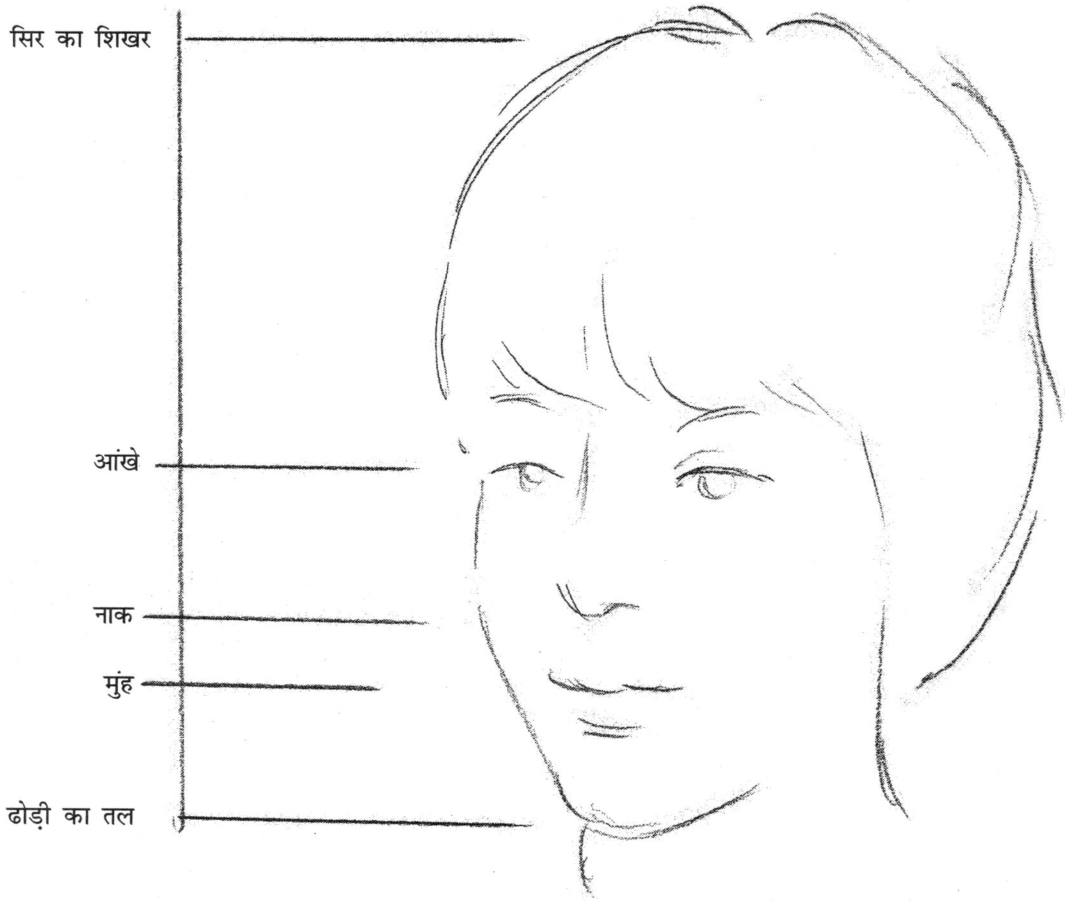

1 अपने मॉडल को ऐसी स्थिति में बिठाइए कि चेहरा दायीं तरफ को मुड़ा हुआ हो ताकि आप उसके चेहरे की सारी सूक्ष्मताएं (Detail) देख सकें। कागज पर एक चिन्ह सिर के शिखर का बनाइए। और दूसरा चिन्ह सिर के नीचे का हो। इन बिन्दुओं के ठीक बीच में आंखों के लिए निशान लगाइए। अब नीचे के आधे हिस्से में नाक के लिए चिन्ह लगाएं। मुंह का निशान नाक के नीचे चौथाई भाग में लगेगा। अब अपनी आंखों से चित्र का सटीकता के लिए निरीक्षण करें।

चेहरे के प्रमुख लक्षणों (Features) पर निशान लगाने के बाद अपने मॉडल के सिर से मिलती जुलती रेखाएं खींचिए। रेखाओं को हल्का रखें। अब आंख, नाक और मुंह के हल्के निशान लगाए (देखें चित्र) इस स्थिति में यह प्रयत्न न करें कि चित्र सटीक बन जाएगा। आपका काम है कि आप अपने मॉडल की सूक्ष्मताएं सटीकता से बना दें।

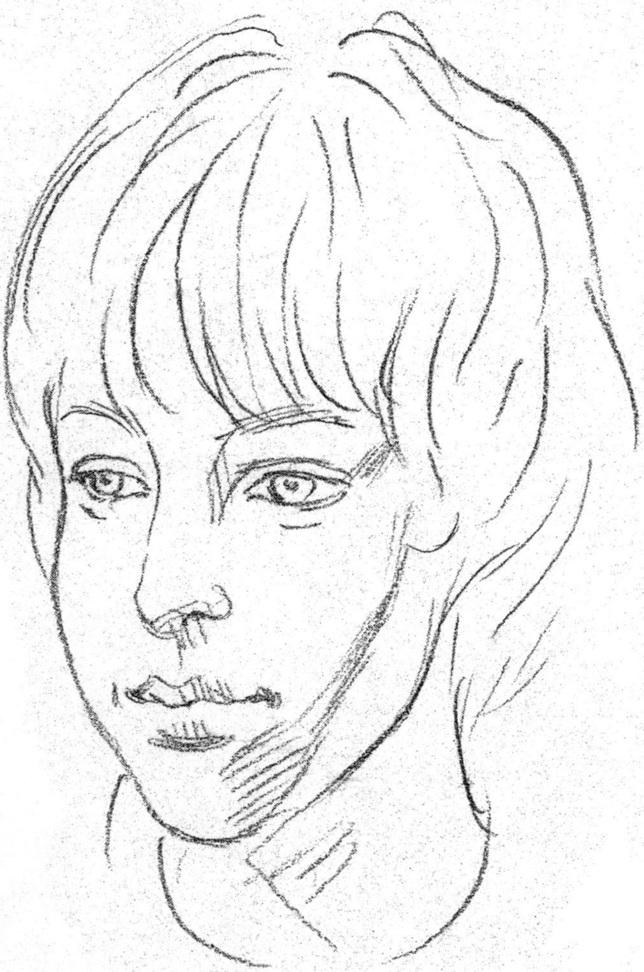

2 जैसे ही आप संतुष्ट हों कि सिर और चेहरे के लक्षण (Features) सटीक हैं तो ध्यान रहे कि जो अन्य लक्षण आप उभार रहे है, वे ठीक आपके मॉडल के अनुरूप हों। समय की परवाह न करें, भले ही ज्यादा लगे। इस स्थिति में ही आप सुनिश्चित करें कि सारे लक्षण सटीक (Accurate) कर लिए हैं क्योंकि बाद में इन्हें ठीक करना चित्र की खूबसूरती पर असर डालेगा।

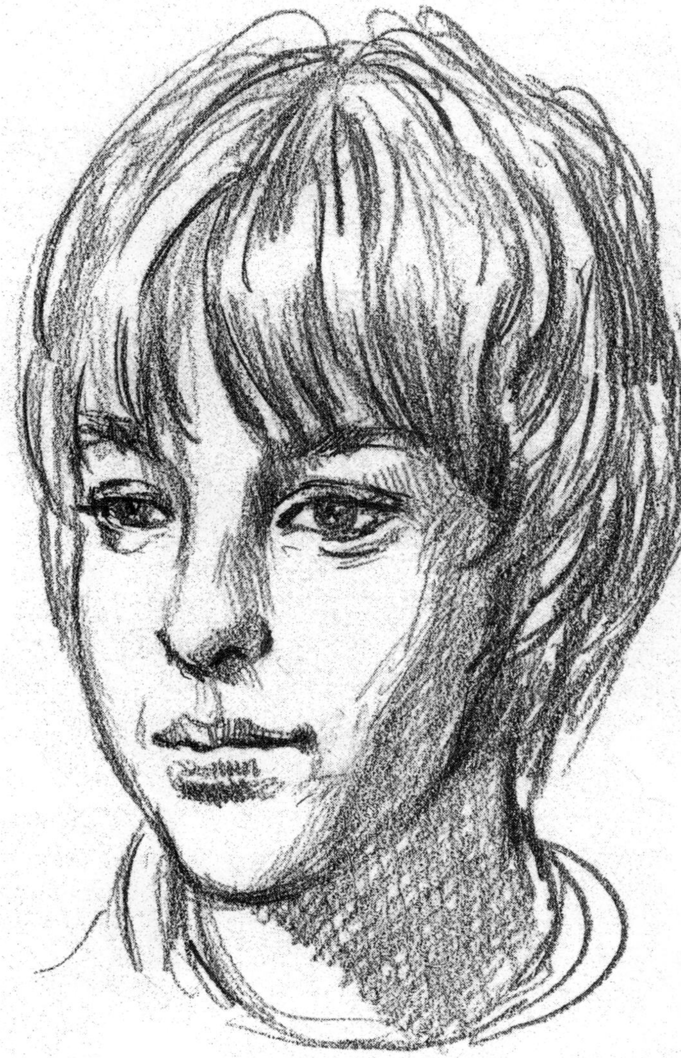

3 जब आपको ऐसा लगे कि सब कुछ सटीक बन गया है तो अब टोन देना शुरू करें। पहले सिर से शुरू करें और सुनिश्चित करें कि प्रकाश किस दिशा से आ रहा है। इस चित्र में प्रकाश बायें भाग के ऊपरी हिस्से से पड़ रहा है। इस तरह शेडिंग दायें से डाली जाएगी। (देखें चित्र)

अध्याय-3

प्रकाश और छाया रेखांकन (Tonal Drawing)

किसी भी चित्र में प्रकाश और छाया का अंकन त्रिआयामी (Three Dimensional) प्रभाव डालता है, इसलिए यह बेहद जरूरी है कि इसका प्रयोग प्रभावी तरीके से किया जाना चाहिए। अब तक आपको यह तो पता चल ही गया होगा कि निरन्तर अभ्यास से प्रवीणता (Mastery) आती है।
इसलिए टोन (Tone) के अभ्यास में निरन्तरता लाएं, इसे खोजें।

प्रकाश और छाया का अभ्यास

शुरू में मैंने आपको कुछ चील-मकौड़े जैसे (Scribbling) पैचों का अभ्यास करवाया था जो टैक्सचर या टोन में थे। अब आप पांच वर्ग (Squares) बनाएं जो साथ साथ बने हों। आप इन चौखटों (वर्गों) को विभिन्न माध्यमों से भर सकते हैं।

बाएं के पहले चौखटे में गहरी टोन दें जो आप पेंसिल से कर सकते हैं या पैन से या ब्रश के वाश से भी कर सकते हैं। गौर कीजिए कि सबसे अंतिम चौखटा एक दम सफेद है। इसमें कोई टोन नहीं है।

अगले चतुर्भुजों में आपको अपनी टोन को संतुलन में रखना होगा। सफेद चतुर्भुज के साथ रहे तीन चतुर्भुजों में आपने गहरी टोन देनी है (देखे चित्र) पर एक दम काली नहीं। एक मध्यम टोन, एक हल्की टोन और एक गहरी टोन ही दें।

प्रभाव ऐसा होना चाहिए जैसे पांचों चतुर्भुजों पर जब आंख फिरे तो गहरे से हल्की होती सफेद टोन तक पहुंचे। अगर कोई चतुर्भुज परिणाम से ज्यादा हल्का या भारी है तो इसका अर्थ है आपने किसी चतुर्भुज में कम या ज्यादा टोन दे दी है और आपका टोन का प्रभाव लय (Rhythem) में नहीं है। आपको इसके लिए बार-बार अभ्यास करना होगा ताकि आप सही और सटीक लय में टोन दे सकें।

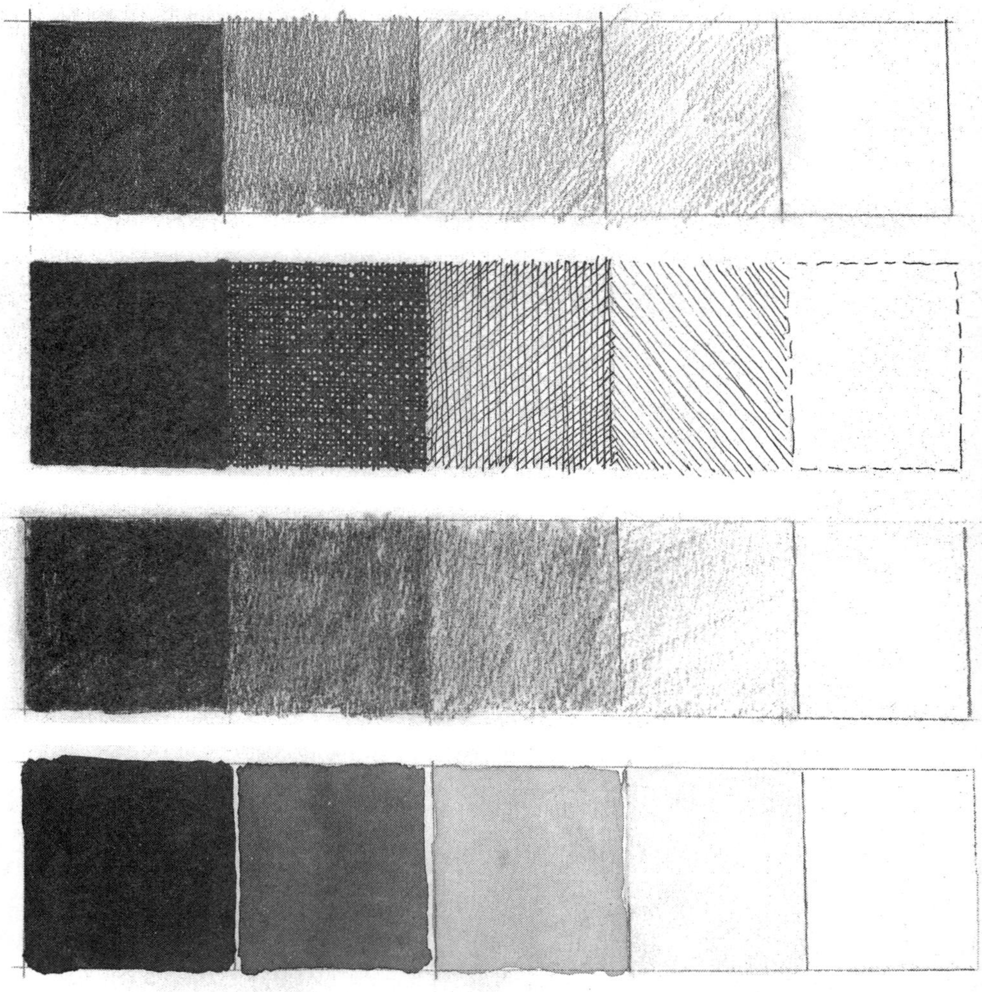

अब आप अपने चील-मकौड़े जैसे रेखांकन को लय (Rhythm) में ले जाते हुए ऐसा कीजिए कि सफेद चतुर्भुज तक आते आते आपकी स्क्रिबलिंग (Scribbling) हल्की होती जाए। और अन्त में सफेद रह जाए। पेंसिल और चारकोल में आपको यह सुविधा है कि आप उंगली में मसल कर टोन (Tone) को दायीं तरफ ले जाते हुए सफेद चतुर्भुज तक ले आने में सफल रहेंगे। पर स्याही या जलरंग में आप ऐसा नहीं कर पाएंगे। वाश (Wash) में आपको यह सुविधा है कि ब्रश में पानी लेकर आप टोन को हल्का करते हुए पांचवे सफेद चतुर्भुज तक ले आएंगे।

स्याही के साथ आपको सावधानी रखनी होगी। स्याही की रेखाओं की लय ऐसी हो जिससे पांचवें चतुर्भुज तक पहुंचते पहुंचते कोई रेखा रह ही न जाए।

पैन और स्याही से बनी बनावट (Texture)

जो वस्तु आप बना रहे हैं, बनावट (Texture) उसके लक्षण प्रदर्शित करती है। बनावट चित्रित करने के लिए पैन और स्याही एक आदर्श माध्यम है। बनावट का प्रयोग कर आप टोन देने का मूल्य समझ जाएंगे। इसलिए यहां बनावटों का पूरा समूह दिया जा रहा है। आपको बहुत से चित्रों में इनकी आवश्यकता पड़ सकती है।

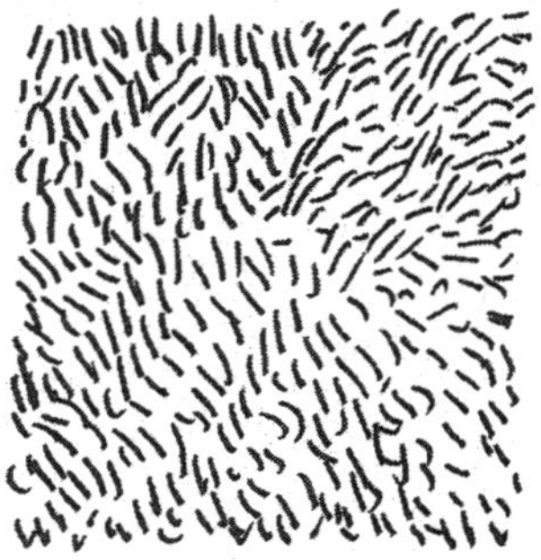

हर दिशा में जाते हुए विभिन्न स्ट्रोक जो छोटे हैं।

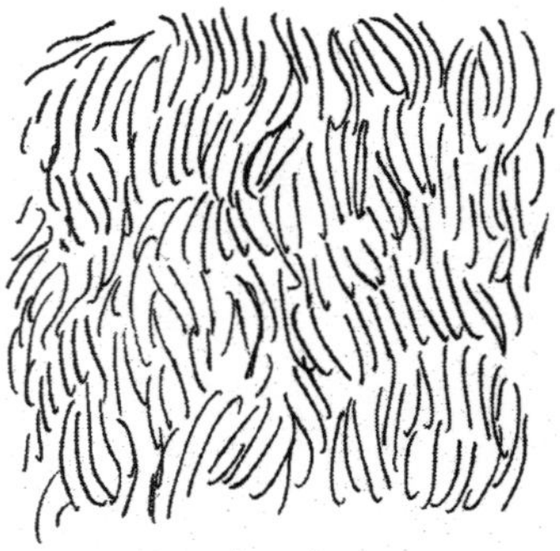

लम्बे स्ट्रोक

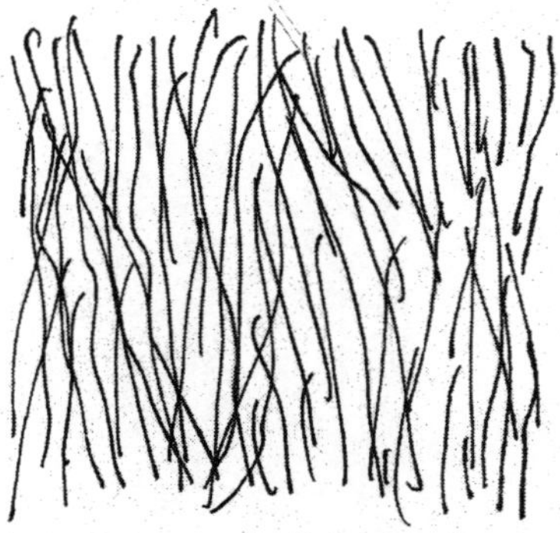

ज्यादा लम्बे स्ट्रोक

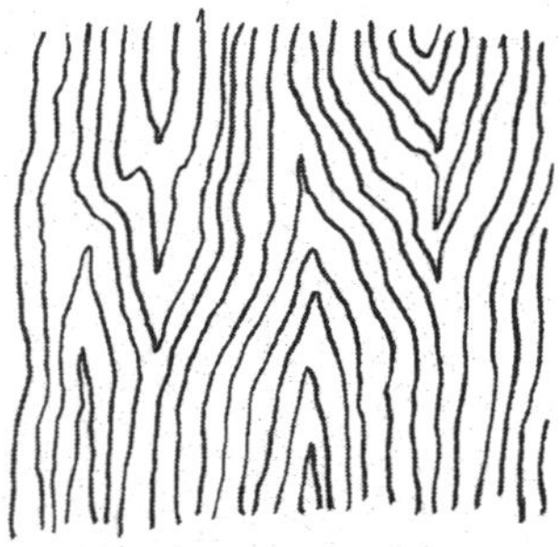

लकड़ी की बनावट देती रेखाएं जो एक दूसरे को काटती नहीं हैं।

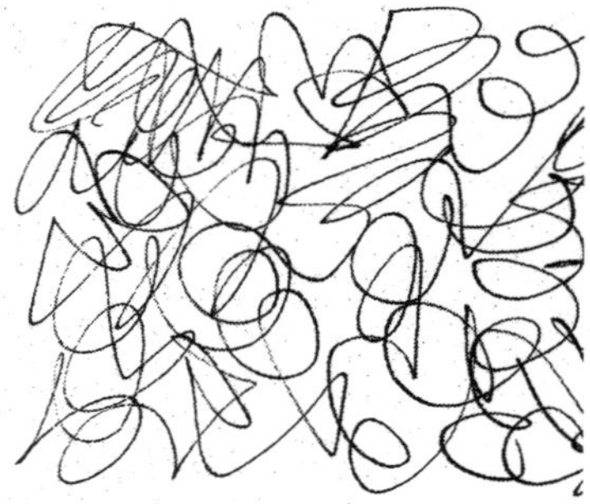

तार जैसा पतला रेखांकन जो आगे और पीछे ऊपर और नीचे आ जा रहा है।

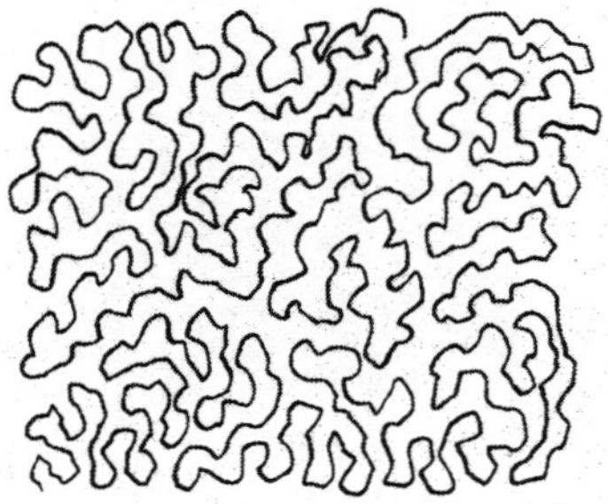

एक अन्तहीन रेखा का तार जिसकी रेखा एक ही होती है।

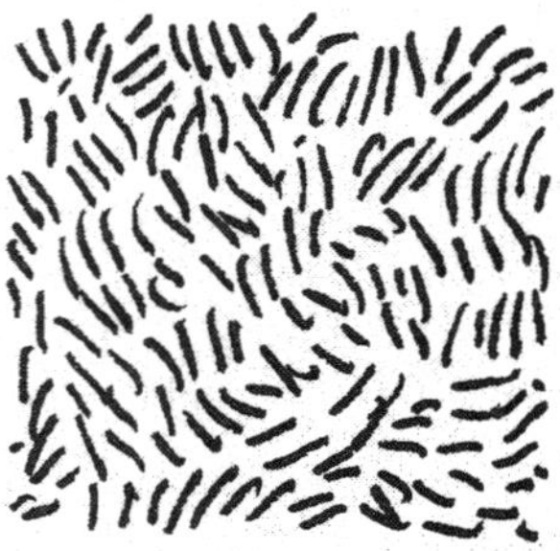

ज्यादा मोटी छोटी रेखाएं जो 0.8 पैन से लगाई गई हैं।

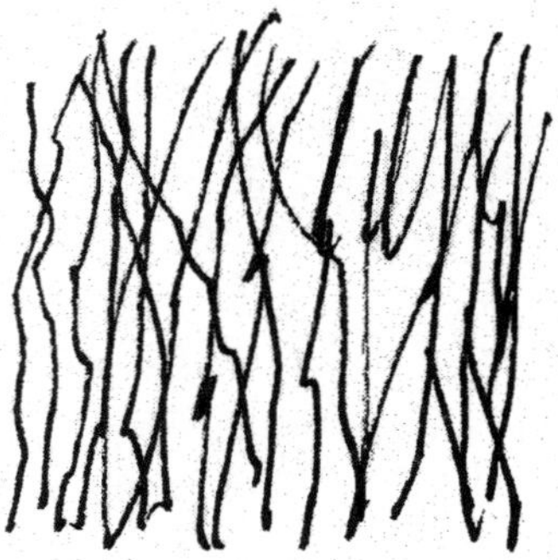

लम्बी रेखाएं जो 0.8 पैन से लगाई गई हैं।

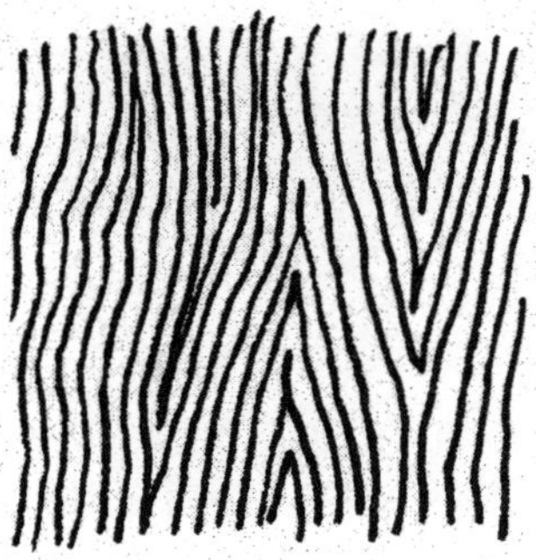

लकड़ी की बनावट का आभास देती 0.8 से खींची गई रेखाएं

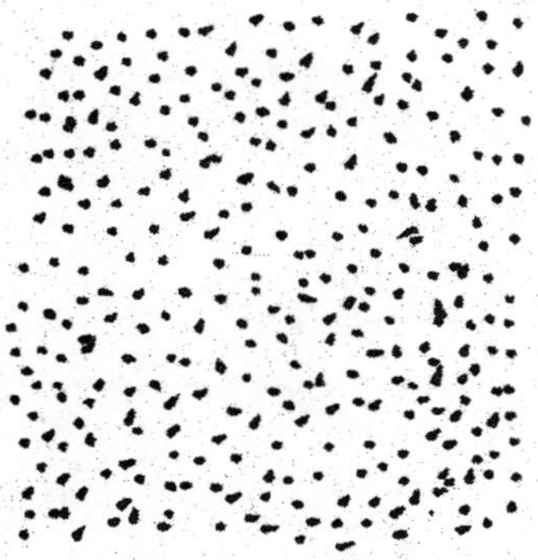

बिन्दुओं द्वारा की गई बनावट

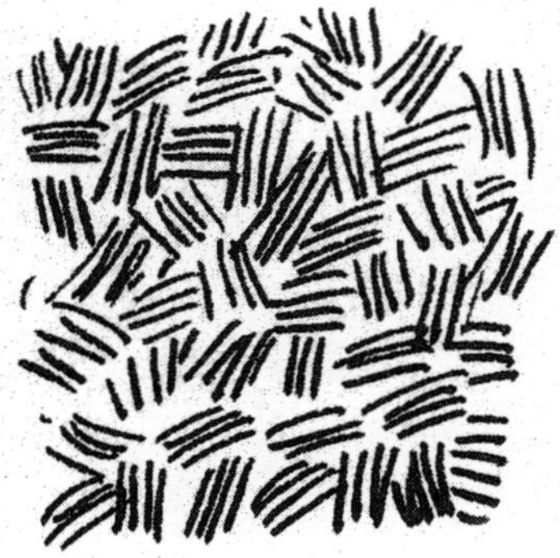

छोटी रेखाएं जो समूह में है।

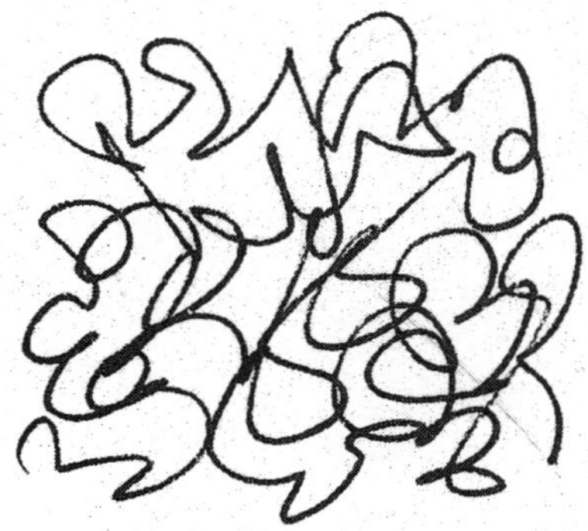

0.8 रौटरिंग पैन से खींची गईं तार जैसी रेखाएं

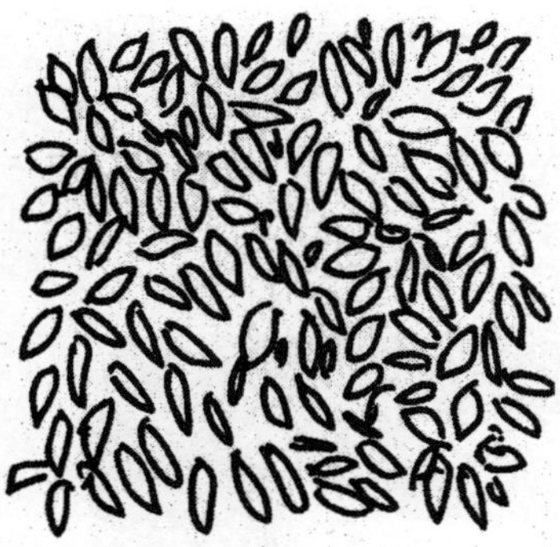

एक समूह में छोटी पत्तियों से बनाई गई बनावट

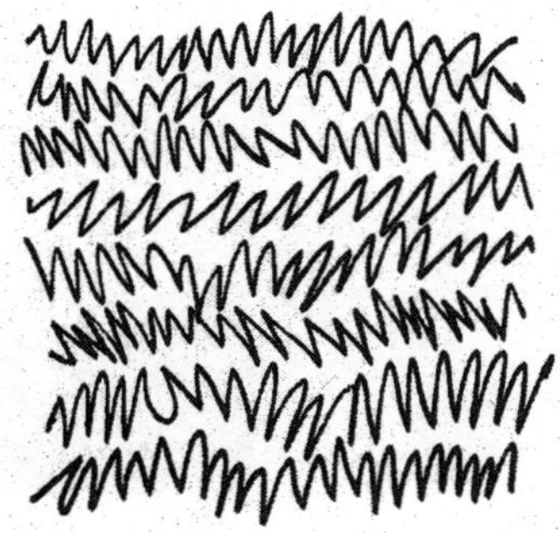

जिग जैग तरीके से खीची गईं रेखाएं

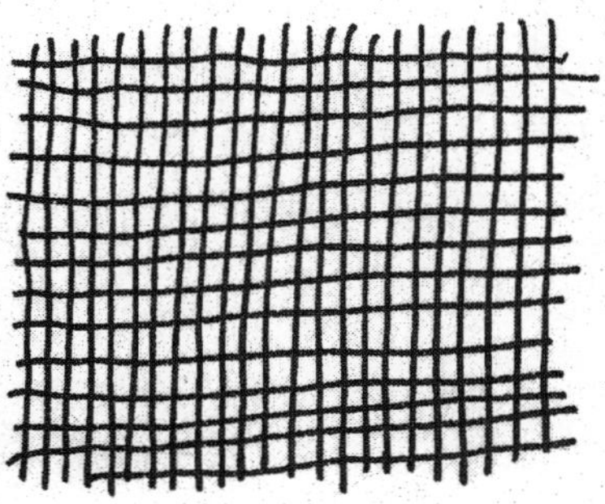

खड़ी और लेटी रेखाओं की जाली

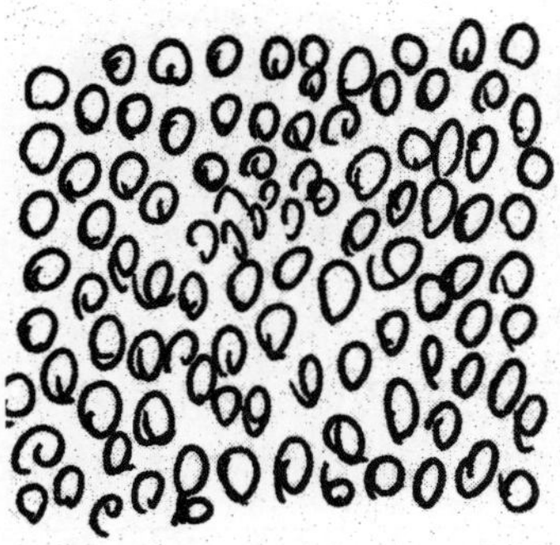

बुलबुलों से बनाई गई एक बनावट

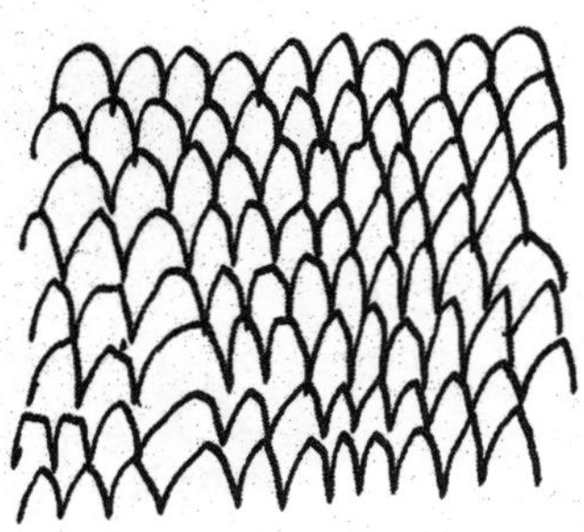

मछली के शल्कों (scales) की बनावट

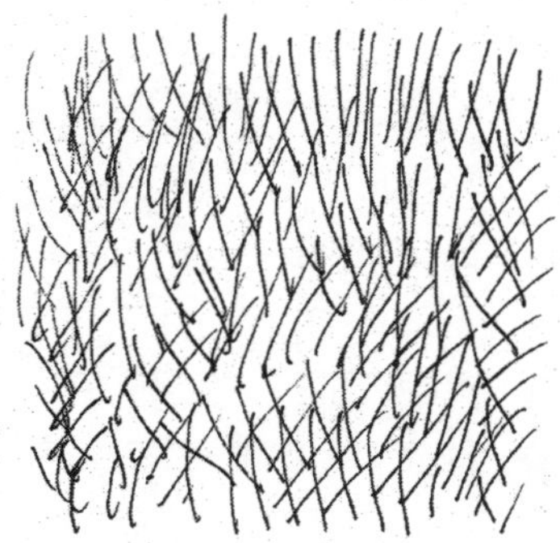

हल्की रेखाएं जो एक दूसरे पर चढ़ी दिखाई दे रही हैं।

वस्तु (Object) पर छाया और प्रकाश का प्रभाव

जब भी किसी वस्तु पर कलाकार छाया और प्रकाश के प्रभाव के लिए टोन डालता है, तो वस्तु (Object) में ठोस (Three Dimensional) प्रभाव आ जाता है। नीचे की ड्राइंग में यह दिख रहा है कि टोन का प्रयोग विषय वस्तु के हर लक्षण को उभारने में कितना सक्षम है।

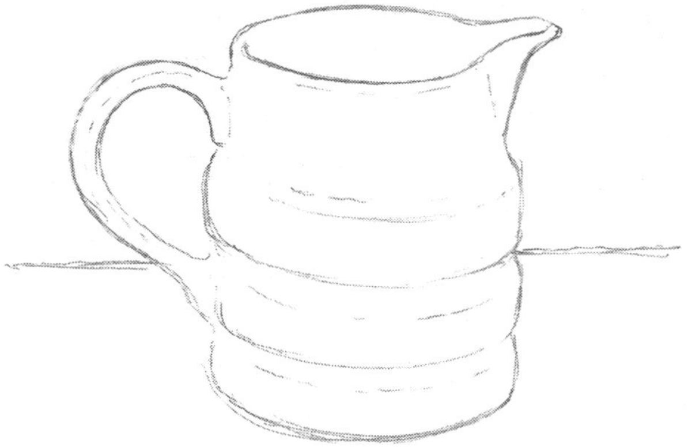

1 यहां मैंने एक हल्के रंग का जग चुना है, सबसे पहले तो आकार बनाया गया है, इससे जग के पूरे लक्षणों (Features) का आपको पता लग जाएगा। इसका एक हैंडिल है और पानी डालने के लिए उभार है और यह जमीन पर रखा दिख रहा है। सीमा रेखा आपको जग के पीछे दिख रही है।

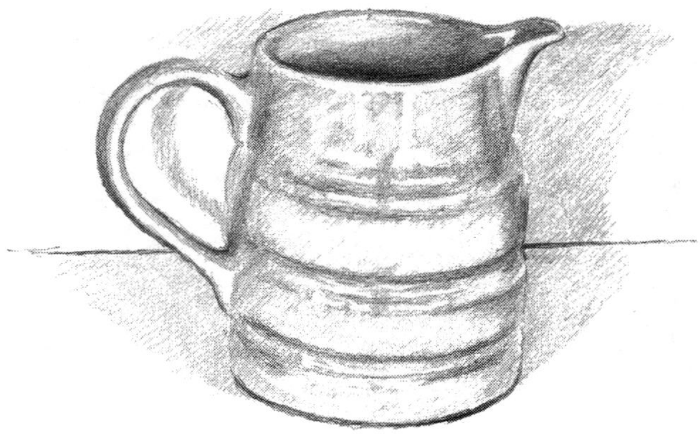

2 दूसरी स्थिति में इसमें टोन डाली गई है। इससे इस अन्तर का पता चलता है कि पहले जग कैसा दिखता था अब कैसा लग रहा है। स्थान अलग लग रहा है, और जग की गोलाइयां साफ दिख रही हैं। इससे जग के ठोस होने का प्रमाण दिख रहा है।

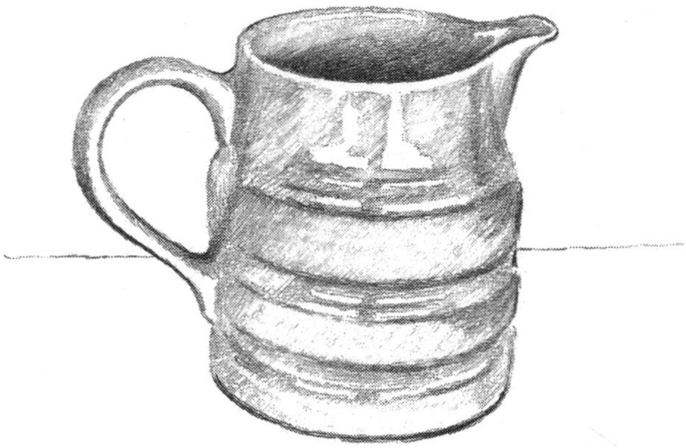

3 अगली ड्राइंग में जग में तो पूरी टोनिंग (Toning) दी गई है पर बैक ग्राउन्ड में कुछ खास नहीं किया गया है। इससे ऐसा लग रहा है कि जग शून्य में तैर रहा है। क्योंकि बैकग्राउन्ड यहां अनुपस्थित है।

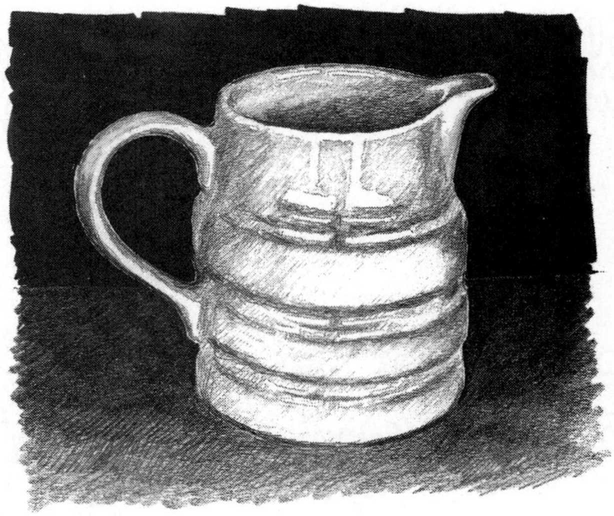

4 चौथी ड्राइंग में बिल्कुल विपरीत हो रहा है। इसमें लग रहा है कि विषय वस्तु (Object) अंधेरे में से बाहर निकल रही है। यह अन्धेरे के विरुद्ध प्रकाश का अच्छा उदाहरण है। हालांकि यह वास्तविकता नहीं है। पर हमें ऐसा आभास हो रहा है कि जैसे शून्य से जग कूद कर बाहर आ रहा है। इस तरह टोन (Tone) वस्तु को उभार देती है या घटा देती है।

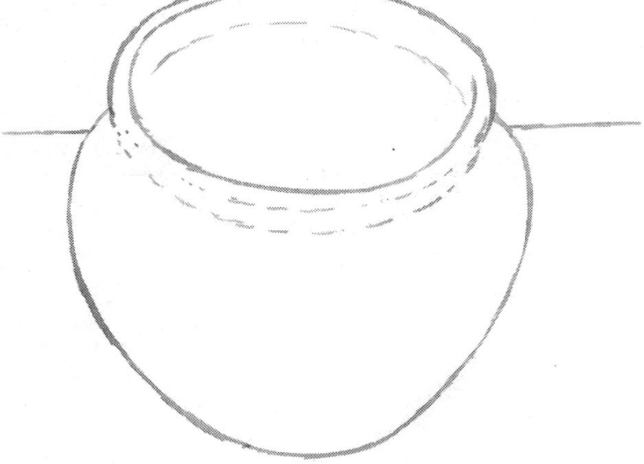

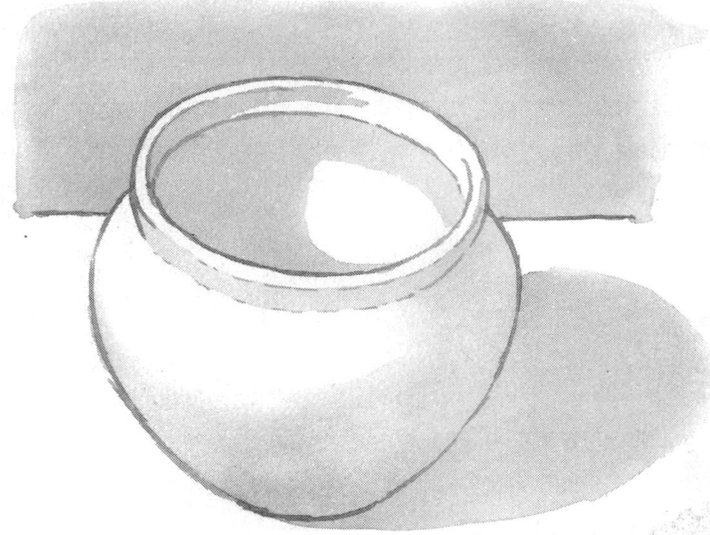

1 इस चित्र में मैंने ब्रश और वाश से सफेद सुराही को सफेद बैकग्राउन्ड में ही सेट किया है। इसे मैंने इस अभ्यास के रूप में लिया है कि इस माध्यम से क्या प्रभाव पैदा होता है। यह तीन स्थितियों में है। जिसमें नुकीले ब्रश से पहली ड्राइंग जलरंग के ब्रश से बनाई गई है।

2 दूसरी ड्राइंग में मैंने पूरी सुराही में और बैकग्राउन्ड में हल्की सी टोन दी है। जमीन पर भी हल्की शेड दी है। इससे जमीन और बैक ग्राउन्ड से विषय वस्तु का सम्बन्ध स्थापित हो जाता है।

3 अब मैंने पहले जो टोन (Tone) दी है उसके सूखने का इन्तजार किया, इससे पहले कि मैं टोन की एक और परत इस पर लगाऊ। और अब मैंने पहली और दूसरी टोन की परत में आपस में मिलाकर सुराही की गोलाइयों को पूर्णता प्रदान कर दी है।

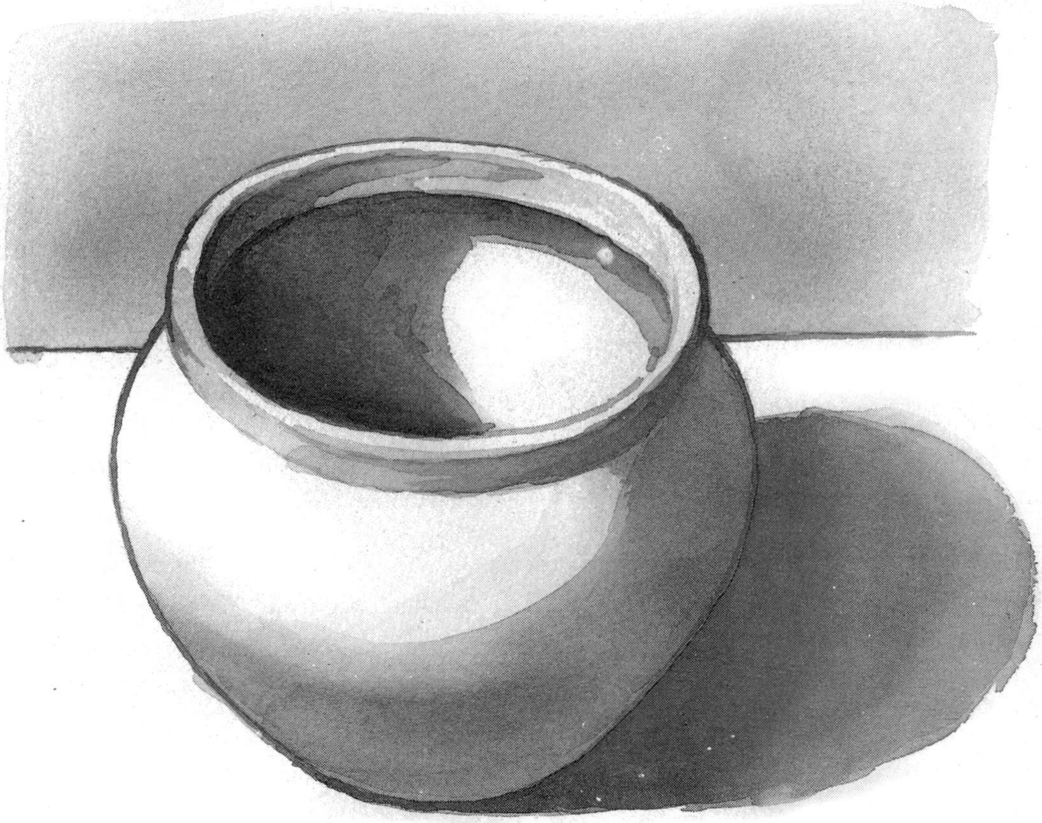

टोन को खोजना

जैसे ही आपने साधारण घरेलू वस्तुओं में टोन देने में योग्यता प्राप्त कर ली, समझिए आप अधिक जटिल विषय को टोन देने को तैयार है। यह अधिक मुश्किल नहीं है। बस आपको यह ध्यान देना है कि प्रकाश का स्रोत कहां है, और इस बात को दृष्टि में रखकर उसके अनुरूप ही टोन देनी है। टोन हमेशा प्रकाश से विपरीत दिशा में ही दी जाती है।

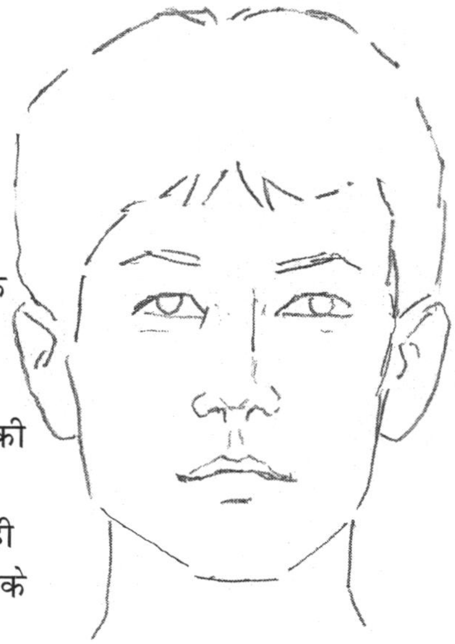

1 पहली स्थिति में एक आउटलाइन ड्राइंग बनाइए जो सिर की हो। आवश्यकता इस बात की है कि आप सिर के मुख्य लक्षणों को सटीक और सही स्थान पर ही बनाएं। बालों के स्थान पर बालों का ब्लॉक (Patch) बनाएं।

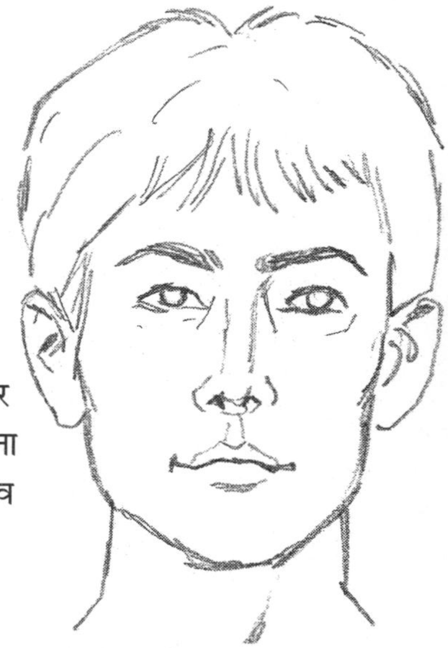

2 दूसरी स्थिति में चेहरे के लक्षणों (Features) को और स्पष्ट कीजिए। इस तरह बिना टोन दिए भी सिर का ठोसत्व उभरने लगेगा।

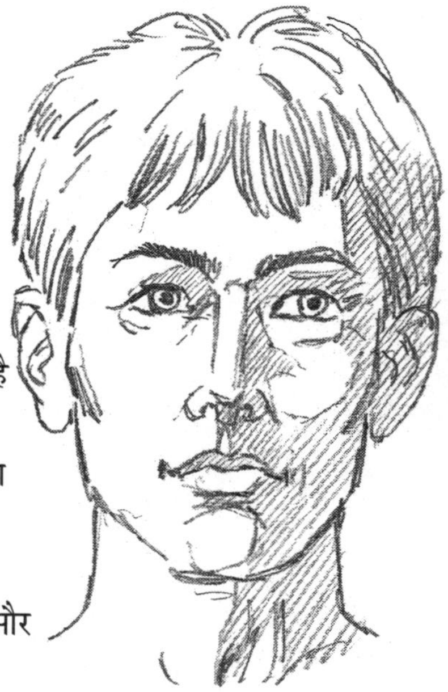

3 इस स्थिति में टोन और गहरी हो गई है तथा चेहरे के लक्षणों को और उभारा गया है। पर आप इसे अधिक उभारना नहीं चाहते क्योंकि आपका उद्देश्य ड्राइंग को और सूक्ष्म बनाना है।

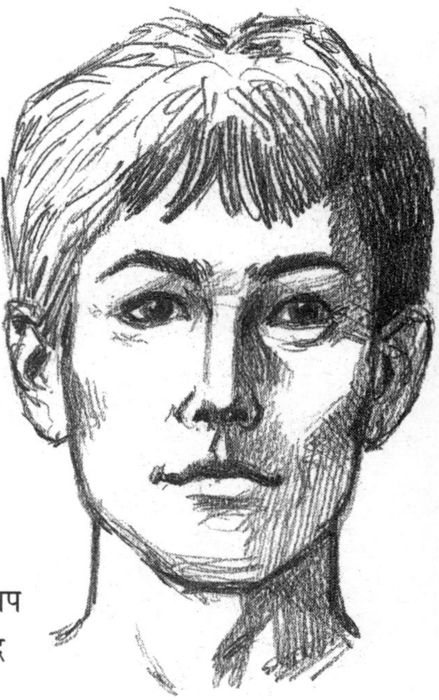

4 अंतिम स्थिति में आप टोन के हिस्से को और सूक्ष्मता से उकेर कर गहरा कर देंगे। इससे सिर और चेहरे का ठोसत्व और निखर आएगा। इस स्थिति ने कई जगह आप टोन को हल्का रखना पसन्द करेंगे।

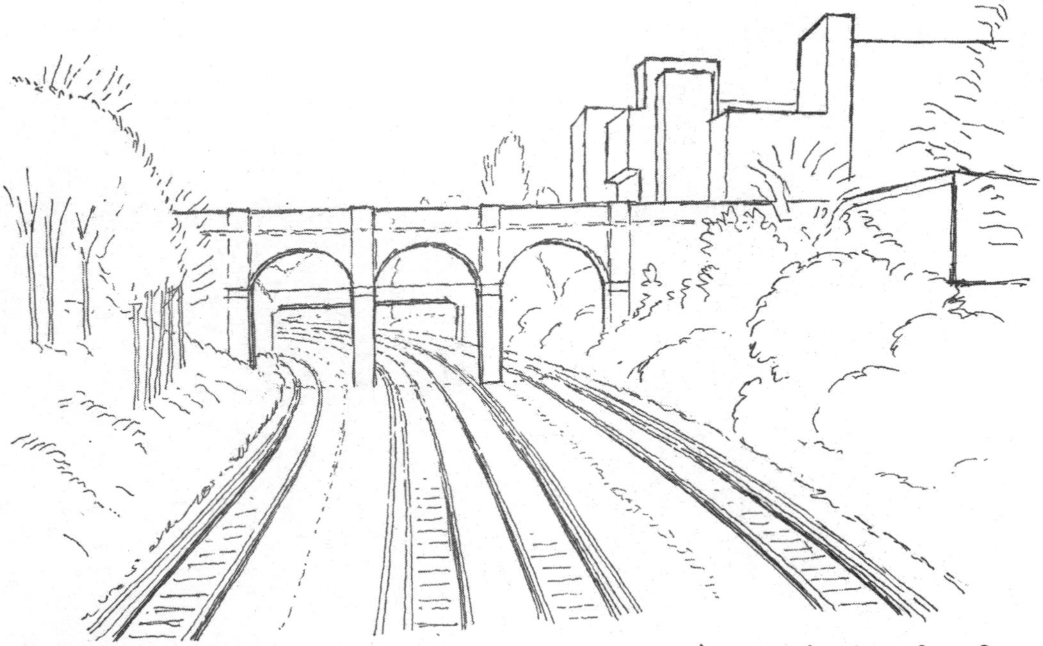

1 अब एक लैन्डस्कैप (दृश्य) में टोन के एक उदाहरण पर दृष्टि डालते हैं। इस दृश्य में आप रेल की पटरियों पर बना एक पुल देख रहे हैं। यह पर्सपैक्टिव का भी अच्छा उदाहरण है। रेल की घूमती पटरियां अपना अलग प्रभाव छोड़ रही हैं। जो कि दो पुलों के नीचे से आकर दर्शक की तरफ आ रही हैं। बिना टोन दिए भी पटरिया स्वयं एक गहराई का अनुभव करा रही हैं। आपको बस यह ध्यान रखना है कि पटरियां, पुल, इमारतें पेड़ पौधे और वनस्पति का आप सटीक अनुपात से चित्रण करें।

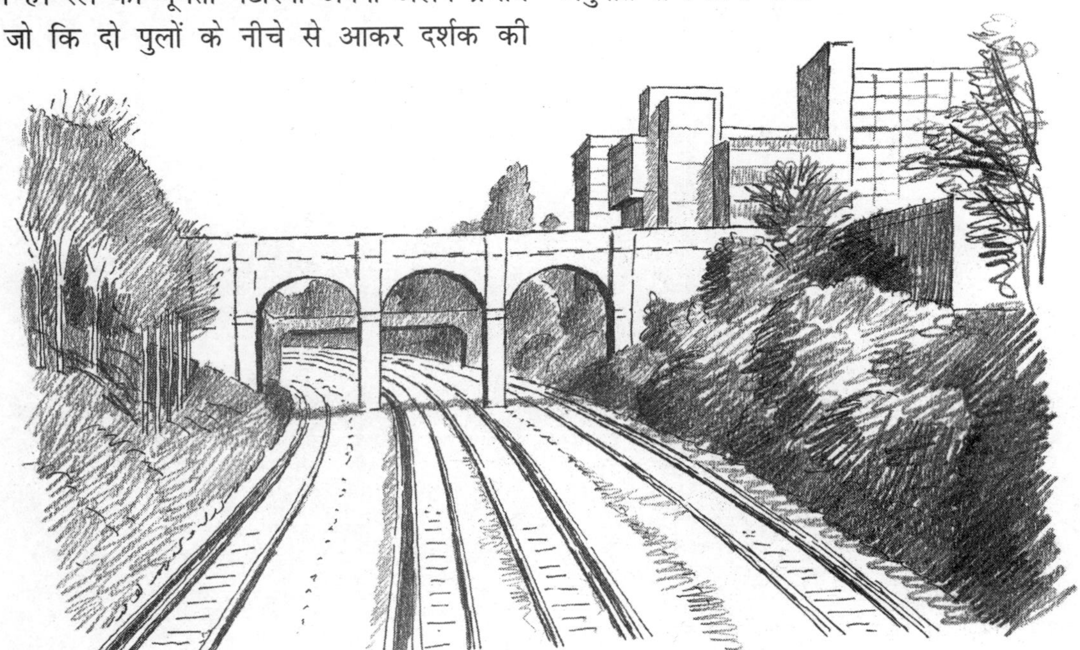

2 इस चित्र में वनस्पति (Vegetation) को ज्यादा गहरा किया गया है। इसकी तुलना में आस पास की इमारतें हल्की टोन में हैं। इसका कारण यह है कि या तो इमारतें गहरी छाया में हैं या सूरज की किरणें पत्तियों पर कहीं ज्यादा पड़ रही हैं। जैसा कि तुम देखोगे कि टोन ने चित्र में स्थान का विस्तार और गहराई ला दी है। विशेषत: पुल के पास इसका प्रभाव ज्यादा है। देखें पुल की मेहराबों के नीचे कितनी गहरी टोन है। रेलवे लाइनों को भी गहरा उभारा गया है जो अग्र भाग (Foreground) में स्पष्टता से दिख रही हैं।

महान चित्रकारों ने टोन का कैसे प्रयोग किया।

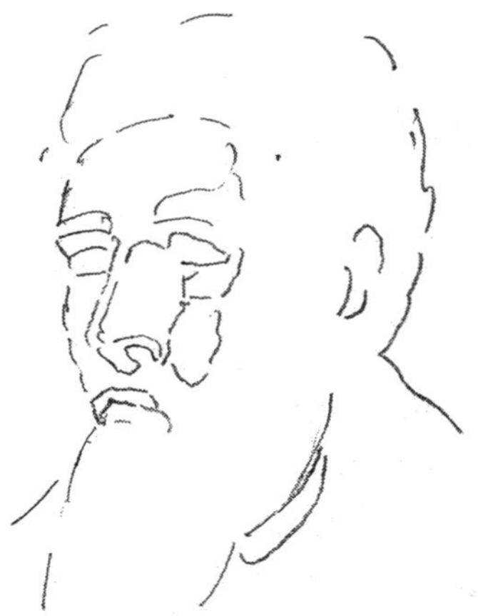

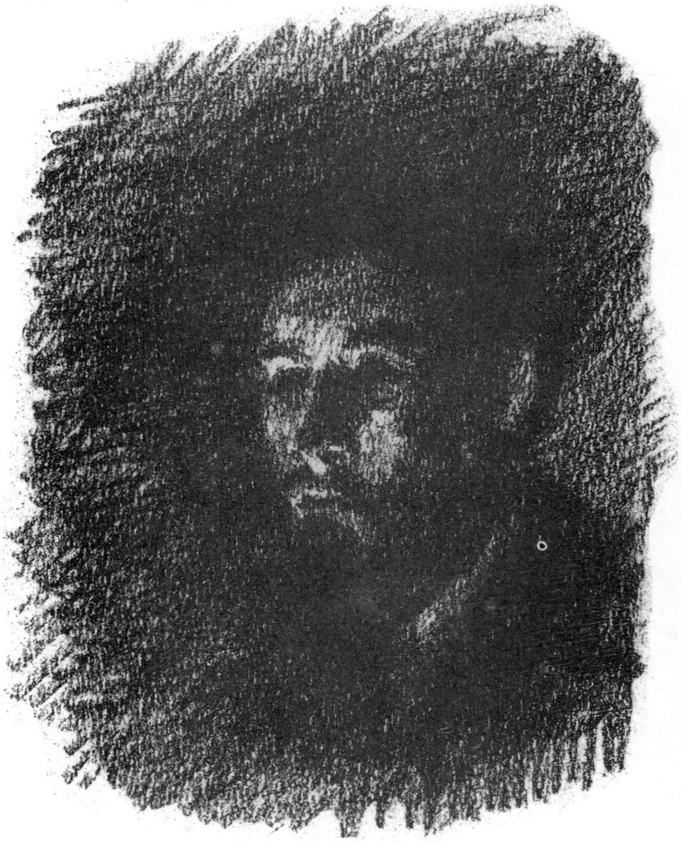

यह चित्र अर्नेस्ट लारेन्ट ने अपने साथी आर्टिस्ट जार्ज स्यूरेट का बहुत ही कम प्रकाश में (संभवतः मोमबत्ती के प्रकाश में) बनाया है। यह दर्शाता है कि बहुत कम साधन से भी बहुत ज्यादा परिणाम प्राप्त किया जा सकता है। मैंने एक रेखांकन किया जो स्यूरेट के व्यक्ति-चित्र (Portrait) का आकार है, पर साथ के वास्तविक चित्र में स्वयं देखिए कितनी गहराई है, कितना प्रभाव है।

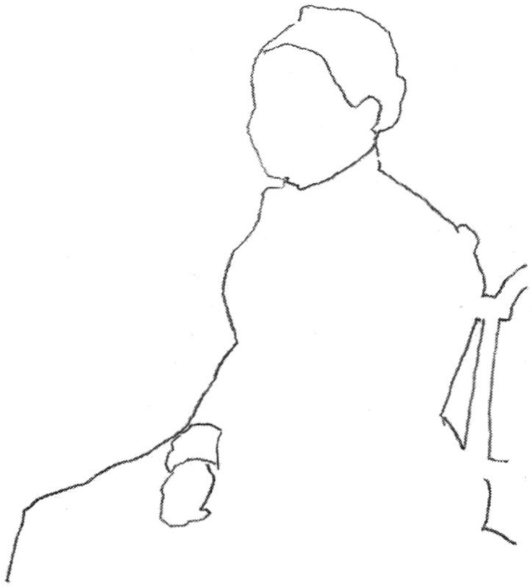

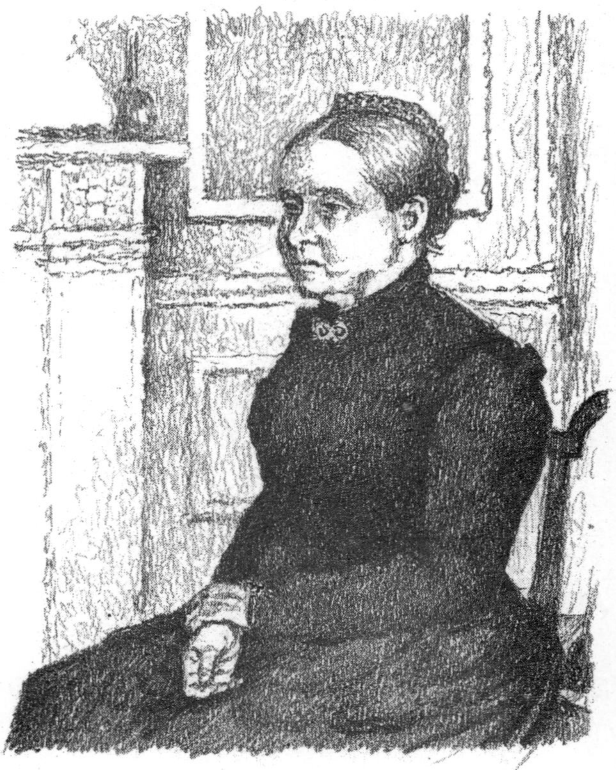

थियो वान रिस्सेलबर्ग के इस चित्र में मुख्य चित्र की बैकग्राउंड (Background) हल्के टोन में है। इस तकनीक से चित्र में नाटकीय गहराई आ गई है। मैंने पहले चित्र की तरह इस चित्र की भी एक सरल आकृति बनाई। आगे के भाग (Foreground) और पार्श्वभाग (Back ground) को अलग-अलग दिखा कर चित्र को दर्शनीय बना दिया गया है।

ऐडगर डेगास की यह अद्वितीय कृति एक सिद्धहस्त कलाकार की योग्यता को दिखाती है जिसने आकृति के संवेदनात्मक भावों को उभारने में सफलता पाई है। प्रकाश के पड़ने से लड़की के नाजुक (Flimsy) वस्त्रों को उसके शरीर (धड़) और पावों ने उभार दिया है।

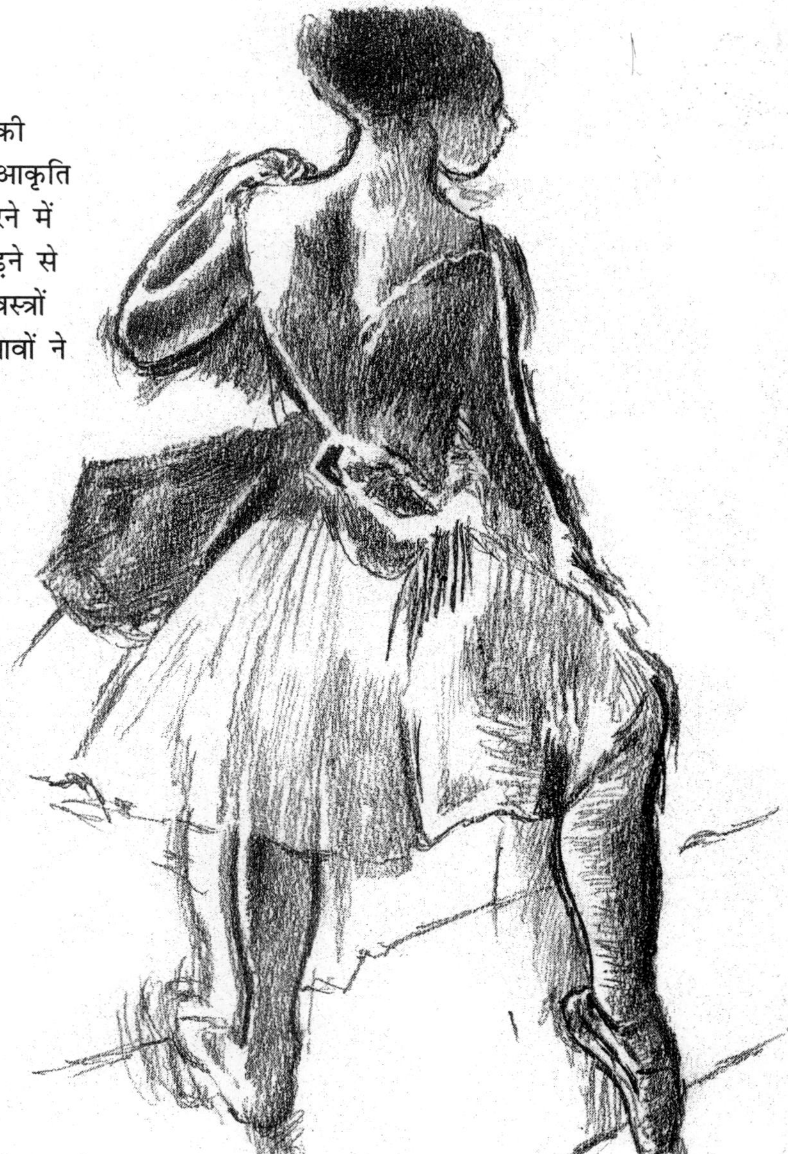

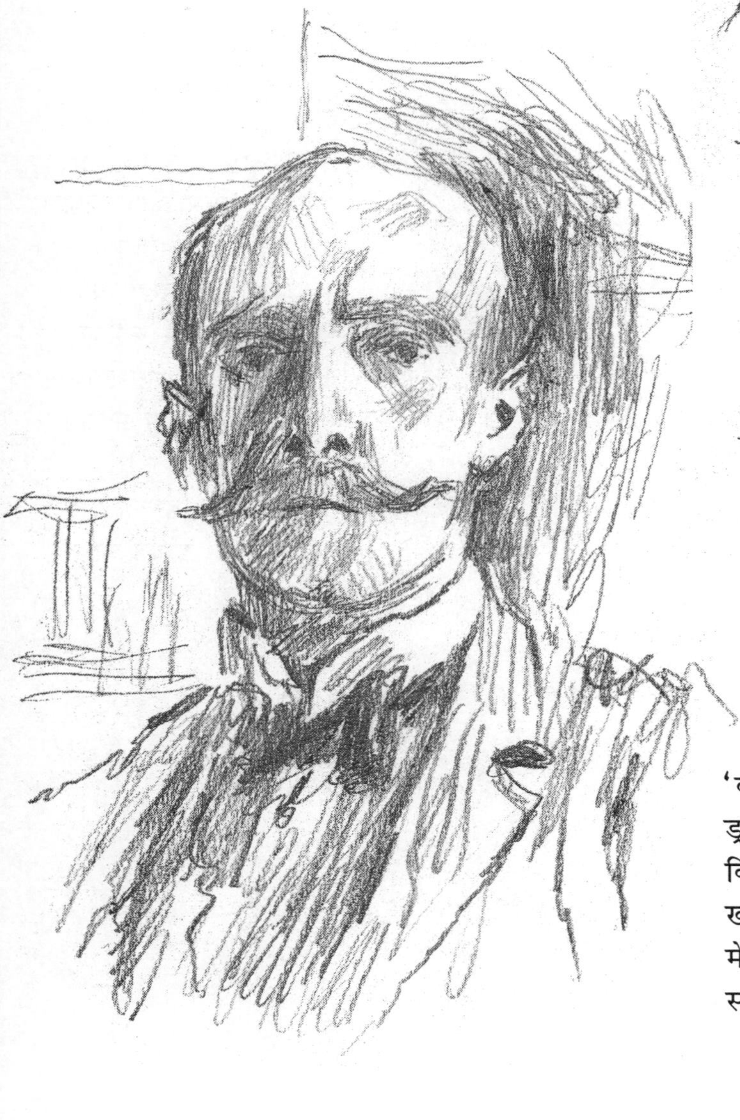

'वाल्थर ओसवोर्ने' की इस ड्राइंग में दिखाया गया है कि आप ढीले ढाले ढंग से खींची रेखाओं द्वारा भी चित्र में आकृति का प्रभाव पैदा कर सकते हैं।

खंडहर का यह चित्र 'हर्मन वान स्वेनेवेल्ट' ने बनाया है। इसमें वजन और ठोसत्व को, प्रभावशाली ढंग से चित्रित किया गया है। प्रकाश और छाया इसमें सटीकता से अंकित है। गौर कीजिए एक दम सामने प्रदर्शित पत्थर की चट्टान में भारी रेखाओं द्वारा वास्तविकता (Solidity) का प्रभाव दिया गया है।

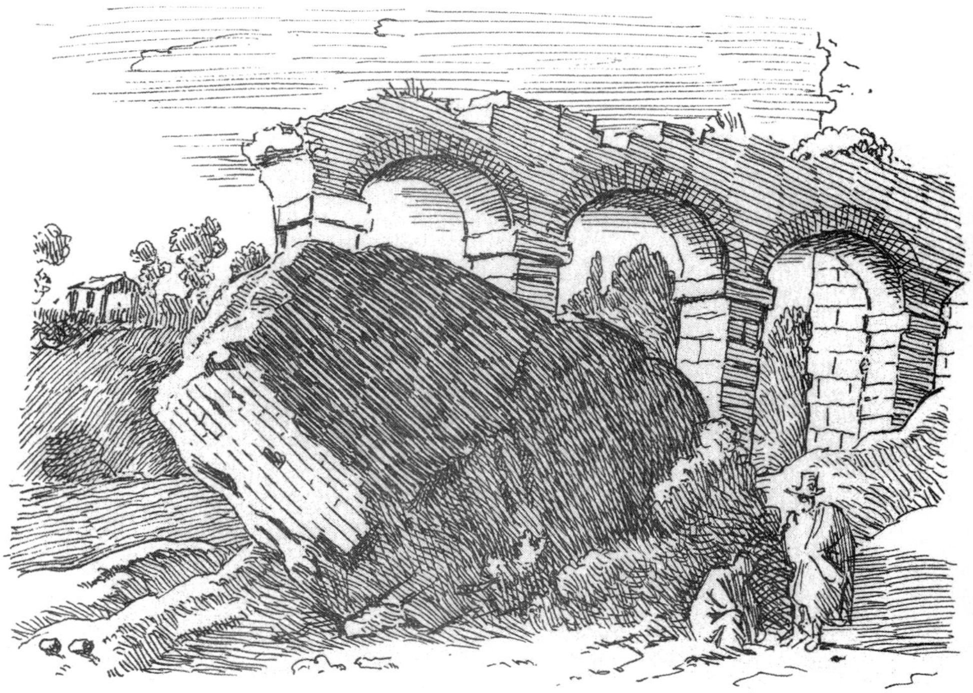

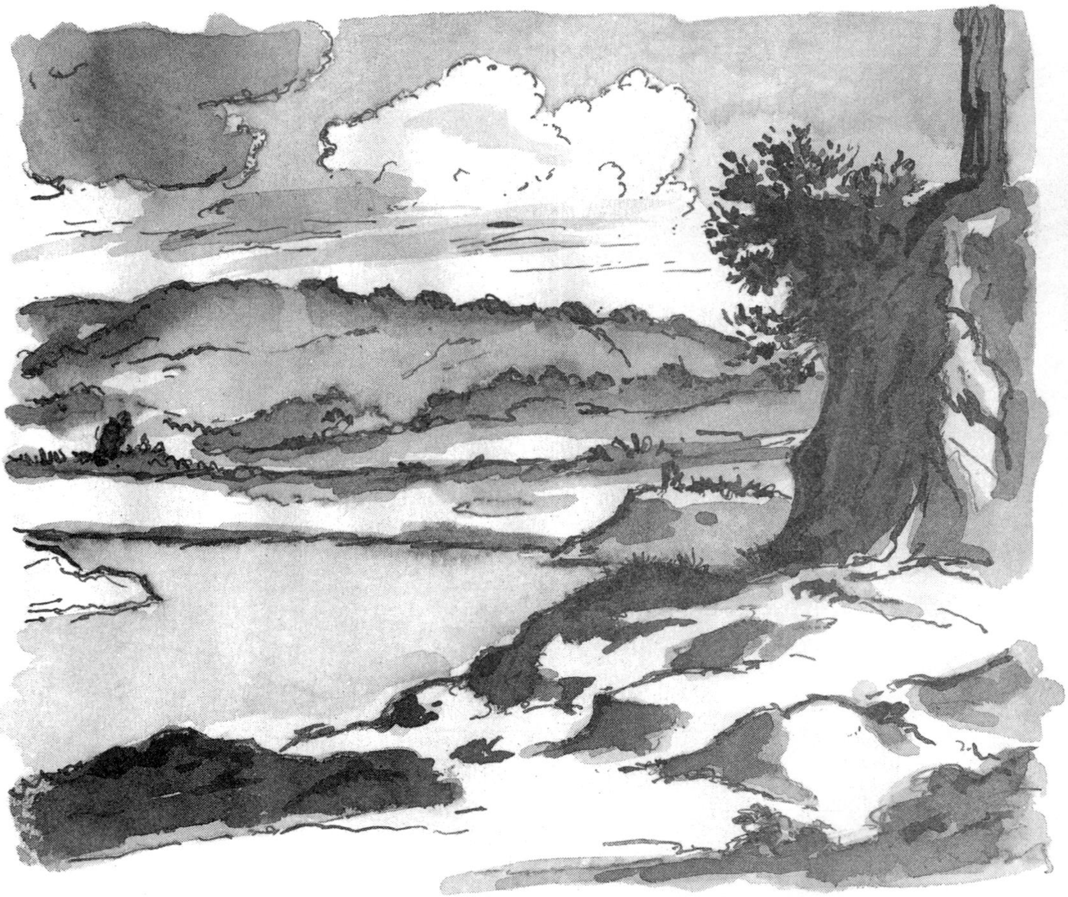

'टाइबर' के इस दृश्य को 'क्लाडे लॉरेन' ने चित्रित किया है। इसमें आपको ब्रश, वाश और स्याही द्वारा एक अच्छा अभ्यास देखने को मिल रहा है। गौर कीजिए कि चित्रकार ने अग्रभाग (Foreground) में गहरापन अधिक दिया है। और बैकग्राउन्ड को हल्का रख कर चित्र को प्रभावोत्पादक बना दिया है।

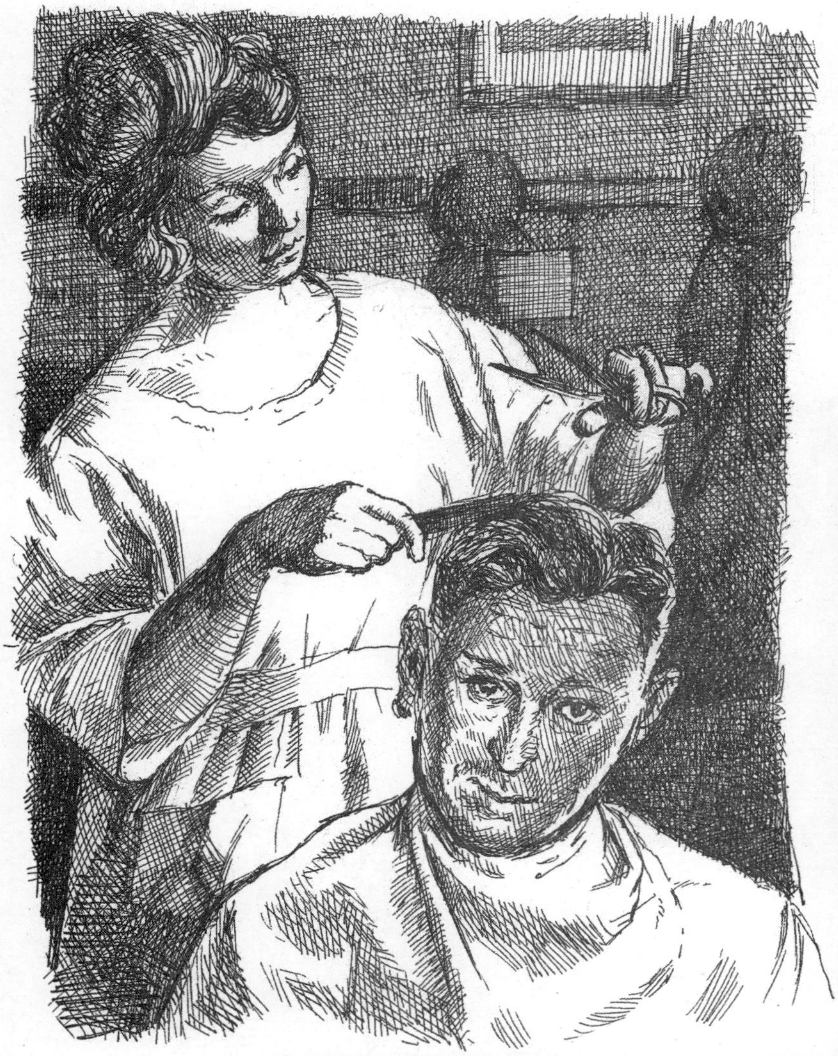

इस पैन और स्याही से बनाए चित्र में एक साधारण घटना (बाल काटना) को भी प्रभावशाली बना दिया है। आर्टिस्ट 'रशैल रीव' ने बाल काटने वाली लड़की पर पड़ रहे प्रकाश का प्रयोग कर, ग्राहक के एपरन पर भी जो प्रकाश पड़ रहा है उसका भी प्रयोग कर चित्र में प्रभाव उत्पन्न कर दिया है। पृष्ठ भूमि में पैन का सघन प्रयोग कर चित्र को गरिमा और सुन्दरता प्रदान कर दी है।

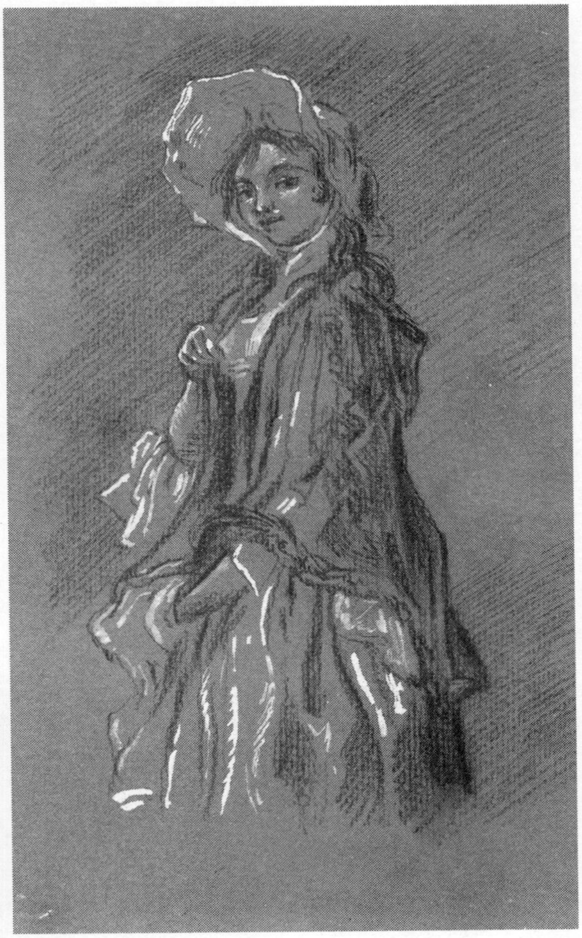

टैक्स्चर वाला एक कागज आर्टिस्ट को वह सुविधा देता है जिसमें टोन देने पर कागज ही एक हल्का टोन प्रभाव देने में सहायक बन जाता है। बस आर्टिस्ट को हल्की और गहरी टोन भर देनी होती है। 'थॉमस गैन्सबोरो' की कलात्मकता ने इसमें सघनता ला दी है। इसमें आर्टिस्ट ने हल्की और गहरी टोन सटीकता से साधकर लगाई हैं।

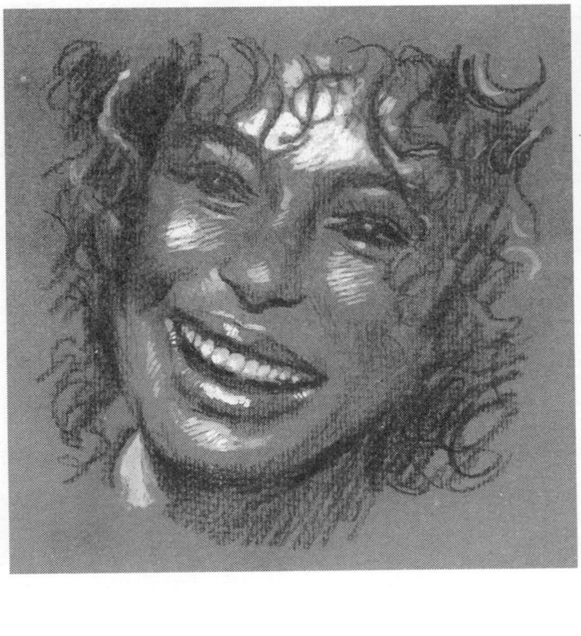

'गैन्सबोरो' के इस चित्र को मैंने कॉपी किया है। इस आधुनिक चित्र में छाया और प्रकाश का प्रभाव शक्तिशाली है। यहां कागज के रंग ने चित्र को सुन्दर बनाने में अलग ही भूमिका निभाई है।

टोनल (प्रकाश और छाया) का अभ्यास

टोन की संभावनाओं को हमने देखा, अब हम आपको सलाह देंगें कि आप कुछ साधारण वस्तुओं की ड्राइंग पर अभ्यास करें।

पहले स्याही और पैन से बने इस सेब की आकृति को लीजिए। टोन को चील मकौड़ा शैली (Scribble) से दिया गया है। यह तरीका गोलाकार वस्तुओं के लिए बिल्कुल उपयुक्त है।

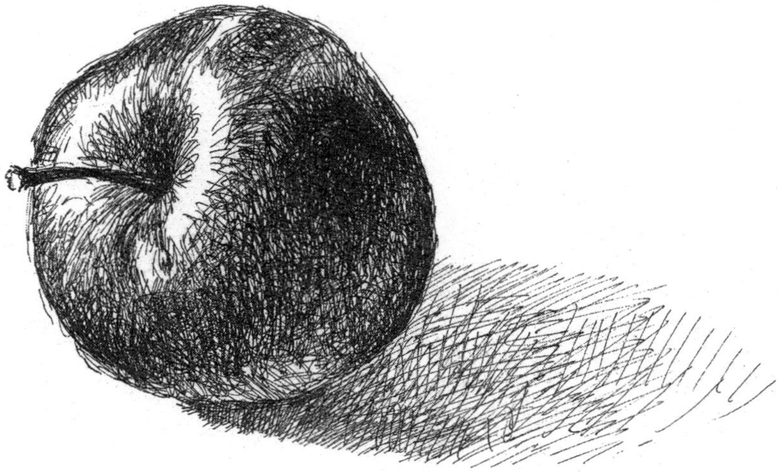

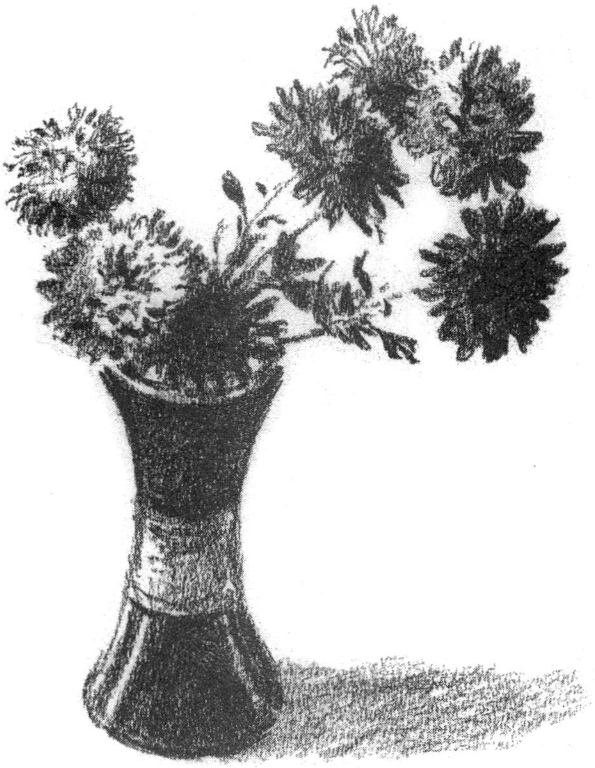

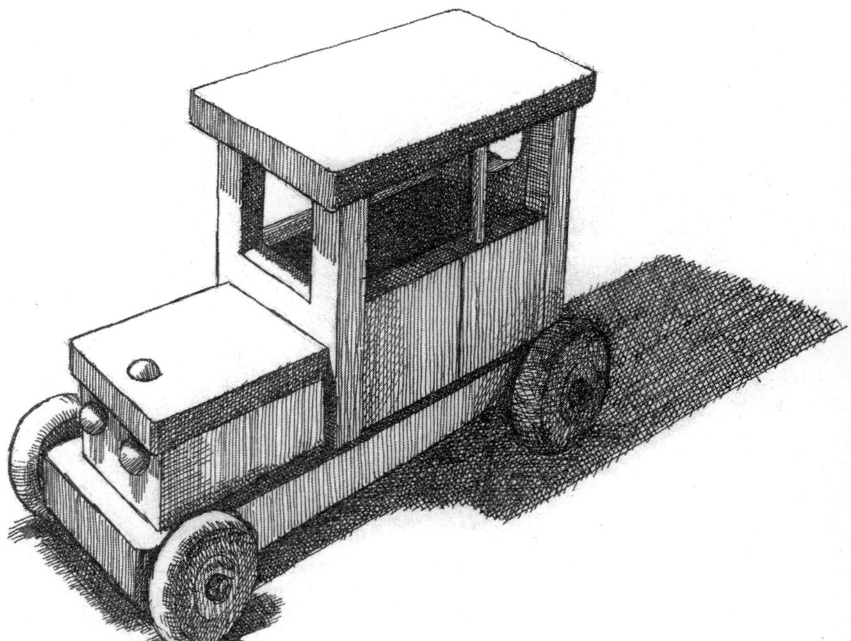

फूलदान में सजाए फूलों का चारकोल से बनाया गया है। माध्यम ने पत्तियों के कोनों आदि को सुन्दरता से उकेरा है। हल्का सा ऊनी प्रभाव फूलों में माध्यम (चारकोल) की विशेषता दिखाता है।

अपनी सीधी बनावट के कारण यह खिलौना पैन और स्याही के माध्यम के लिए एक अच्छा विषय है। आप बहुत सी टोन रेखाओं द्वारा दे सकते हैं। आप खड़ी और पड़ी रेखाओं से शुरू कर सकते हैं। फिर कुछ रेखाएं (तिरछी रेखाएं) चित्र में गहराई दे सकती हैं।

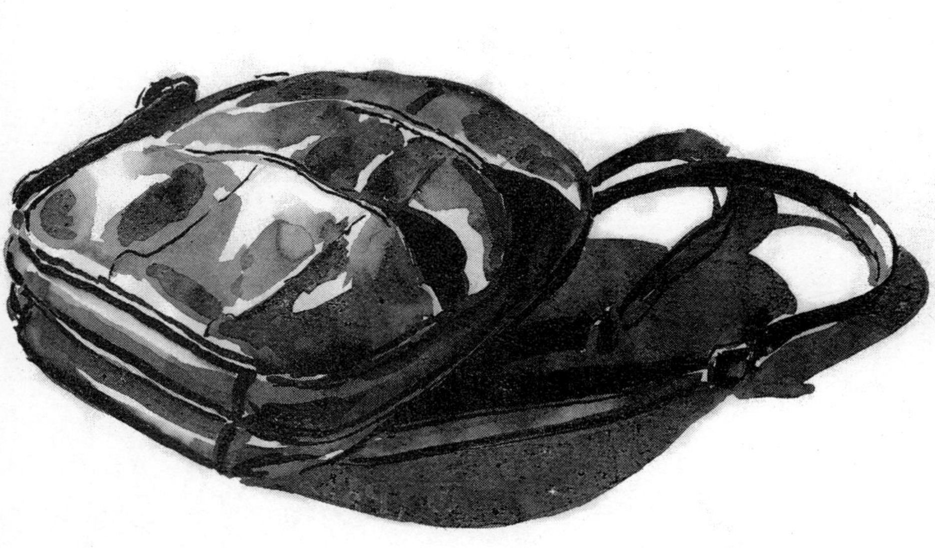

ब्रश और वाश की तकनीक से चमड़े के इस बैग को बनाया गया है। तुड़े मुड़े इस बैग का आकार वाश तकनीक में सुगमता से बनाया जा सकता है।

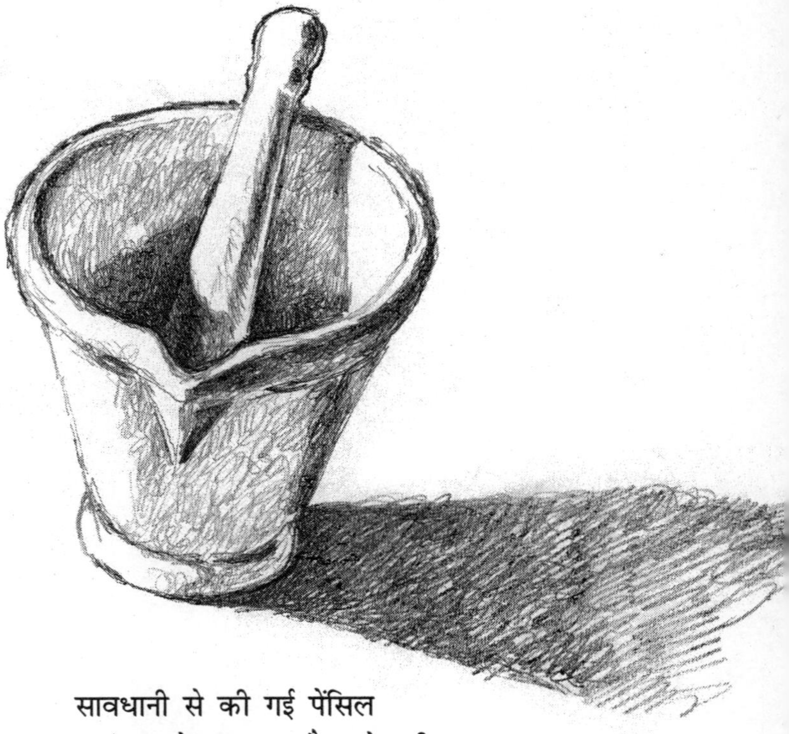

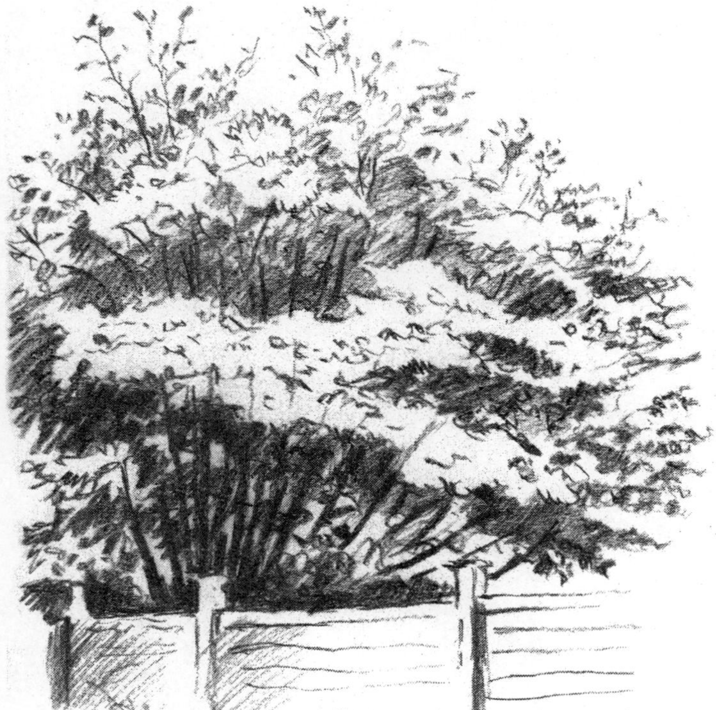

सावधानी से की गई पेंसिल ड्राइंग सफेद मूसल और ओखली के लिए बिल्कुल उपयुक्त है। इसमें छायाएं हल्के टोन से दी गई हैं। क्योंकि एक हल्के रंग की विषय वस्तु को गहरी टोन तभी दी जाती है जब वह प्रकाश की नाटकीय उपस्थिति में हो।

चहारदीवारी के उस तरफ पेड़ को चारकोल से ड्रा करना सरल है। क्योंकि यह माध्यम पेड़ की पत्तियों की कोमलता का चित्रांकन करने में सक्षम है।

उदाहरणत: नीचे दिये इन चित्रों में कला-संयोजन द्वारा टोन का प्रभाव दिखाया गया है, क्योंकि टोन के प्रभाव पर ही इन चित्रों की सुन्दरता निर्भर है। पहला चित्र एक लड़की का है जो शाम के समय अलाव के सामने बैठी है। अगला चित्र एक बड़ी चित्ती या धारीदार बिल्ली का है। दोनों ही चित्रों में टोन की सघनता के बदलाव को दिखाया गया है; बजाय इसके कि निश्चित रेखाओं द्वारा चित्र में पूर्णता लाई जाए। दोनों ही चित्रों में रेखाओं का अभाव है।

1 इस चित्र में लड़की आग पर टकटकी लगाए है। बहुत ही कम रेखाओं से चित्र उकेरा गया है। चित्र में बस टोन देने के भागों पर ध्यान दिया गया है। आकृति पर तो केवल इसलिए चित्रित किया गया है, ताकि शरीर अनुपात में सटीक हो।

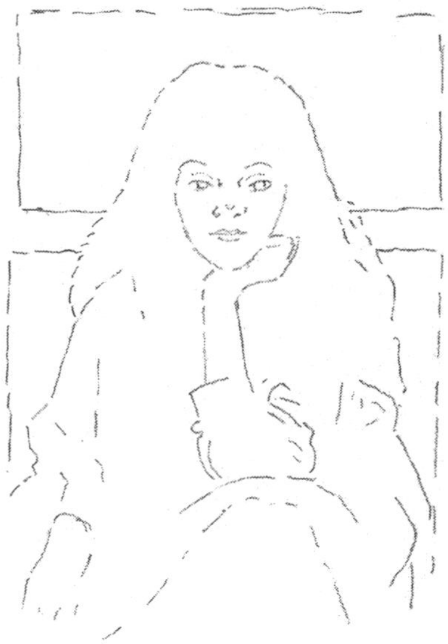

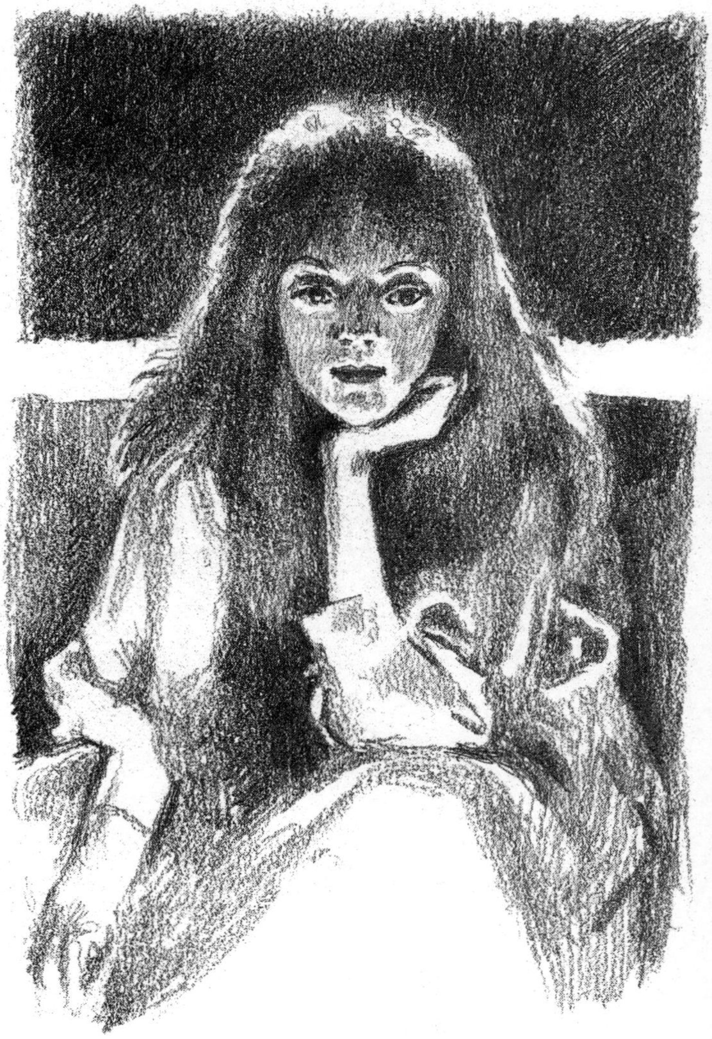

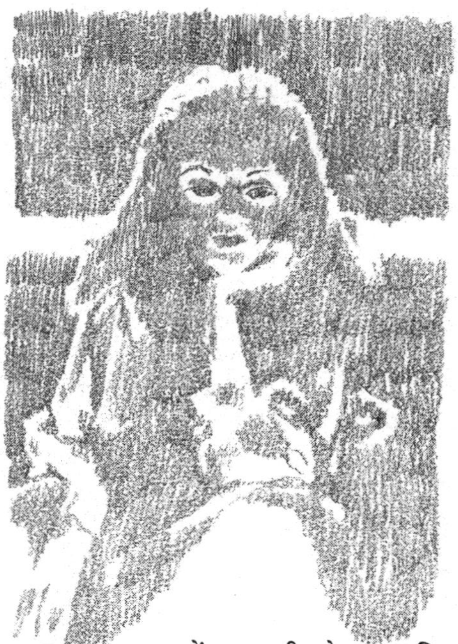

2 अब इसमें एक सी टोन उन हिस्सों में हैं जो मॉडल में प्रकाश और छाया में हैं। प्रकाश जिस स्थान पर पड़ रहा है, उसे कागज की सफेदी से दिखाया गया है। (देखें चित्र)

3 अब सावधानी से टोन में गहराई दें और संतुष्ट होने तक इसमें सुधार करते रहें।

1 बिल्ली का रेखांकन भी पिछली ड्राइंग की तरह ही है, अन्तर केवल इतना है कि पिछले चित्र में टोन एक जैसी थी, इसमें बिल्ली की त्वचा (फर) को दिखाता एक पैट्रन बनाना होगा। बिल्ली की एक रूपरेखा बनाइए और सतही तरीके से बिल्ली के मुख्य लक्षण भी जैसे आँखें, नाक, मुंह इत्यादि उकेर दें। इसकी धारियां बनाना न भूलें जो बिल्ली की इस प्रजाति की पहचान है।

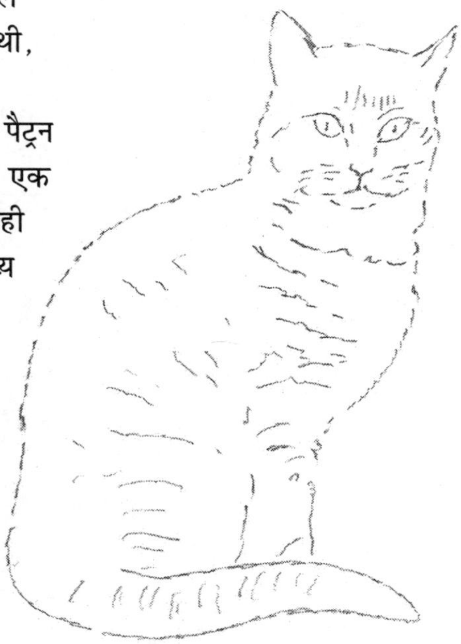

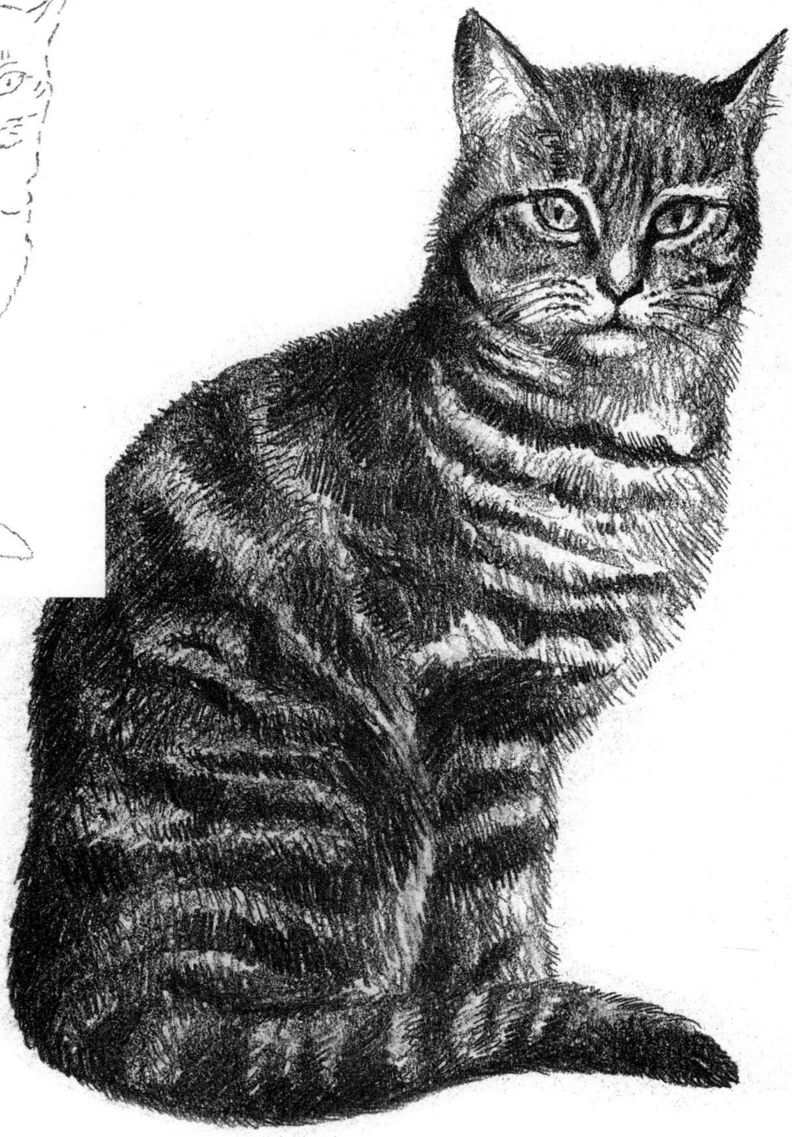

2 बिल्ली के पूरे शरीर पर टोन दें, जो हल्की हो। बिल्ली के शरीर पर हाइलाइट के बिन्दु बहुत कम हैं, जिन्हें सफेद छोड़ा जाता है। ये थोड़े से सफेद पैच या तो बिल्ली के चेहरे पर हैं या उसकी छाती पर हैं।

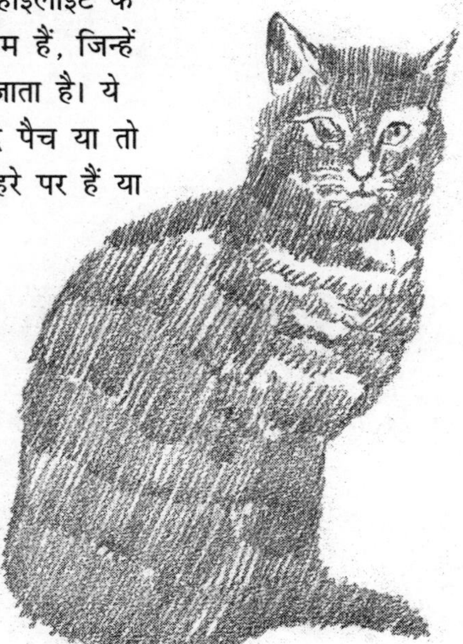

3 अन्त में, मुख्य भागों को डार्क करें। शरीर की धारियों को भी गहरी टोन देनी होगी, ताकि बिल्ली विशेष प्रजाति की दिखाई दे।

अध्याय-4

ड्राइंग में निरीक्षण का महत्व

अपने रेखांकन की सफलता के लिए यह आवश्यक है कि आप अपनी विषय वस्तु का सूक्ष्मता से निरीक्षण करें। और वह भी धैर्य और दृष्टि की उच्च क्षमता के साथ। दैनिक जीवन में लोग केवल पहचानने के लिए निरीक्षण करते हैं। पर जब किसी वस्तु का रेखांकन करना होता है तो उसके गुण-दोष की दृष्टि से लंबे समय तक सूक्ष्मता से देखना होता है। वास्तव में, आप तब भी वस्तुओं, जीवित वस्तुओं आदि का निरीक्षण करते रहें जब आप ड्राइंग न कर रहे हों।

प्रकृति का निरीक्षण

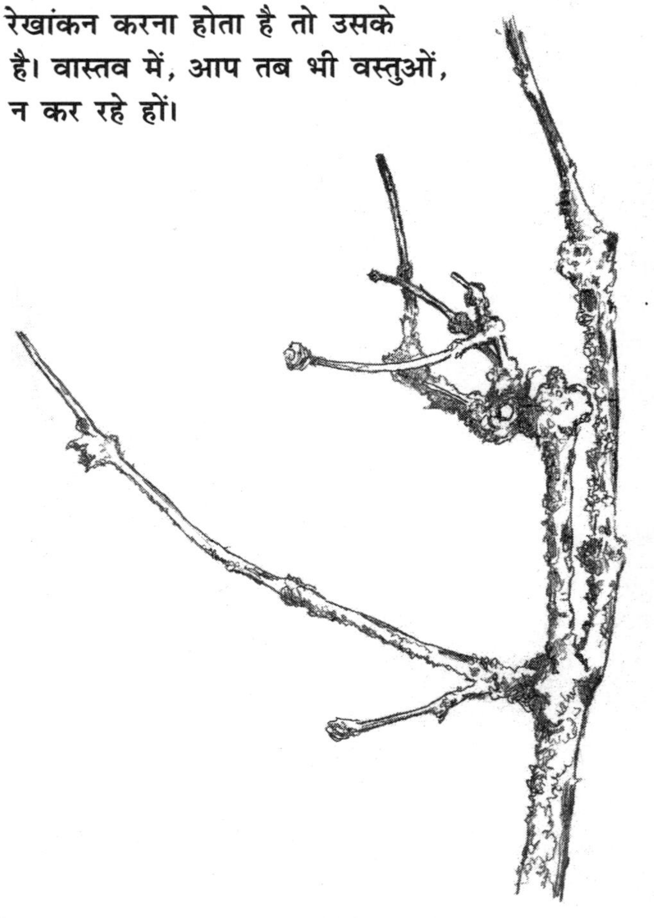

इस पृष्ठ पर दो उदाहरण पौधों के हैं, बहुत से लोग यह समझेंगे कि एक चित्र मृत पौधे का है, और दूसरा जीवित पौधे का, क्योंकि उसमें फूल और पत्तियां भी है। पर आप एक आर्टिस्ट हैं आपके लिए इतना पर्याप्त नहीं,आपको चट्टानी वनस्पति के पहले चित्र में जो डंडियां सी दीख रही है, और मुख्य डंडी से जिस तरह वे निकल रहीं हैं, उससे वे एक मूर्तिकला की तरह शिल्प का निर्माण कर रही हैं। यह सिर्फ मृत डंडी नहीं है बल्कि स्थान को विभाजित करके डंडियों ने एक साज सज्जा प्रदान कर दी है।

और अगर विपरीत रूप से देखें तो वह पौधा जिसमें पत्तियां और फूल है, उसमें वृद्धि का प्रभाव पौधे की प्रबलता में साफ दिखाई दे रहा है। जो सफेद और कोमल फूलों की गहरी पत्तियों के बीच से उजागर करता है और पार्श्वभूमि (Back Ground) में स्थित हैं। इस चित्र में पौधा पहली मृत डंडियों की तरह स्थिर नहीं है, इसमें जीवन है यह हिलता-डुलता है और निरन्तर वृद्धि कर रहा है, जो अनुभव को एक जीवन्तता प्रदान करता है। कोई भी यह अनुभव कर सकता है कि कुछ ही घंटो में पूरा पौधा अपने प्रदर्शन में परिवर्तन ला देगा, क्योंकि यह निरन्तर वृद्धि की ओर बढ़ रहा है। ऐसा कोई भी आर्टिस्ट अनुभव कर सकेगा।

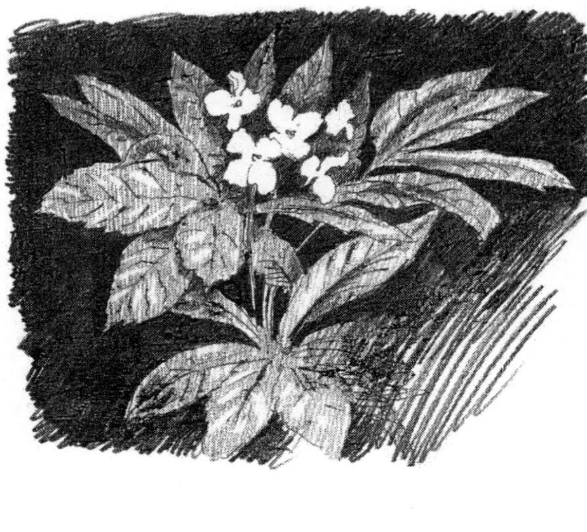

इस तरह इन दो पौधों का रेखांकन करते समय आपको कोई साधारण अनुभव नहीं होगा क्योंकि जो अनुभव आपको इन पौधों को पहली बार देखने से हुआ था, उससे कहीं अधिक रोमांच बाद में भी होगा। निरीक्षण ही किसी कलाकार को इसे चित्रित करने की उमंग भर देगा। कोई भी व्यक्ति जब इस रेखांकन को देखेगा, तो वह अनुभव करेगा कि इसे चित्रित करने पर कलाकार को कितना रोमांचित अनुभव हुआ होगा।

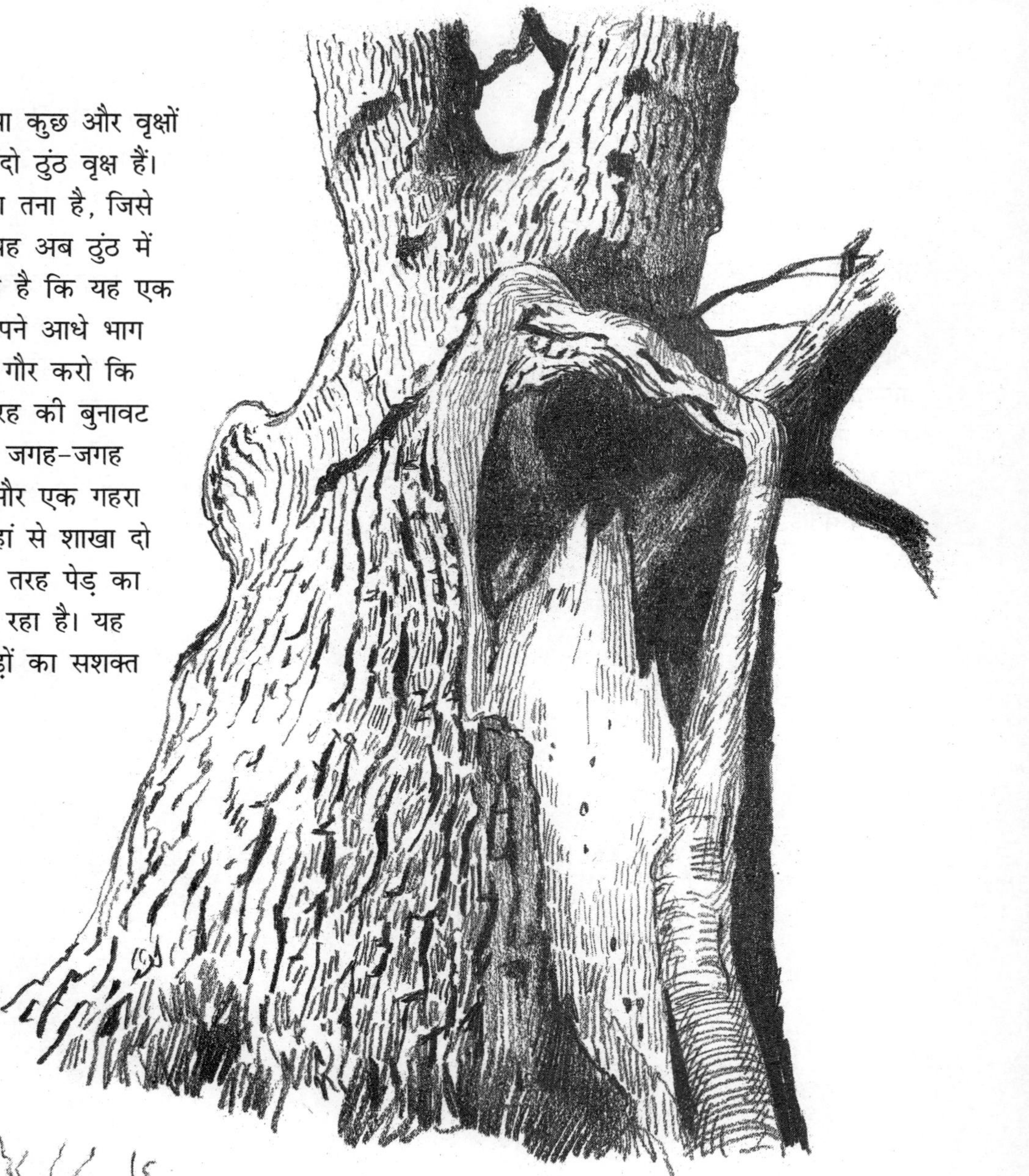

अब हम आगे बढ़ते हैं तथा कुछ और वृक्षों पर आते हैं। इस पृष्ठ पर दो ठुंठ वृक्ष हैं। पहले चित्र में एक पेड़ का तना है, जिसे हम नीचे से देख रहे हैं। यह अब ठुंठ में बदल चुका है। ऐसा लगता है कि यह एक रहस्यात्मक स्तंभ है जो अपने आधे भाग तक खोखला हो चुका है। गौर करो कि तने में कैसे एक विशेष तरह की बुनावट (Texture) बन गई है जो जगह-जगह गढ्ढों को दिखा रही है, और एक गहरा गढ्ढा वहां बन गया है जहां से शाखा दो भागों बंट गई है। और इस तरह पेड़ का आन्तरिक भाग स्पष्ट दिख रहा है। यह खुरदरी सतह और गहरे गढ़ों का सशक्त उदाहरण है।

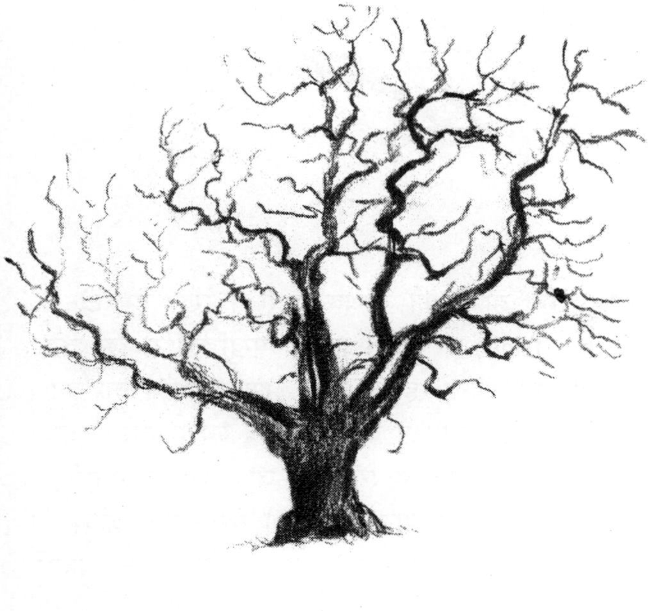

दूसरा वृक्ष बिना पत्तियों का है, जो संभवतः पतझड़ के समय का है। यहां जो दिखाई दे रहा है वह इस ओक-वृक्ष की शाखाओं का कलात्मक फैलाव है, और शक्तिशाली आकार है। वे जैसे-जैसे आगे बढ़ी हैं खुद की तरफ लौटवीं दिख रही हैं। ये शाखाएं बजाय किसी वृक्ष के एक तरह की पहेली का आभास दे रही हैं। हालांकि मैंने पहला वृक्ष अति सूक्ष्मता से बनाया है ताकि ऊबड़ खाबड़ पेड़ की छाल को दिखाया जा सके। इस चित्र में माध्यम मैंने चारकोल लिया है, जो स्वयं एक वृक्ष की लकड़ी है। इससे रेखांकन में कोमलता आ गई है और मुख्य बात तो वृक्ष की असाधारण वृद्धि-संरचना है जो इसकी नंगी शाखाओं में दिखाई दे रही है।

फूल और जड़ी–बूटियाँ (Herbs)

रेखांकन के अभ्यास के लिए पेड़-पौधे एक अच्छा चयन है, क्योंकि एक तो वे जीवन्त होते हैं, दूसरे वे एक स्थान पर स्थिर होते हैं। जानवरों के विषय में देखने को मिलता है कि वे कभी भी अपना स्थान छोड़ देते हैं। पौधों के विषय में यह सुखद बात है कि आप लंबे समय तक इनका चित्र बना सकते हैं, ये अपने स्थान से नहीं हिलेंगे। साथ ही हवा से इनका हिलना–डुलना भी आपकी नजर में होगा। ये अधिक मायने नहीं रखता कि रेखांकन सटीक नहीं है, क्योंकि पौधा वैसा कभी नहीं दिखेगा जैसा कि वह पहले था, भले ही आपने उसकी कितनी ही सटीक ड्राइंग क्यों न बनाई हो।

फूलों का रेखांकन बड़ा आनन्ददायक है क्योंकि उनका आकार सुनिश्चित होता है। और एक कोमल उमंग उनकी विशेषता होती है। उन्हें बनाने से पहले आपके लिए उनका अध्ययन आवश्यक है ताकि आप समझ सकें कि उनकी संरचना कैसी है। उन्हें एक वनस्पतिविद् की दृष्टि से देखेंगे तो आपके मस्तिष्क में उसका आकार स्पष्ट होगा, और आप को भान होगा कि कैसे उसे ड्रा करेंगे।

यहां आप टयूलिप के फूल देख रहे हैं, जो डंडी पर ठहरे कटोरों की तरह हैं, ये खिड़की के पास के गमले में लगे हैं। हालांकि पंखुड़ियों का रंग गहरा है, फिर भी इनसे छन कर आती प्रकाश किरनों को आप स्पष्ट अनुभव करेंगे।

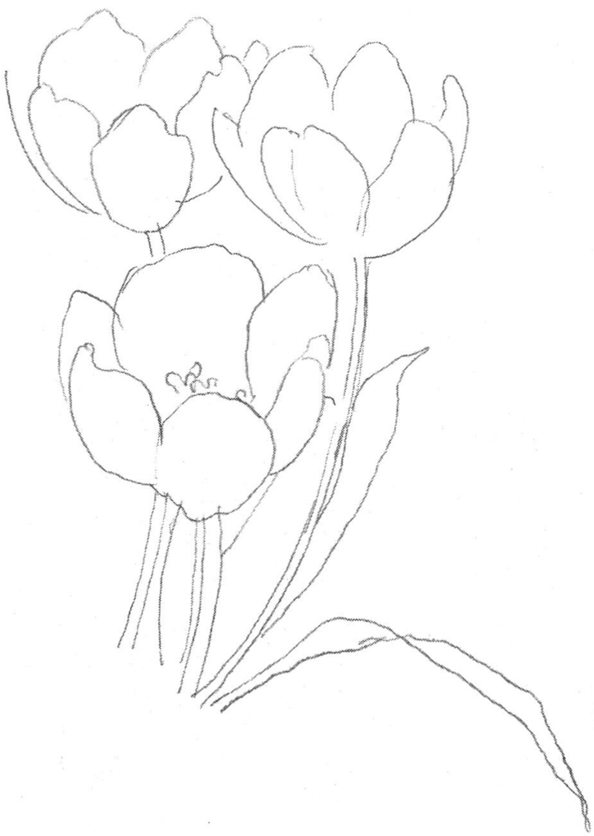

1 पहला कदम तो यह है कि आप फूलों की पंखुड़ियों की प्रारंभिक ड्राइंग करें, जो अपनी डंडियों पर खड़ी है। पर रखे दीख रहे हैं। दो हरी पत्तियों ने चित्र में कलात्मक सौन्दर्य ला दिया है।

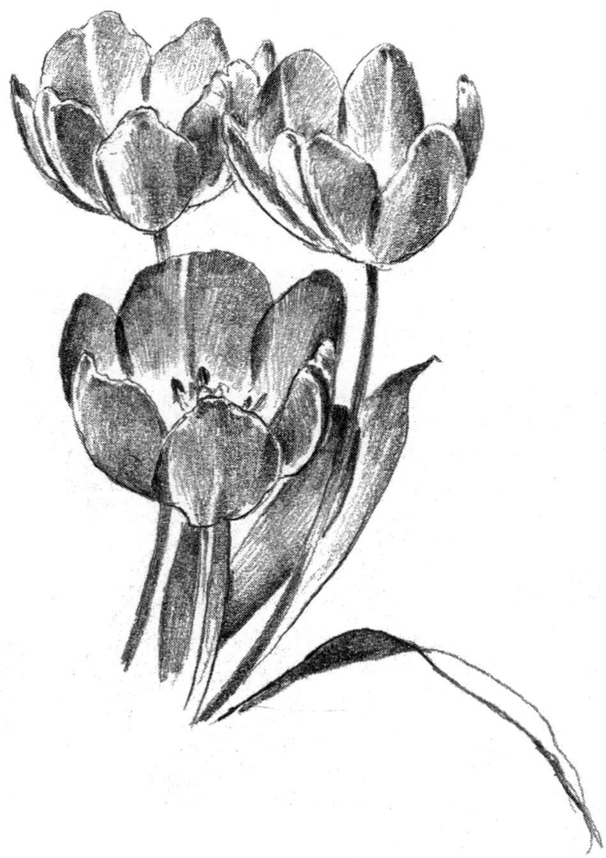

2 मैंने ड्राइंग को अधिक भारी न रखते हुए टोन (Tone) दे दी है। प्रकाश पंखुड़ियों से छन कर आता दिख रहा है। जब आप टयूलिपों को बनाएं तो ज्यादा गहरी टोन न दें अन्यथा वे ज्यादा ठोस नजर आऐंगी। पत्तियों पर जो रंग दिया जाए उसे सूक्ष्म तरीके से इनमें पड़ी रंगीन डोरियों का भी ध्यान रखा जाए। रंग का प्रवाह नीचे से ऊपर या ऊपर से नीचे हो तो बेहतर है। दाएं से बाएं का प्रभाव कृत्रिम लगेगा।

1 सामने के फूलों का समूह मेरे घर के बगीचे का है। मैंने इस को ड्रा किया है। इस पौधे की शाखाएं सख्त और ठोस होती हैं और फूल सीधे मुख्य डाली से निकलते हैं। जो साथ-साथ उगे होते हैं और कोमलता लिए मजबूती से डाल से टंके हैं। पहला कदम तो यही होगा कि फूलों को उनके सही स्थान पर बनाया जाए। मैंने कुछ ही फूलों को ड्रा किया है, अगर आप और ज्यादा फूल बनाना चाहें तो यह कोई कठिन काम नहीं है।

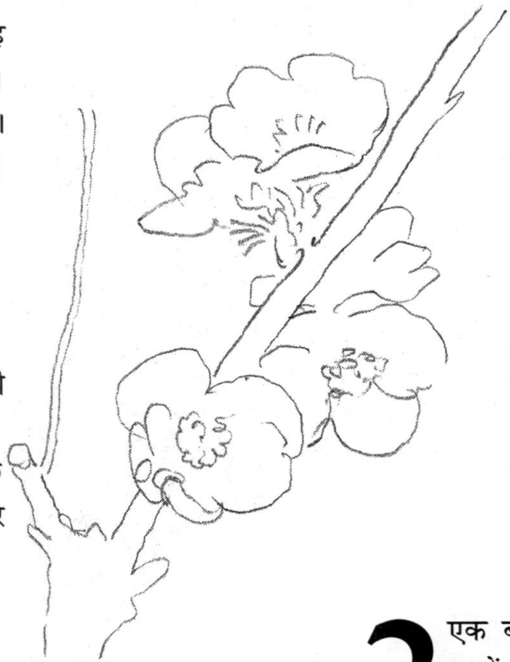

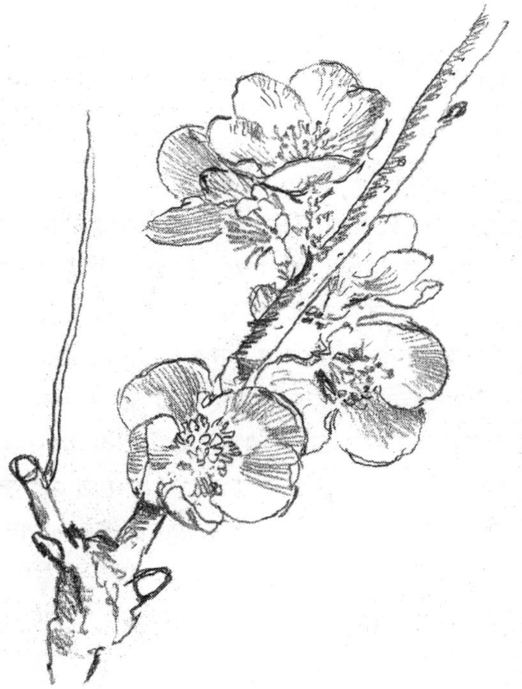

2 एक बार फिर देखें कि पंखुड़ियों की बनावट कैसी है। इसमें टोन देने का प्रवाह फूलों की डाल से उगे स्थान से ऊपर की ओर होगा।

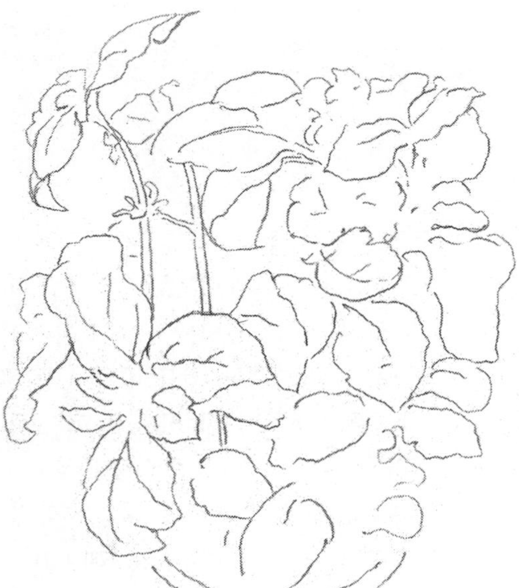

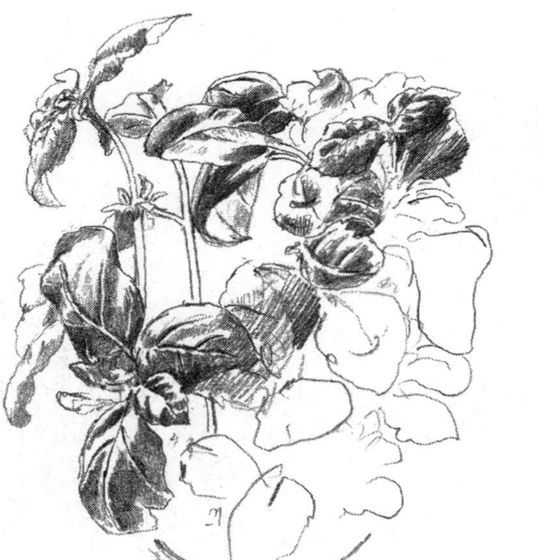

1 यह अगला पौधा 'बेसिल' का है। इसमें भारी मात्रा में पत्तियां हैं, वे काफी चमकीली हैं और प्रकाश के विपरीत उनकी छाया गहराई में दिख रही है। पहले, पौधे की साधारण ड्राइंग कीजिए। क्योंकि पौधों में फूल और पत्तियों का घालमेल आपको असमंजस में डाल देगा। और पत्ती के बाद पत्ती से आप भ्रमित हो सकते है।

2 टोन देने में कुछ समय लग सकता है, क्योंकि पत्तियों का आकार स्पष्ट है। पत्तियां काफी सशक्त लग रही हैं, आपको ज्यादा सचेत रहने की आवश्यकता नहीं है। पत्तियों के सिरे नुकीले हैं, डंठल अर्ध-पारदर्शक है। इसलिए टोन देते समय आप थोड़ी स्वतंत्रता ले सकते हैं।

पानी

अब हम प्रकृति की ऐसी वस्तु की तरफ ध्यान देंगें जो आर्टिस्टों को हमेशा आकर्षित करती रही है, वह है पानी। पानी के बड़े विस्तारों का रेखांकन आसान नहीं।

इस पृष्ठ के पहले चित्र में आप समुद्र और उसकी लहरों को देख रहे हैं। समुद्र के रेखांकन के लिए आपको काफी धैर्य की आवश्यकता है, क्योंकि समुद्र की लहरें निरन्तर गति में रहती हैं। उचित होगा कि आप इन लहरों का फोटो खींचें और वास्तविक समुद्र के रेखांकन से पहले फोटो से लहरों का सूक्ष्म (Detail) अध्ययन कर लें। तब आप समुद्र के किनारे जा कर समुद्र का रेखांकन करें। आपको ऐसे रेखांकन करना है कि आपके द्वारा की गई रेखाएं लहरों का आभास दें। इस बात की परवाह न करें कि वास्तविक समुद्र लग रहा है या नहीं! बस आप समुद्र की तरफ देखकर रेखांकन करते रहें, जब तक कि आपको यह न लगने लगे कि लहरों का आकार कैसा है, वे कैसे बनती हैं, और वे आपको कैसी दिखाई देंगी। जहां आप खड़े हैं, वह तट रेखा अवश्य बनाएं ताकि यह पता लगे कि समुद्र का तट कहां है, और कहां से आपने समुद्र का रेखांकन किया है।

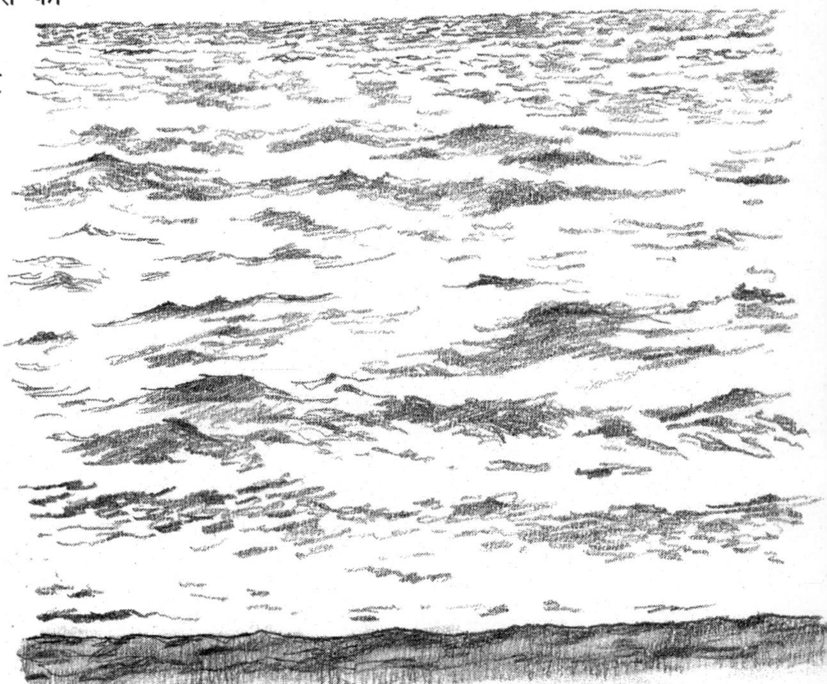

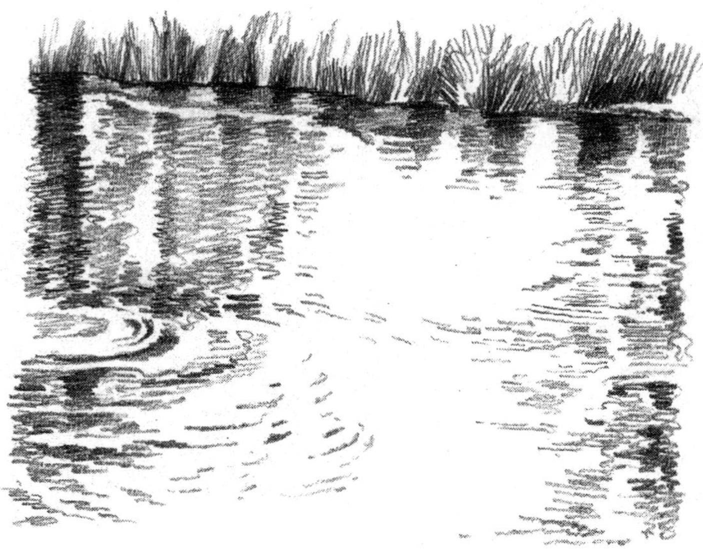

कुछ जल के क्षेत्र ऐसे होते हैं जहां पानी ठहरा हुआ होता है और कोई हलचल नहीं हो रही होती है। इसका रेखांकन सरल है। फिर भी आपको काफी सावधानी और धैर्य से अपनी ड्राइंग को सटीक बनाना होगा। नदी के इस चित्रण में बैकग्राउन्ड में किनारा एक मजबूती का आभास देता है। चित्र के बाएं जो गहरी टोन की रेखाएं हैं वे उन वृक्षों की परछाइयां हैं जो किनारे पर खड़े हैं, पर चित्र में नहीं है। केन्द्र में जो भंवर बन रहा है वह उन बत्तखों ने बनाया है जो अभी अभी वहां थीं पर तैर कर आगे निकल गईं हैं। जब आप ऐसे भंवर (Ripple) का रेखांकन करें तो भंवर के किनारे गहरे करें। और कागज की सफेदी तक जाकर वे टूट जाएं (देखें चित्र)

रेखाएं जो क्षितिजीय मारी गई हैं और जो आगे और पीछे जा रही हैं जल की पूरी सतह पर वे पानी पर बन रही छोटी-छोटी लहरें हैं। पानी की सतह का वह भाग आप खाली छोड़िए जहां सूर्य का प्रकाश तेजी से पड़ रहा है।

जीव–जन्तु

जानवर ड्राइंग के लिए बहुत अच्छे विषय हैं, पर वे शायद ही कभी स्थिर रहते हैं। इसलिए इनका रेखांकन आपको दृढ़ता के अन्दाज से करना होगा। मैंने अपनी बिल्ली को जो तकिए पर गुड़ी मुड़ी बैठी थी, के चित्रांकन का प्रयास किया है। वह इस तरह बैठी थी कि जब तक कोई उसे न छेड़ता वह वैसे ही बैठी रहती। देखने में वह बालों का ढेर ही लग रही थी सिर्फ उसके खड़े कान यह आभास दे रहे थे कि कोई जन्तु तकिए पर बैठा है। पर जैसे ही मैंने उसका चित्रण शुरू किया, मुझे उसके पांव, बालों के नीचे उसका शरीर, शरीर का सफेद भाग और पूंछ सब दिखाई देने लगा। और मैंनें सरलता से अपनी बिल्ली का यह स्कैच बना लिया।

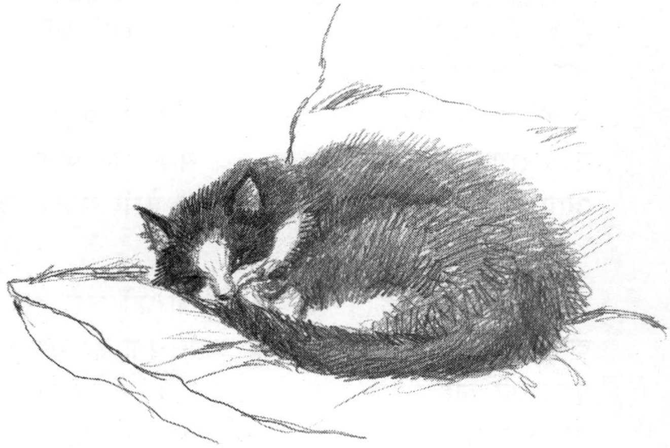

एक गतिशील बिल्ली को बनाने के लिए मुझे अपनी स्मरण शक्ति का सहारा लेना पड़ा। क्योंकि मुझे बिल्ली को, कागज पर पड़ी बॉल से खेलते चित्रित करना आसान लगा। बिल्ली की उठी पूंछ मुझे याद थी। मैंने बिल्ली को स्याह काली दिखाया था, इसलिए उसके शरीर की सूक्ष्मताएं बनाने की आवश्यकता ही नहीं पड़ी। हां बिल्ली की गतिशीलता मुझे याद थी। सो चित्र एक पूर्ण छायाचित्र (Silhouette) बन पाया है।

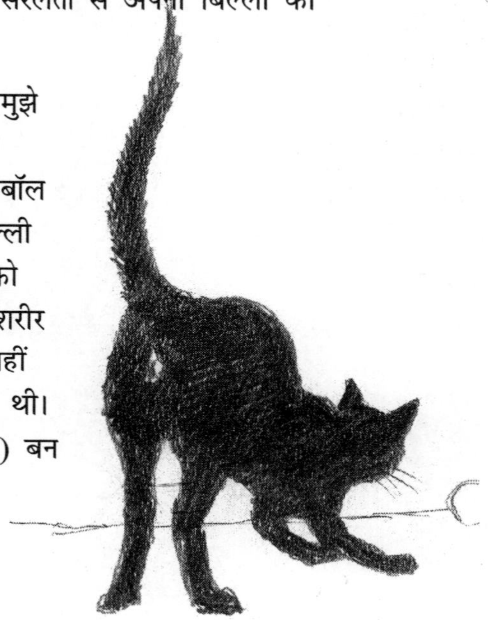

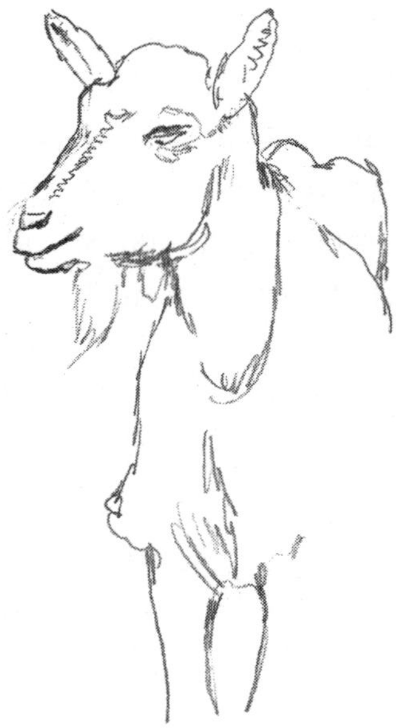

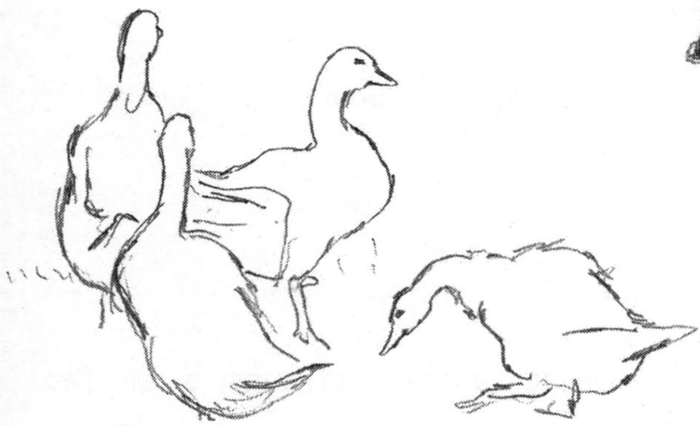

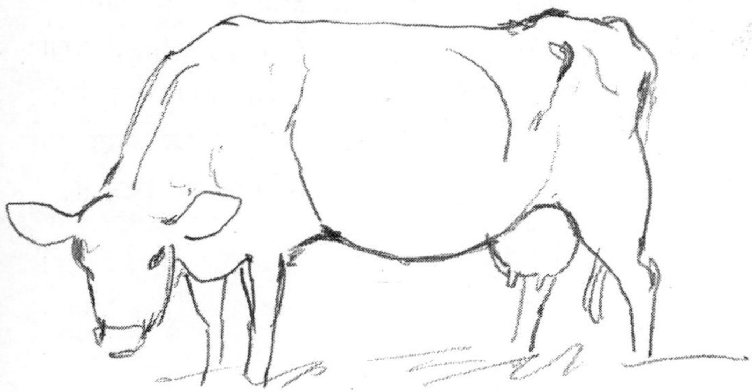

बहुत संभव है आपके घर के पास जानवरों का कोई बाड़ा हो। इसका यह लाभ होगा कि आपको बहुत से जानवरों को चित्रित करने का अवसर मिल जाएगा। अन्यथा संभव है कि जानवरों को ढूढ़ने आपको दूर खेतों में जाना पड़े। जानवर स्थिर नहीं रहते, पर वे जल्दी-जल्दी कूदते फांदते या दौड़ते भी नहीं; जब तक कि उन्हें छेड़ा न जाए। इस स्थिति में आपको उनका जल्दी-जल्दी चित्रण करना होगा। कभी-कभी आप उनकी ड्राइंग न बनाएं सिर्फ उन्हें देखें कि कैसे वे बार-बार एक ही स्थिति में हिलते-डुलते हैं। मनुष्यों या बिल्लियों की तरह वे एकदम से अपनी स्थिति नहीं बदल लेते। जैसे ही आपने जन्तुओं का अवलोकन पूरा कर लिया तो आप जन्तुओं का रेखांकन उसी स्थिति में करें जैसे कि वे उस वक्त थे। मैंने, जैसा कि आपने देखा, सूक्ष्मता की परवाह किए बिना भी काफी कुछ चित्रित कर लिया है।

मानव मॉडल (Human Models)

मानव आकृतियों को चित्रित करते समय आपको अधिक चतुराई से काम लेना होगा, ताकि आप परम्परागत मानव-चित्रण से बच सकें, जो मानव संवेदनाओं का रेखांकन करने में अक्षम हैं। इसलिए जब आप मानव-चित्रण करें मैं आपको ऐसी सलाहें दूंगा, जो आपके रेखांकन को प्रभावशाली बना देंगी।

साथ के चित्र में आप स्त्री और पुरुषों की बाहें देख रहे हैं। दोनों व्यस्कों की बाहें हैं पर वे अभी युवा हैं। गौर करें कि पुरुष की बांह मांसपेशियों से भरपूर है। जिसमें मांसपेशियों की पूरी रूपरेखा नजर आ रही है। जबकि नीचे की स्त्री की बांह में मांसपेशियां लगभग नदारद हैं।

स्त्रियां अधिकतर काफी कोमल और लचीली होती हैं क्योंकि उनकी त्वचा के नीचे चर्बी की परत पुरुषों की अपेक्षा ज्यादा मोटी होती है। पुरुष की हड्डियां और मांसपेशियां अधिक स्पष्ट होती हैं। फिर भी कम युवा लड़के और लड़कियों में मांसपेशियां उतनी स्पष्ट नहीं होतीं।

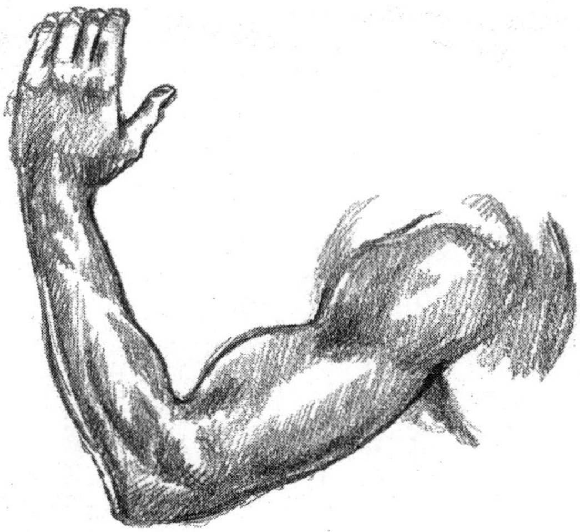

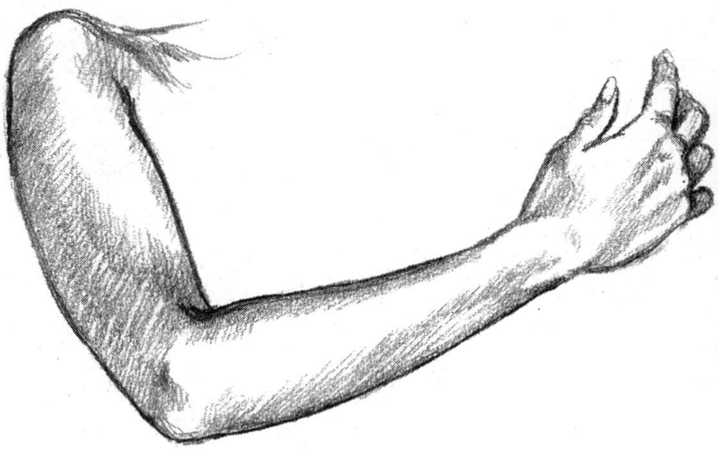

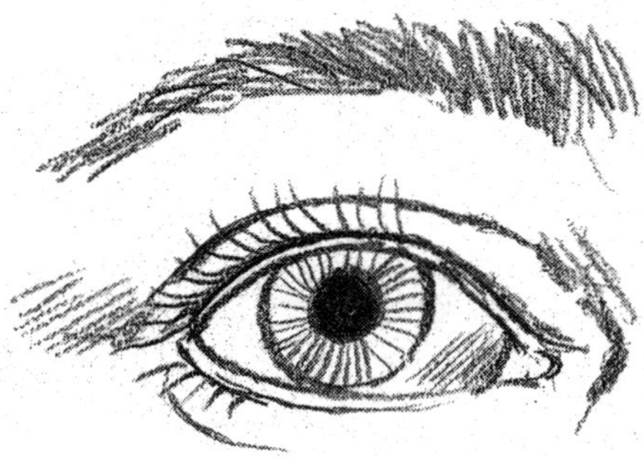

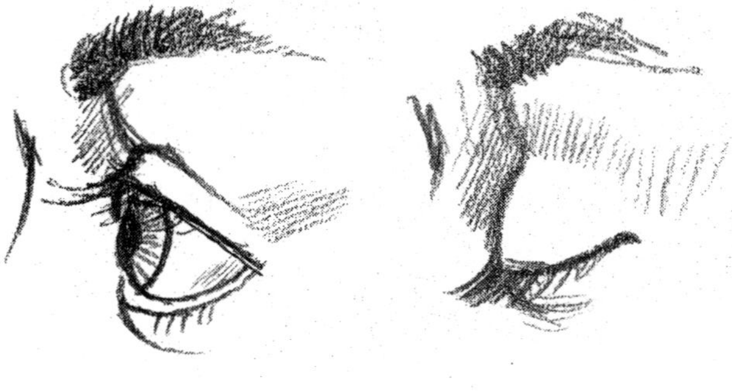

अब हम चेहरे के कुछ लक्षणों का अवलोकन करें। आंखों के बाएं चित्र में देखिए कि ऊपर और नीचे की आंख की कोरों का निर्माण कैसे हुआ है। और आंख की पुतली आंख की सफेदी पर कहां स्थित है। अगर आंख ऊपर की पलक से जरा ढकी हो तो यह घूरती (Staring) दिखाई देगी, और पलक आंख को ढक रही सी दिखे तो यह थकान का लक्षण होगी। अगर आंख की पुतली फूली सी दिखे और पूरी पलक आंख को ढक ले तो पलक फूली सी दिखेगी, जो व्यक्ति के सोने का चित्र है।

आओ अब मुंह पर ग़ौर करें, मुंह पर सबसे गहरी रेखा वहां लगेगी जहां दो होंठ आपस में मिलते हैं। वहां नहीं जहां नौसिखए आर्टिस्ट लगाते हैं, होंठो के किनारों पर। हां अगर किसी महिला ने लिपस्टिक लगा रखी है तो किनारों को गहरा किया जा सकता है, निचले होंठ की तुलना में। ऊपर का ओठ गहरी टोन में बनेगा। नीचे के ओठ की छाया ओठ के नीचे चित्रित की जाएगी। साइड से देखने पर ऊपर का ओठ नीचे के ओठ से ज्यादा बाहर को निकला दिखाई देगा। गहरी रेखा फिर ओठों के मिलन-स्थल पर होगी। जब होंठ खुले हुए हों तो यह तय है कि उनके मिलन बिंदु गहरे बनेंगे (देखें चित्र)

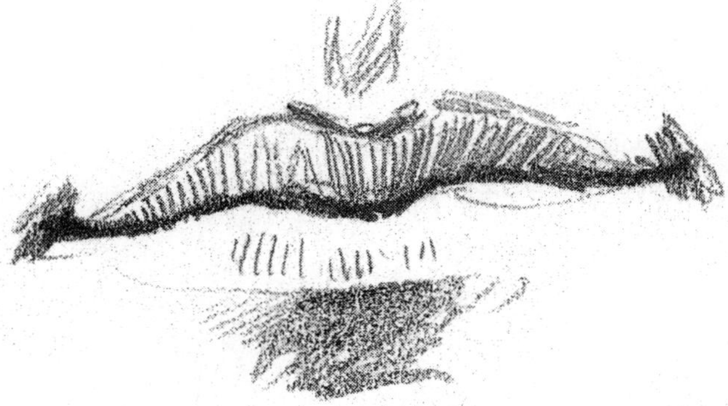

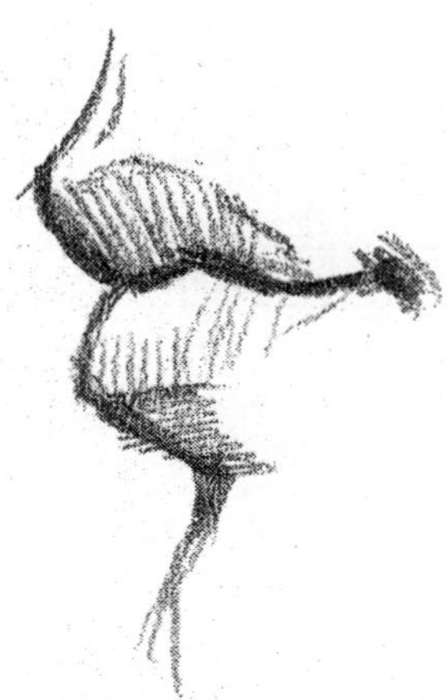

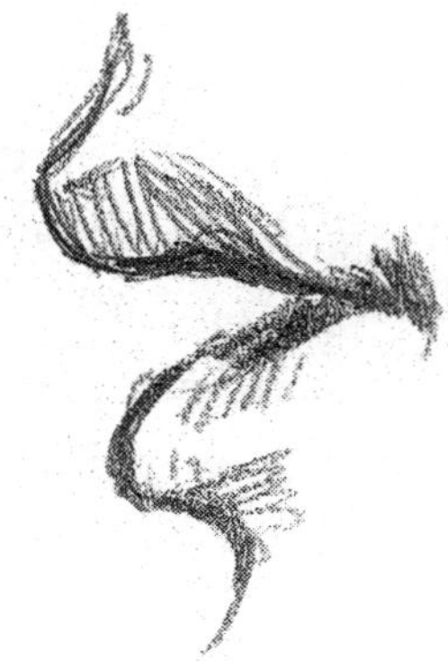

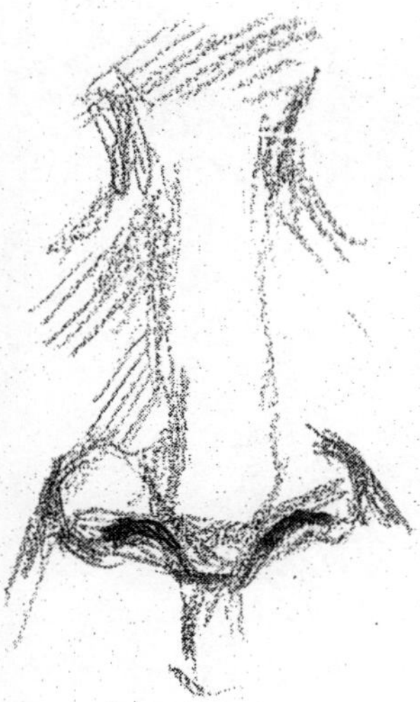

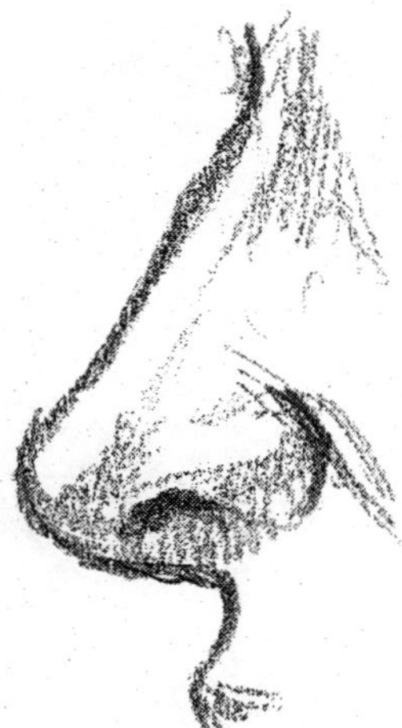

नाक को सामने से देखने पर इसका आकार उतना स्पष्ट दिखाई नहीं देता है। यही वजह है कि अधिकतर व्यक्तिचित्र (Portrait) मुख का तीन चौथाई भाग बनाते हैं ताकि नाक को अधिक स्पष्टता से बनाया जा सके और दोनों आंखों को भी दिखाया जा सके। नाक को सामने से दिखाने के लिए यह आवश्यक है कि नाक के दोनों ओर की छायाओं का उपयोग किया जाए जो नाक की उठान से बनती हैं।

साइड से देखने पर नाक बनाना काफी आसान है, पर ध्यान रहे आप नाक ज्यादा बड़ी या छोटी न बना दें। नाकों में तीन प्रकार होते हैं, वैसे वे कई प्रकार की हो सकती हैं, ये तीन प्रकार हैं–सीधी नाक, उठी हड्डी वाली नुकीली नाक और तीसरी है छोटी और ऊपर को उठी नाक।

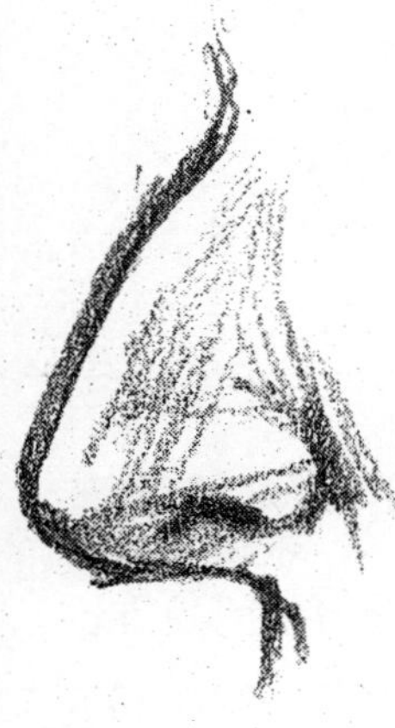

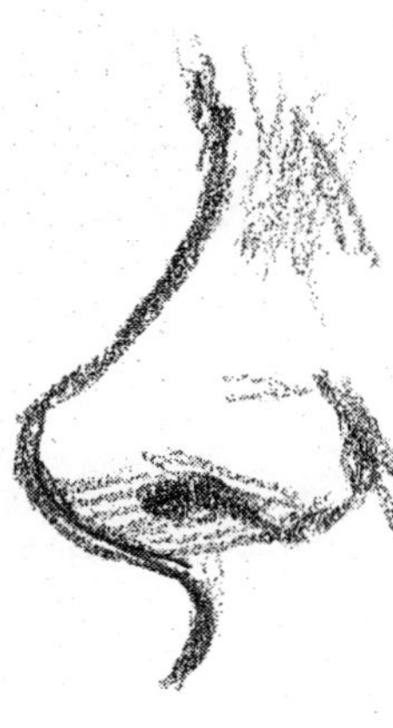

बच्चे

बच्चों और व्यस्कों के सिर (Head) के अनुपात में अन्तर होता है। बड़ा अन्तर उनकी खोपड़ी के परिमाण (Size) में होता है। यह अन्दर निचले जबड़े में भी होता है। यहां तक बच्चों की दोनों आंखों के बीच का अन्तर व्यस्कों की अपेक्षा ज्यादा होता है। बच्चों के गाल ज्यादा गोल होते हैं। उनके चेहरे के लक्षण छोटी सी जगह में व्यवस्थित होते हैं। और हाँ उनके चेहरे पर कोई रेखा नहीं होती।

साथ के चित्र एक चार वर्षीय बच्ची के हैं। जिन्हें ऊपर और नीचे से बनाया गया है। गौर करें गाल गोलाकार हैं और नाक छोटी। दोनों ही इस आयु के बच्चों के विशेष लक्षण हैं।

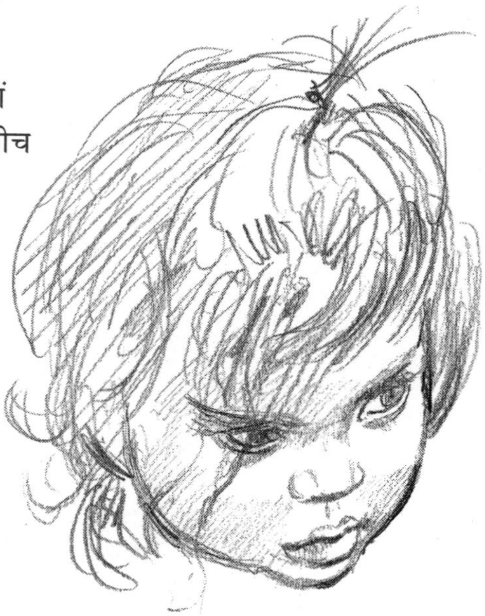

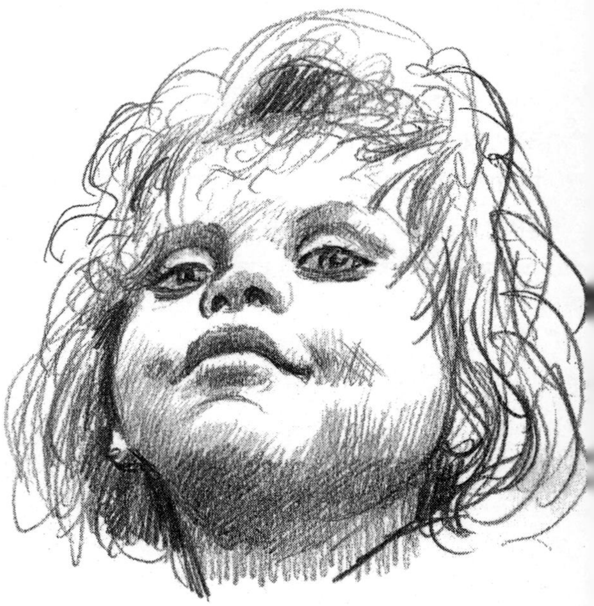

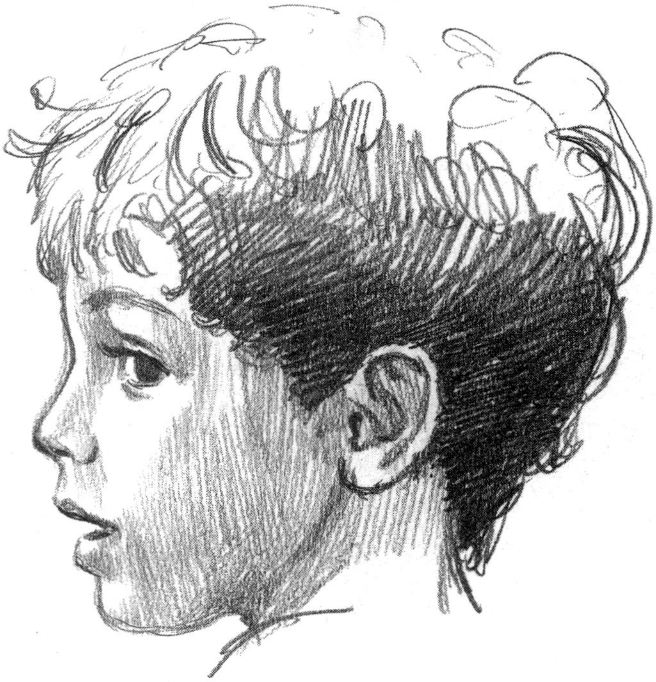

यह बच्चा थोड़ा बड़ा है और इसका जबड़ा अभी बढ़ा नहीं है। इसकी आंखें और कान अपेक्षाकृत बड़े दिख रहे हैं और नाक छोटी लग रही है। मुंह भी व्यस्कों की अपेक्षा छोटा ही है।

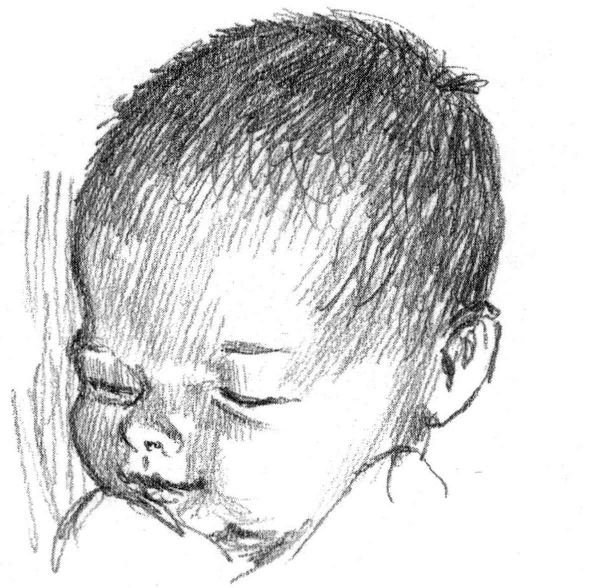

इस छोटे बच्चे का आकार और भी अलग है। इसका कपाल (Skull) ज्यादा बड़ा दिखाई दे रहा है जैसे चेहरे के सभी लक्षण सिर के निचले हिस्से में व्यवस्थित कर दिए गए हैं।

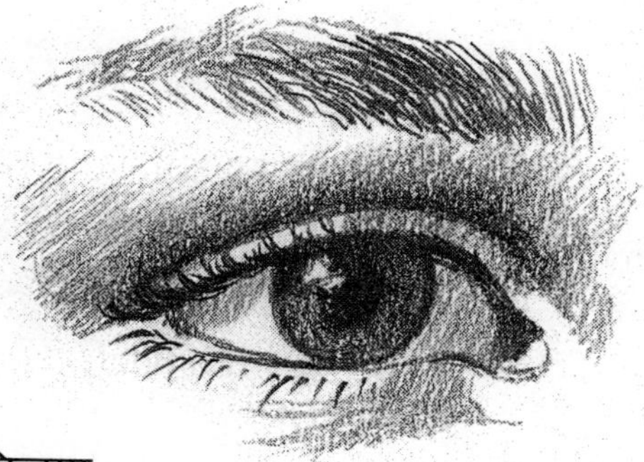

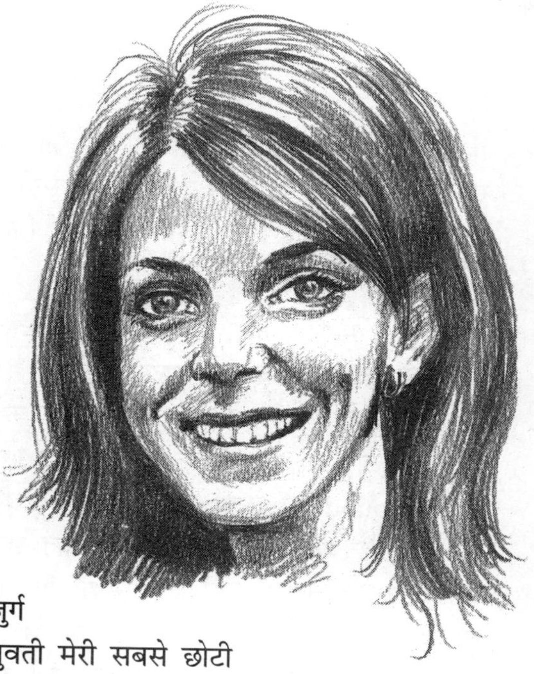

आयु चित्रण

आओ, अब हम आँख पर आयु के प्रभाव का अध्ययन करें। यह बहुत जरूरी है क्योंकि आँख ही हमें बताती है कि व्यक्ति की आयु (Age) कितनी हो सकती है, या होगी। पहली आँख एक 6 वर्षीय बालक की है जो किसी युवती की आंख की तरह चमकदार लग रही है। आंख के आसपास शायद ही कोई सिकुड़न रेखा है।

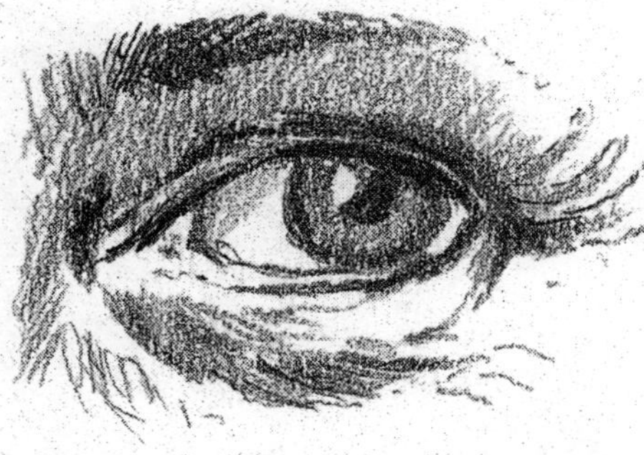

अगली आँख एक अधेड़ उम्र के व्यक्ति की है। हालांकि आंख में अब भी चमक बाकी है पर आँख की भृकुटि (Eyebrows) भी बढ़ती आयु की तरफ इशारा करती है।

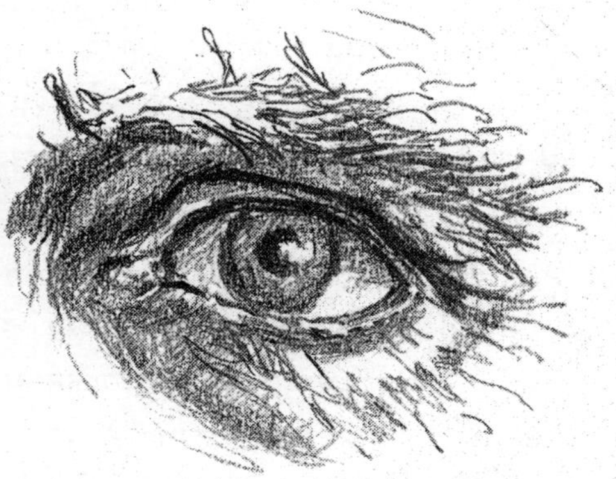

यह आंख किसी बुजुर्ग व्यक्ति की है। जिसमें त्वचा की कई सिकुड़ने आँख के गढ़े के चारों ओर हैं। इसमें भृकुटि (Eyebrow) भी नीचे की तरफ काफी झुकी हुई दिख रही है।

अन्त में इससे पहले कि हम सिरों को छोड़ें, मैं एक युवती के सिर और एक बुजुर्ग आदमी के सिर का निरीक्षण करवाता हूँ। यह बुजुर्ग व्यक्ति मैं हूं और युवती मेरी सबसे छोटी बेटी है। बालों की गुणवत्ता में अन्तर देखिए। युवती के बाल कोमल और चमकदार हैं जबकि दूसरे चित्र में व्यक्ति के बाल सफेद और बिखरे हुए हैं। त्वचा की सतह पर गौर करें, मेरी बेटी हालांकि मुस्करा रही है फिर भी उसके चेहरे पर सिकुड़न की रेखाएं नहीं हैं। मेरी अपनी त्वचा पर हर तरह की रेखाएं हैं, विशेषत: आंख के पास और माथे पर वे स्पष्ट हैं। गाल ज्यादा धंसे दिख रहे हैं और मुंह बस अपनी बाहरी रेखाओं से ही दिख रहा है। मैं एक टक घूर रहा हूं, क्योंकि मैं दर्पण (Mirror) में देखकर अपना व्यक्ति-चित्र (Portrait) बना रहा हूँ।

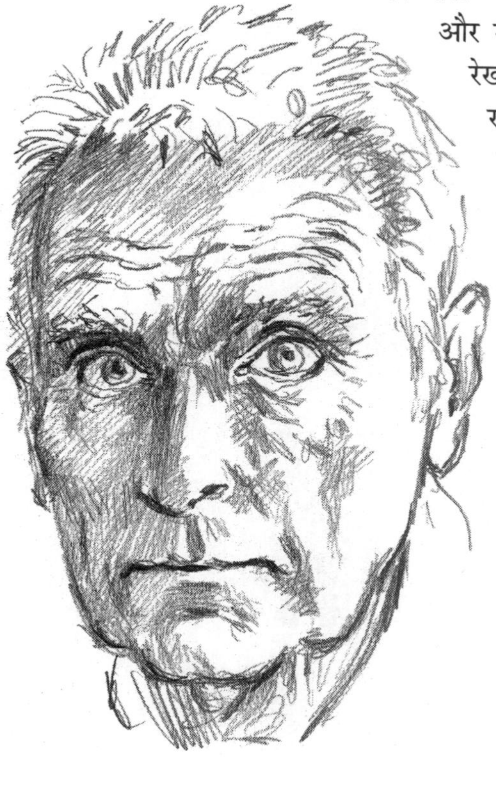

समूह चित्रण

एक आर्टिस्ट की सबसे बड़ी समस्या यह होती है कि वह अपने चित्र को स्वाभाविक बनाए न कि कृत्रिम दिखने वाला। निरीक्षण से आपको यह ज्ञात होगा कि जब बहुत से लोग समूह में होते हैं तो उनका आपस में एक सम्बन्ध होता है। हम आकारों के संयोजन की सूक्ष्मता का अध्ययन पुस्तक के अगले पृष्ठों में करेंगे। पर इस पृष्ठ पर हम इस बात पर ध्यान देंगे कि लोग जब समूह में होते हैं तो वे कैसे लगते हैं।

पहले चित्र में मैंने लोगों को समूह में चित्रित किया है, जैसे कि वे एक पार्टी में हों। जहां कुछ लोग (या आकार) अन्य पीछे के लोगों को पूरा या आधा ढक रहे हैं। अग्रभाग (Foreground) में सिर्फ एक लड़की का सिर दिख रहा है जो संभवत: किसी की बात सुन रही है, (जो चित्र में नहीं है) उसके पीछे एक जोड़ा है जो अभी अभी पार्टी में आया है। एक युवक (पीछे) लड़की की तरफ देख रहा है जो कि चित्र के अग्रभाग (Foreground) में है। एक जोड़ा है जो शायद नाचने को तत्पर है, उसके पीछे एक लड़की दिखाई दे रही है। यह अपेक्षाकृत एक कसी हुई संयोजना (Composition) है, जिसमें संतुलन है। चरित्रों के बीच तनाव है, इससे चित्र जीवन्त और वास्तविक बन गया है।

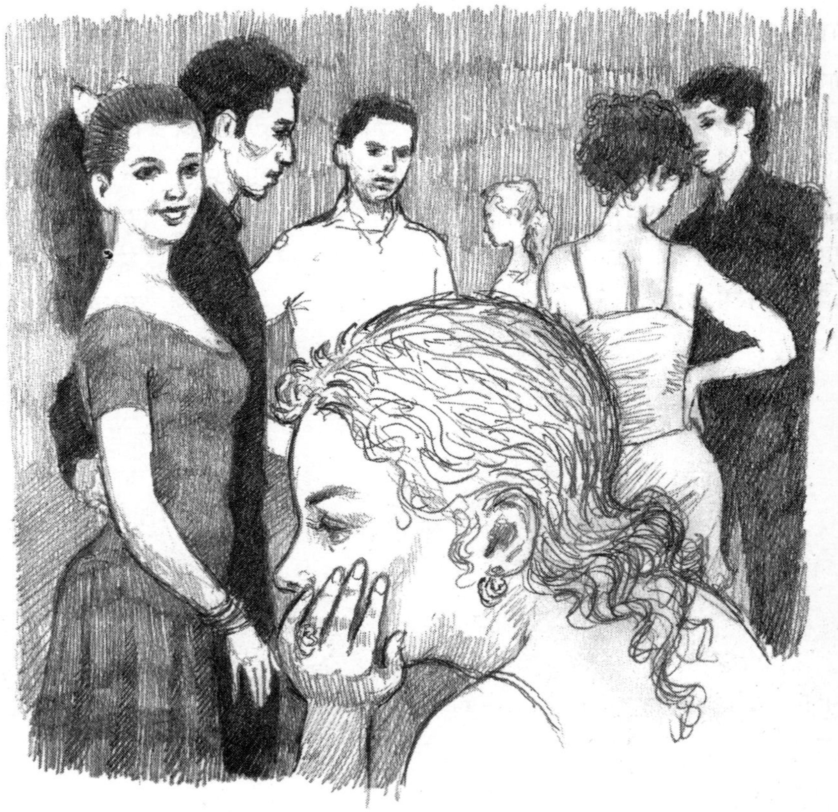

अगले चित्र में लोगों का ऐसा समूह है जिनमें आपस में कोई सम्बन्ध नहीं है या कम सम्बन्ध है सिवाय इसके कि वे एक ही स्थान पर है, और अपने अपने गंतव्य (Destination) की ओर अग्रसर हैं। देखें, इस लड़खड़ाते समूह संयोजन में एक व्यक्ति दूसरे के पास से गुजर रहा है। मैदान के इस दृश्य में स्थान का संयोजन भी उतना ही आवश्यक है जितना कि आकारों का चित्रण।

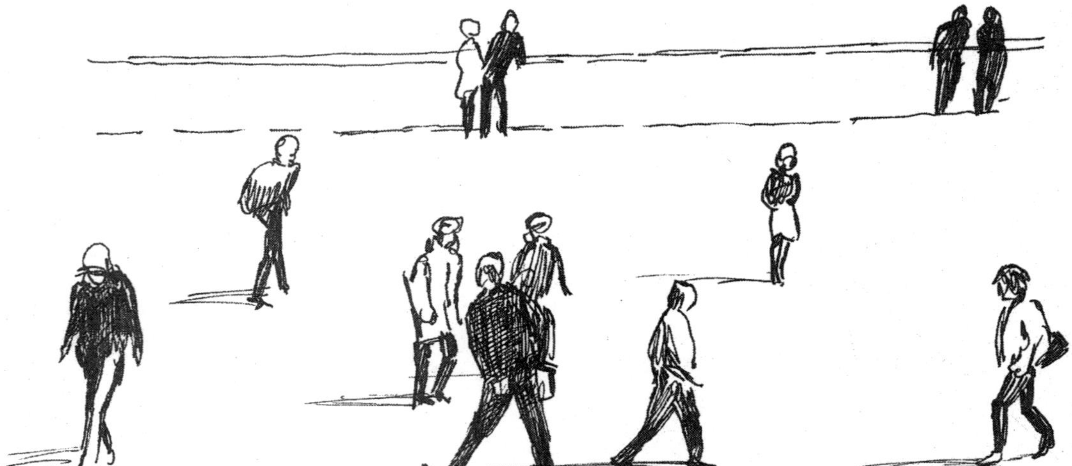

भवन और इमारतें

फ्रांस के इस गिरजाघर का उदाहरण यह दिखाने के लिए काफी है कि आप बड़े भवनों के रेखांकन के समय कितना छोड़ सकते हैं। दृश्य-रूप (Perspective) का थोड़ा ज्ञान आपके लिए आवश्यक है। लेकिन यह भी संभव है कि आप इसके बिना भी इमारत का सटीक रेखांकन कर सकें। यही वजह है कि निरीक्षण या अवलोकन (Observation) एक आर्टिस्ट के लिए आवश्यक है। क्योंकि बिना किसी सैद्धांतिक ज्ञान के भी किसी वस्तु का रेखांकन किया जा सकता है।

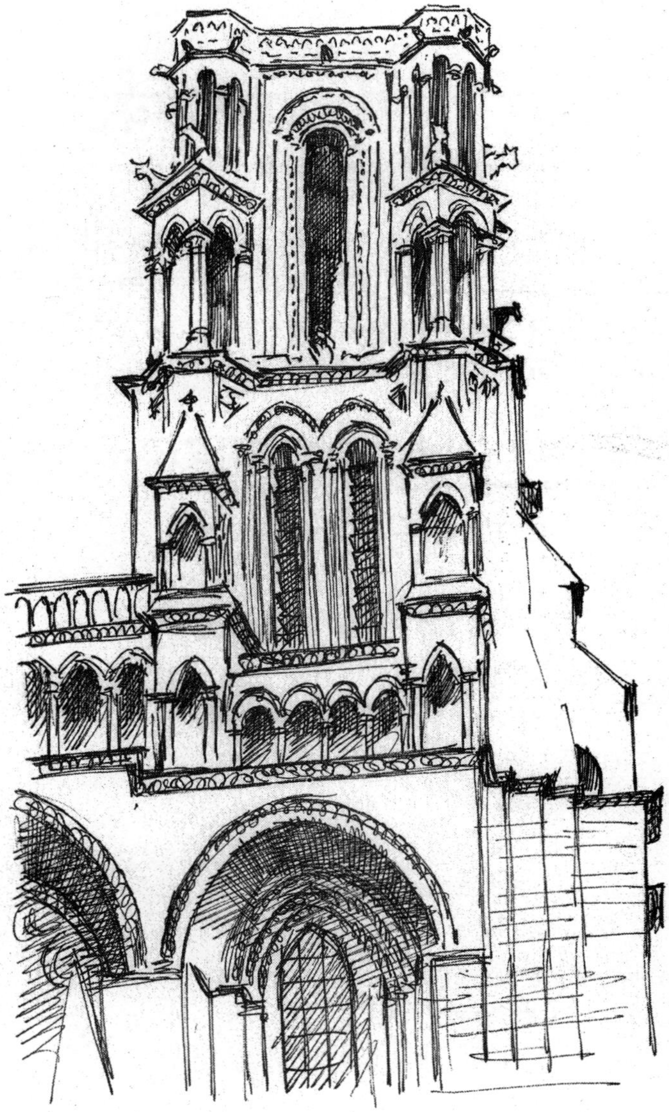

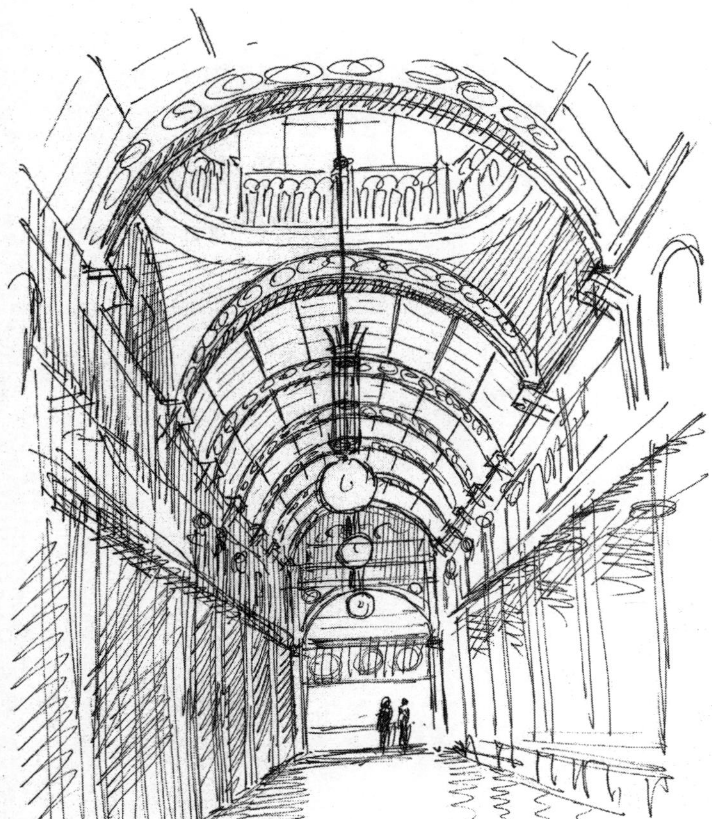

इस गिरजाघर के आन्तरिक भाग की मेहराबों का रेखांकन एक कठिन विषय हो सकता है। लेकिन सावधानी से किया जाए तो जो मुख्य भाग चित्रित करना है, वह आपके लिए बनाना कोई मुश्किल नहीं होगा। यहां भी दृश्य-रूप (Perspective) का ज्ञान आपकी सहायता कर सकता है—यहां भी आप अपना पैन या पेंसिल तल के समानान्तर (Horizontally) पकड़ कर इस तरह मोड़िए जब तक कि वह भवन के कोण के बराबर न आ जाए। इससे आपको यह सहायता मिलेगी कि इसे आप कैसे ड्रा करेंगे। जहां बहुत सारा लोहे की छड़ों का आलेखनीय (Decorative) काम हो, वहां इसे सूक्ष्मता (Detail) से बनाने की चिन्ता न करें। बस घसीटा रेखाओं से ही इसे दिखा दें। इससे डिजाइन या आलेखनों के इकट्ठे समूह भी वास्तविक ही लगेंगे। जैसा कि मैंने यहां इस चित्र में किया है।

अध्याय-5

अनुपात और पर्सपैक्टिव

पुस्तक के इस भाग में हम ड्राइंग के क्लासिक नियमों का अध्ययन करेंगे। इसमें शामिल हैं, मानव शरीर और सिर के अनुपात। इन्हें कैसे बनाया जाए, दो और तीन बिन्दुओं का अनुपात कैसे समझा जाए, यह किसी भी आर्टिस्ट के लिए एक गाइड लाइन की तरह है। इनका अध्ययन आपकी ड्राइंग में सुन्दरता और सटीकता (Accuracy) लाएगा।

सिर (Head) के अनुपात

एक ओर से सिर के अनुपात

इस सिर को अनुपात में समझने के लिए इसे हम एक चतुर्भुज की ग्रिड से देखेंगे। जब इस चतुर्भुज को हम कर्ण (Diagonal) रेखा से विभाजित करें तो हम पाएंगे कि बालों वाला सिर का भाग कर्ण के ऊपर वाले भाग में पूर्णतः समा गया है। बस कानों का थोड़ा भाग बचा है।

जब चतुर्भुज को क्षितिजीय रेखा से दो में विभाजित किया तो यह कर्ण रेखा को जहां काटती हैं कान उस बिन्दु पर स्थित है, लेकिन खड़ी केन्द्रीय रेखा के थोड़ा पीछे है।

भौहों (Eyebrows) की रेखा के नीचे कान है। कान का निम्न बिन्दु नाक के निम्न बिन्दु के स्तर पर है। जो भौहों और ठोड़ी के केन्द्र बिन्दु पर है। (देखें चित्र) निचले होंठ का किनारा ठोड़ी और नाक के निचले बिन्दु के ठीक केन्द्र में है।

ये माप हालांकि उतने सटीक नहीं हैं, पर वे सटीकता के काफी निकट हैं और साधारणतः सभी व्यक्तियों के सिर के नाप के अनुरूप हैं।

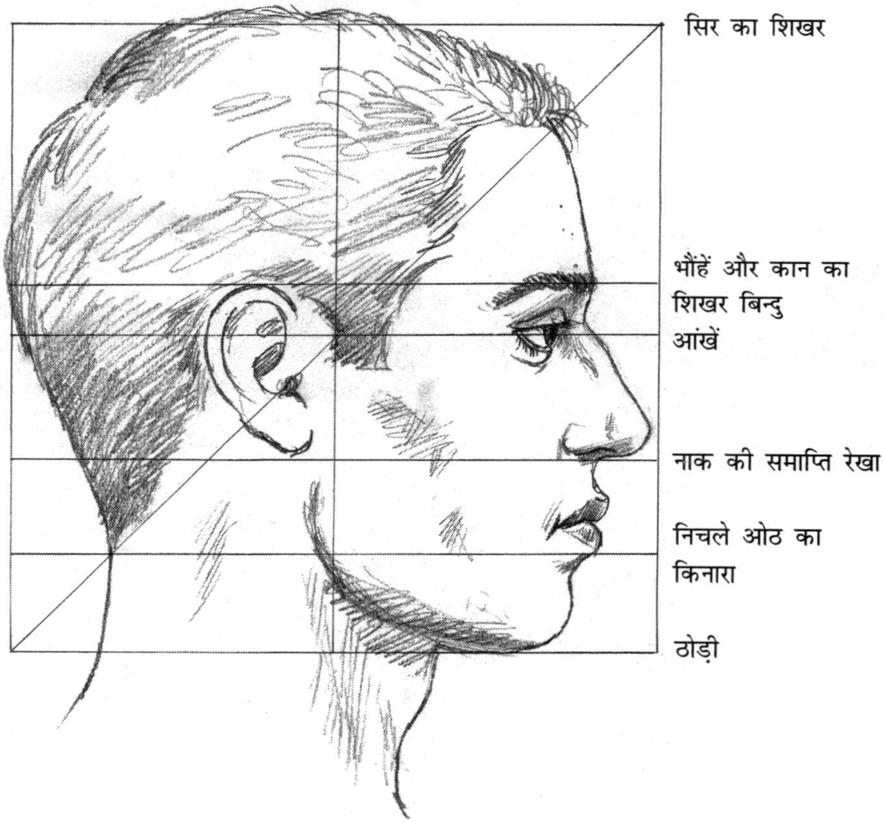

सामने से लड़की का सिर

अगर सिर झुका हुआ न हो तो सिर की लंबाई, चौड़ाई से डेढ़ गुना होगी। चौड़ा भाग कानों से कानों तक माना जा सकता है।

साइड से आँखें कुल सिर की लम्बाई के आधे पर स्थित होंगी। और नाक की समाप्ति भौहों (Eyebrows) और ठोड़ी के बीच के बिन्दु पर होंगी। निचले होंठ का किनारा नाक के अन्त-बिन्दु और ठोड़ी के केन्द्र में स्थित होगा। आंखों के बीच का स्थान आंख की चौड़ाई (Horizontal) जितना होगा। मुंह की चौड़ाई इतनी होगी कि होंठ के छोर आँखों की पुतलियों के समानान्तर होंगे, अगर मॉडल ठीक सामने देख रहा हो। ये बहुत सरल माप हैं और संभव है कुछ सिरों पर फिट न बैठें, पर इन्हें आप सिद्धांत की तरह अपनाएं। आर्टिस्ट सदियों से ऐसा करते आए हैं।

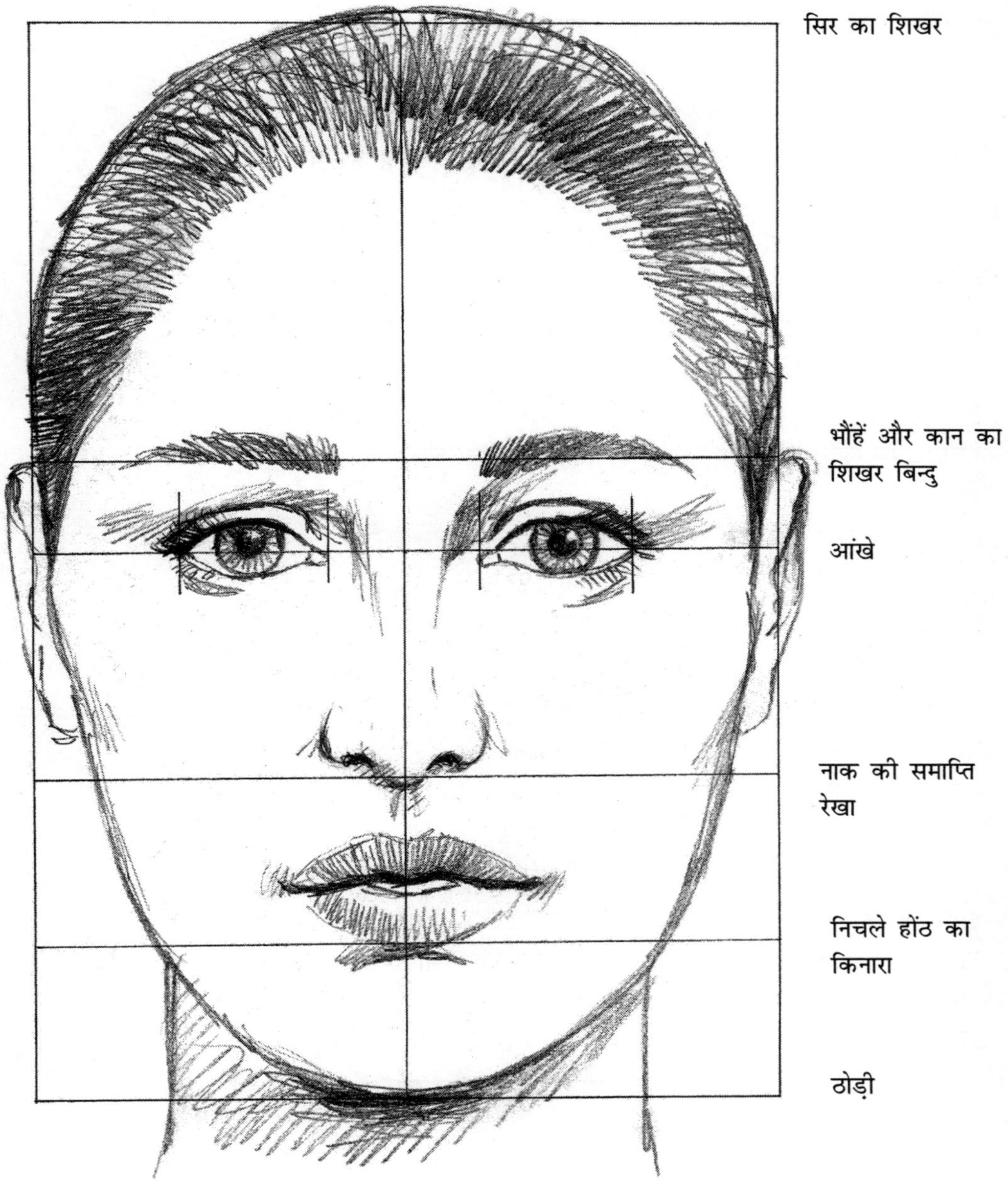

शरीर के अनुपात

मानव शरीर के अनुपातों से आपका परिचय आपके रेखांकनों को अधिक सटीक बना देगा। इन पृष्ठों पर हम मानव शरीर के तीन रूपों का निरीक्षण करेंगे। सीधे खड़े व्यक्ति का, सामने का, साइड का और महिला का सामने का अध्ययन करेंगे।

पुरुष

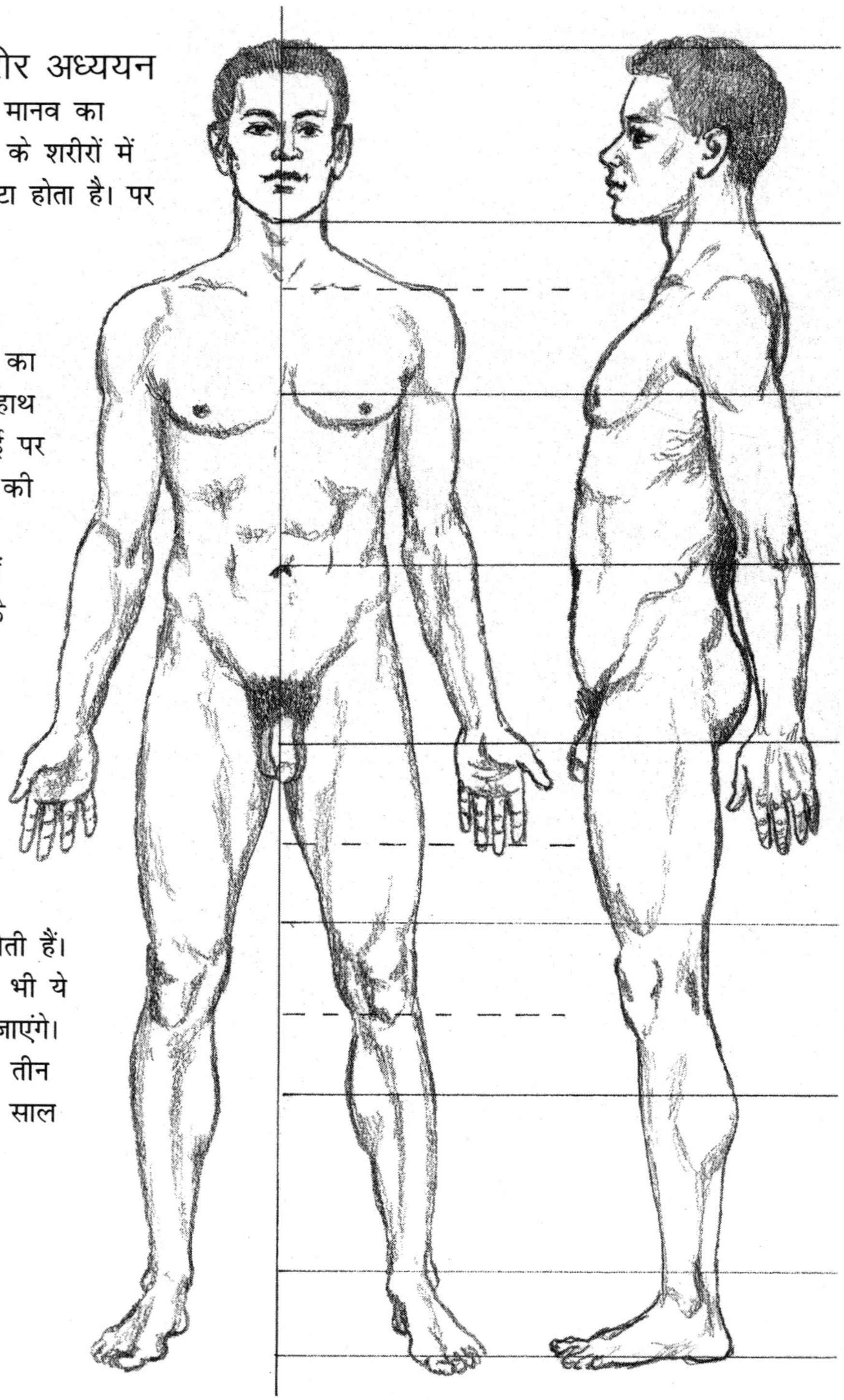

सामने का और साइड का मानव शरीर अध्ययन

अगर आप सिर को नाप की एक इकाई मानें तो मानव का शरीर 7½ इकाई होगा। यह पुरुष और नारी दोनों के शरीरों में समान है। हालांकि महिला का शरीर पुरुष से छोटा होता है। पर अनुपात वही रहेगा।

पुरुष की छाती के निपल (Nipples) सिर की इकाई से दुगनी दूरी के स्थान पर होंगे। नाभि (Navel) तीसरी इकाई के स्थान पर होगी। पावों का शिखर चौथी इकाई पर होगा। हाथों की लंबाई (हाथ फैलाकर उंगलियों की टिप तक) साढ़े चार इकाई पर होगा। और जाँघ के केन्द्र तक पहुंचता है। टखने की हड्डी तक 5½ इकाई हो जाती हैं।

पुरुष और स्त्री के अनुपातों में अन्तर कूल्हों की चौड़ाई और कन्धों की चौड़ाई में है। पुरुष के कन्धे ज्यादा चौड़े होते हैं, स्त्री में कूल्हे ज्यादा चौड़े होते हैं।

जब आप मानव आकार का चित्रांकन कर रहे हों, तो ये अनुपात एक गाइड लाइन की तरह हैं। इसके बावजूद सूक्ष्म निरीक्षण से बढ़िया कोई तरीका नहीं। ध्यान रहे लोग मोटे या पतले होते हैं, हर शरीर आदर्श शरीर नहीं होता। महिलाओं के शरीरों में गोलाइयां अधिक होती हैं। अपवाद (Exceptions) हर क्षेत्र में होते हैं। फिर भी ये अनुपात 1 : 7½ व्यस्कों में 99% केसों में पाए जाएंगे। हाँ, बच्चों के उम्र के साथ ये बदलते हैं। एक से तीन साल के बच्चे का अनुपात 1 : 3 होगा, 3 से 7 साल के बच्चे का 1 : 6 होगा।

कद कुछ भी हो, शरीर के अनुपात समान होंगे।

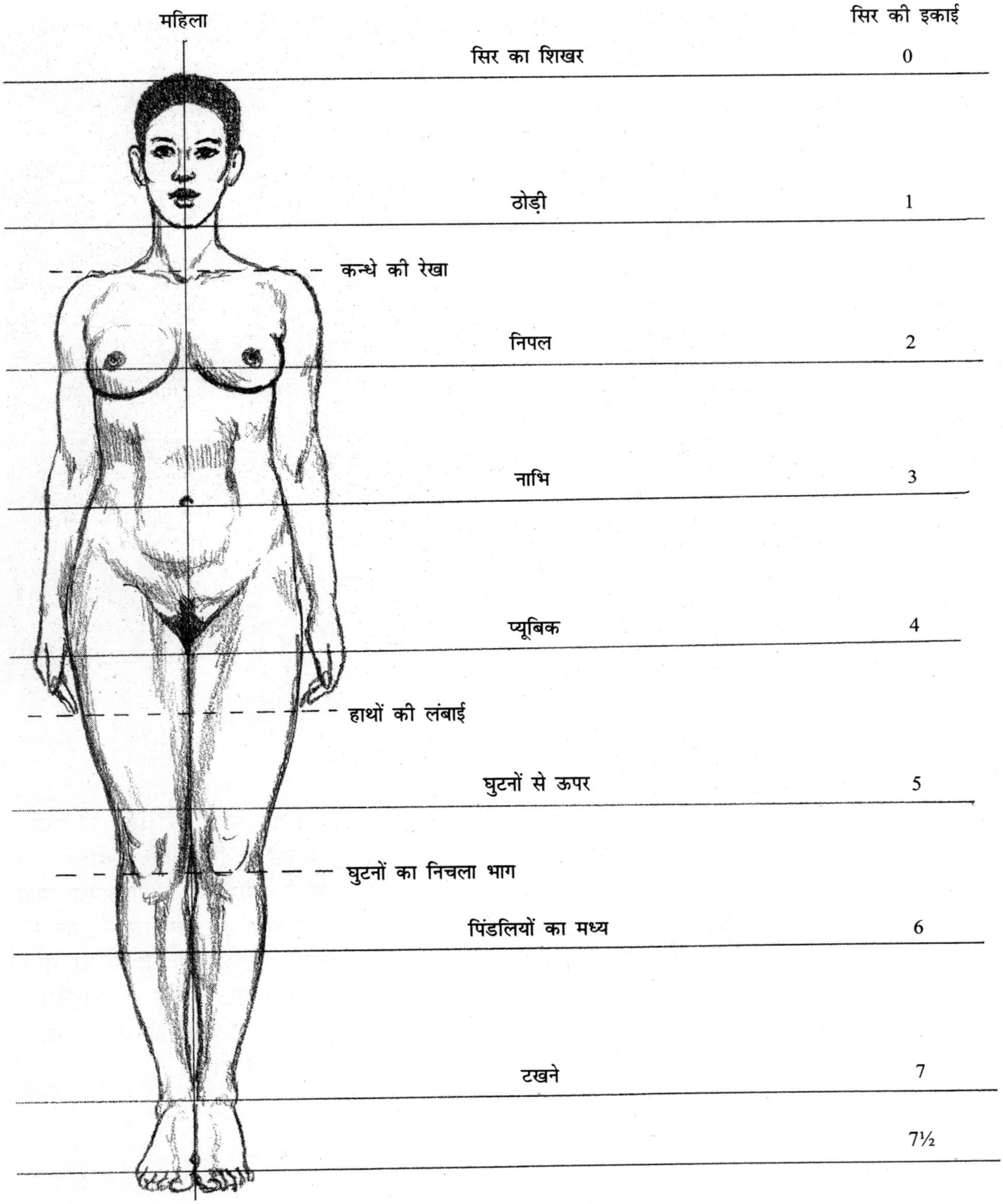

पर्सपैक्टिव में अनुपात

हम शायद ही कभी मानव शरीर को इतने साफ और सटीक तरीके से देख पाते हैं; जैसा कि हमने पिछले पृष्ठों पर अपने मानव शरीर के मान चित्रों में दिखाया है। हम मानव शरीर को अनेक कोणों से नित्य ही देखते हैं। अक्सर उनके अंगों को भिन्न-भिन्न स्थितियों से देखना भी हमारी नजर से गुजरता है। नीचे के चित्रों में हमने ऐसी ही आम स्थितियों का अध्ययन किया है।

इस चित्र में एक महिला लेटी हुई है, जिसे हम पैरों की तरफ से देख रहे हैं। क्योंकि ये ही अंग दर्शक की दृष्टि के सबसे निकट हैं। पांव अपेक्षाकृत हमें लंबे दिखाई देंगे। चित्र में धड़ और सिर पांवों की तुलना में बहुत छोटे दिखाई दे रहे हैं।

टखने से जांघों तक ही वह भाग है, जो धड़ और सिर से लगभग दुगना दिखाई दे रहा है। पांव और कूल्हे शरीर के अन्य भागों से ज्यादा भारी दिखाए गए हैं। ऐसा पर्सपैक्टिव के नियमों के कारण है।

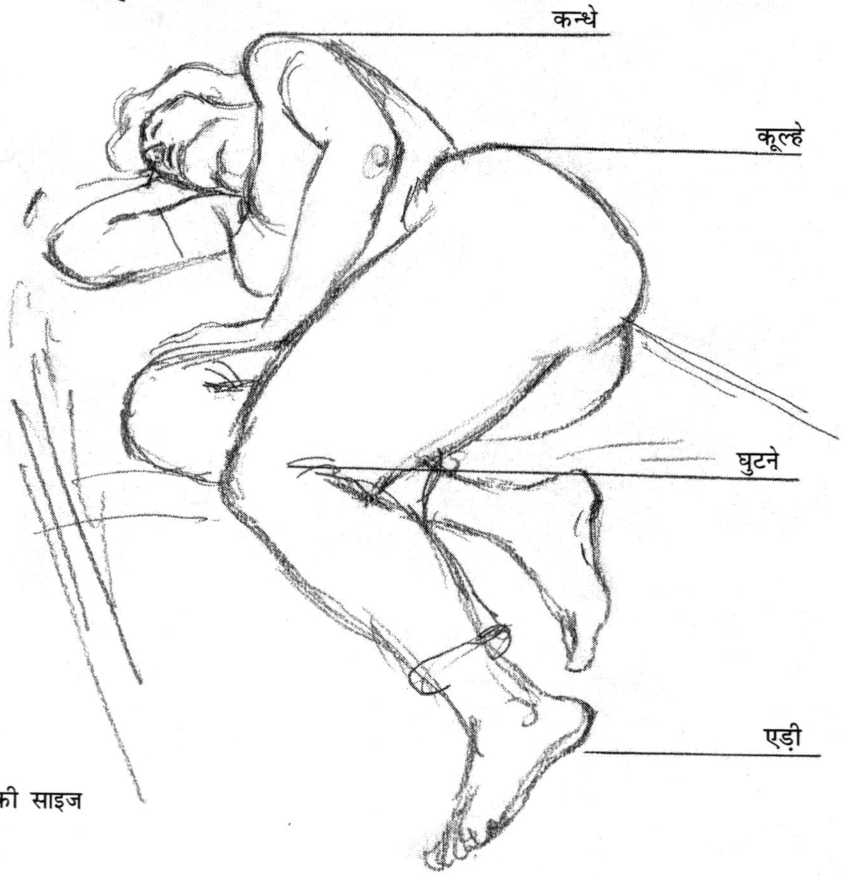

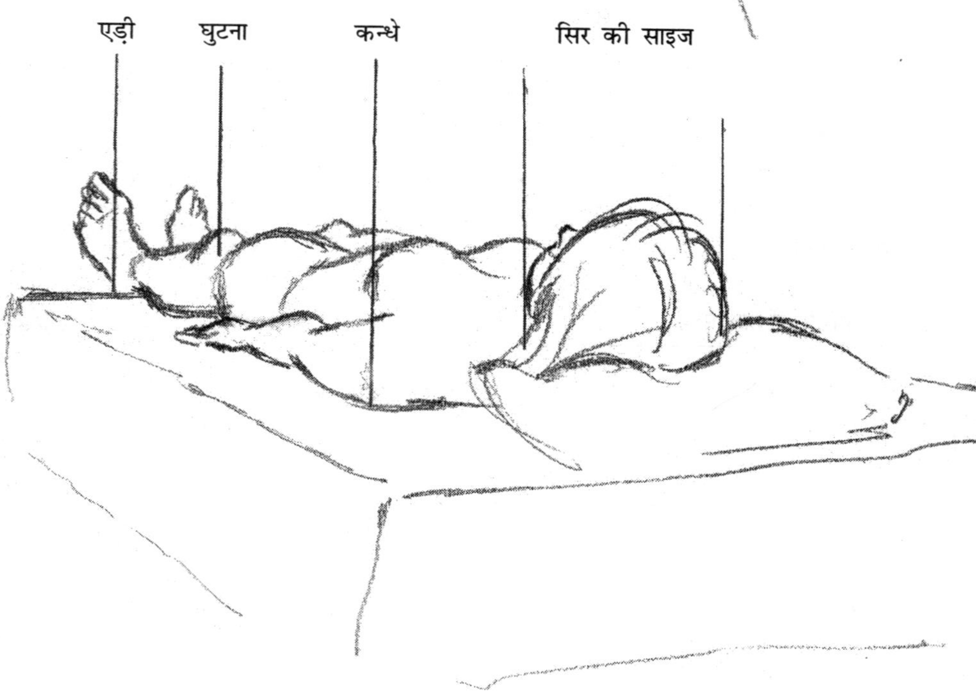

जब हम मॉडल को सिर की तरफ से देखें तो सिर और कन्धों ने बाकी शरीर को अपनी अपेक्षा बौना बना दिया है। पांव सिर के नाप से आधे ही नजर आ रहे हैं। हर चीज घटती (छोटी) जाती है जैसे जैसे हमारी दृष्टि शरीर के अंतिम छोर तक जाती है।

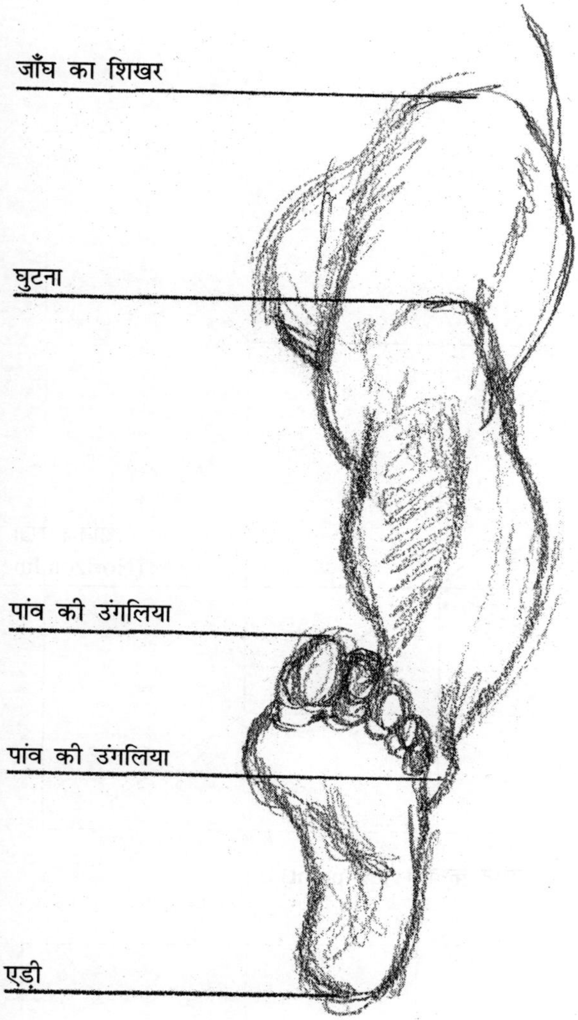

पांव की तरफ से देखने पर ऐसा लगता है कि हम पूरा पांव देख रहे हैं। पर ऐसा नहीं है, घुटना पांव के पंजे से काफी दूर दिखाई दे रहा है। जांघ घुटनों से भी छोटी होती दिखाई दे रही है।

हाथों के मामले में भी ऐसा ही है। हम अगर हथेली की तुलना में देखें तो कन्धा और बांह हथेली से भी छोटे या बराबर दिखाई दे रहे हैं, पर ऐसा नहीं है। इस चित्र में बांह की लम्बाई तो बेहद छोटी हो गई है। और हथेली बहुत ज्यादा बड़ी दिखाई दे रही है।

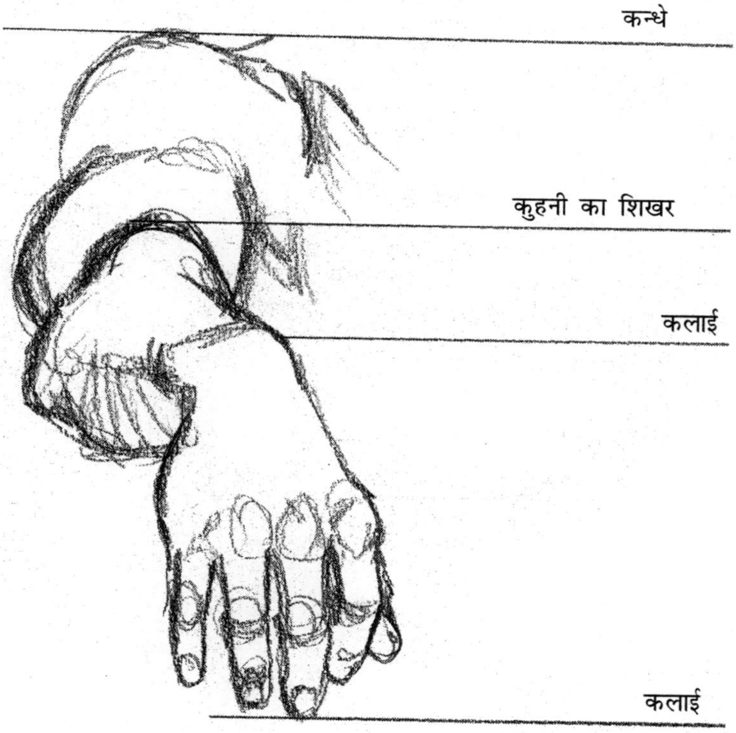

एक-बिन्दु का पर्सपैक्टिव

एक-बिन्दु पर्सपैक्टिव पर्सपैक्टिव का सबसे सरल नमूना है, और एक मात्र ऐसा तरीका है जिसका उस समय जानना आवश्यक है जब आप काफी निकट से रेखांकन करने की स्थिति में हों। किसी भी एक बिन्दु पर्सपैक्टिव (One Point Perspective) का रेखांकन शुरू करते समय, जैसे कि एक कमरा, तो आपको एक क्षितिज रेखा (Horizon Line) की कल्पना करनी होगी। इसी रेखा के केन्द्र में आपको एक लंब डालना होगा। यही रेखा आपकी दृष्टि का केन्द्र होगा।

अब कमरे के लिए एक चतुर्भुज (Rectangle) बनाएं। इसमें दो रेखाएं खींचिए जो चतुर्भुज के केन्द्र में एक दूसरे को काटती हों। जरूरी नहीं कि ये केन्द्र में ही हों। अन्यथा यह ज्यादा ही गणितीय हो जाएगा। अब एक रेखा खींचिए जो उन सब रेखाओं को केन्द्र से काटती हुई, चतुर्भुज के कोनों से जा मिले।

इसी स्थिति से आप वे रेखाएं खींचेंगे जैसी कि इस चित्र में दिखाया गया है। एक तरफ की दीवार पर अब आप एक दरवाजा बना सकते है। और दो खिड़कियां विपरीत स्थान की दीवार पर बना सकते हैं।

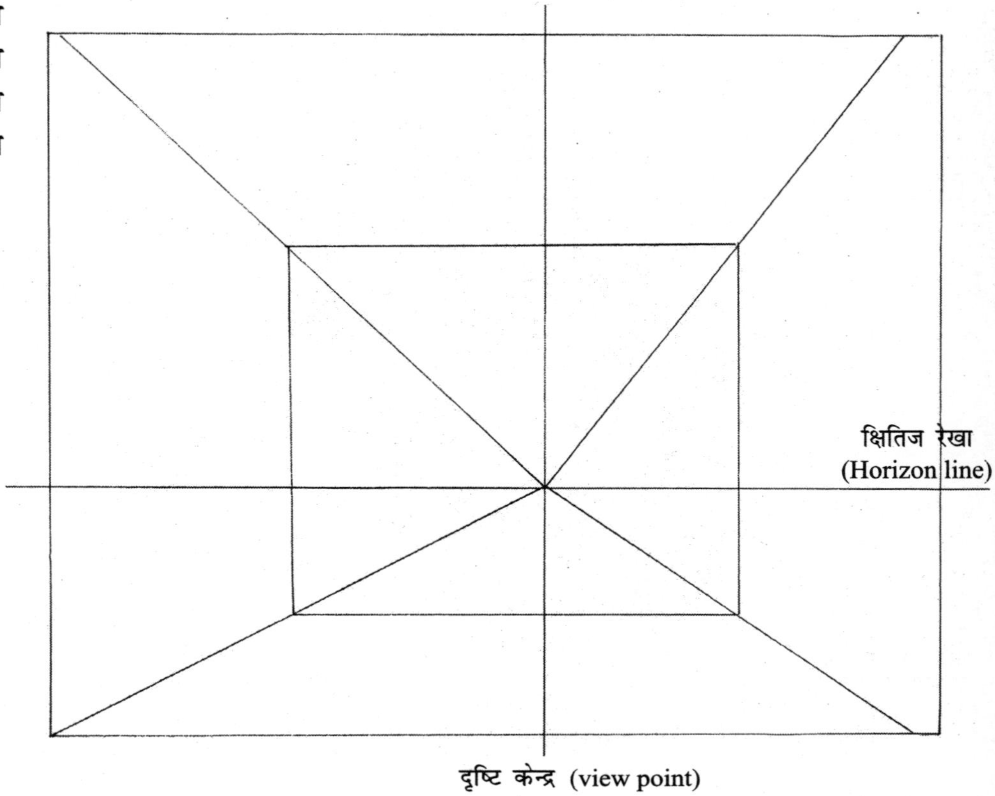

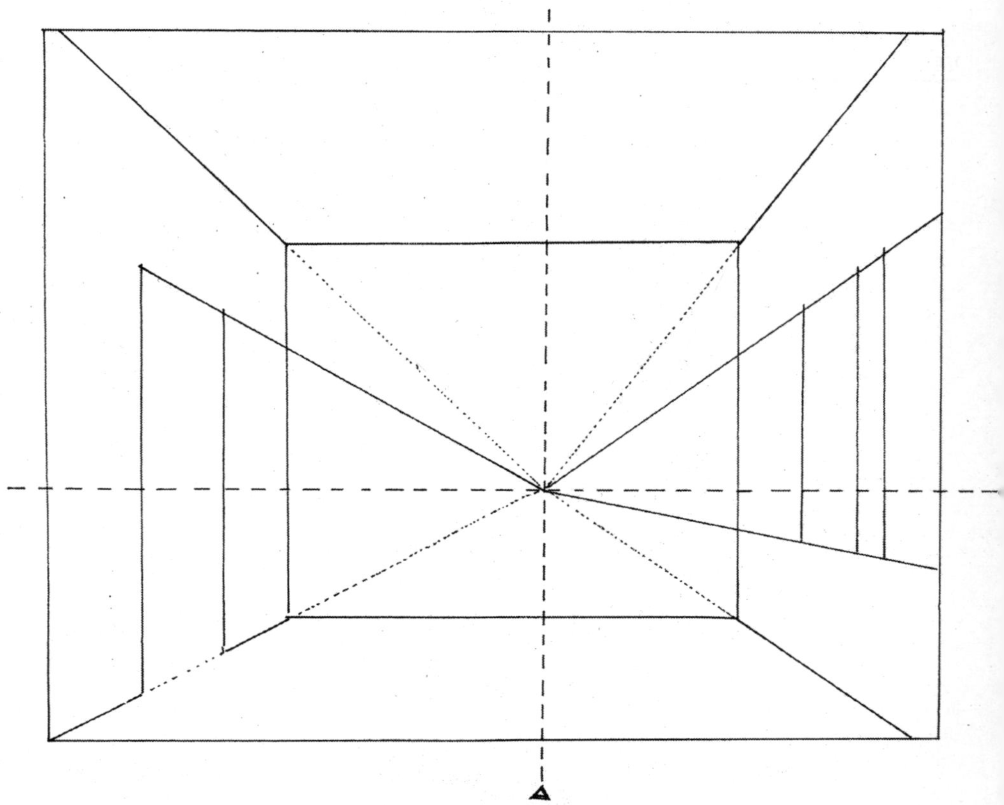

अब आप अपने आप को एक खाली कमरे में होने की कल्पना करें, आवश्यक नहीं कि आप एन केन्द्र में ही हों। आपको जो दृश्य दिखाई देगा वह कुछ कुछ साथ के चित्र जैसा होगा। जिसे आपने उन रेखाओं के सहारे बनाया है जो पिछले पृष्ठ पर अंकित हैं। यहां दृष्टि का स्तर नीचा है। इसका अर्थ है आप नीचे बैठे हैं, और कमरे का दरवाजा आपके बाएं हैं, और दोनों खिड़कियां आपके दाएं ओर हैं। फर्श लकड़ी की पट्टियों का है, और छत पर पट्टियों वाली प्रकाश ट्यूबें लगी हैं। सामने की दीवार पर एक विशाल पेंटिग भी लगी है।

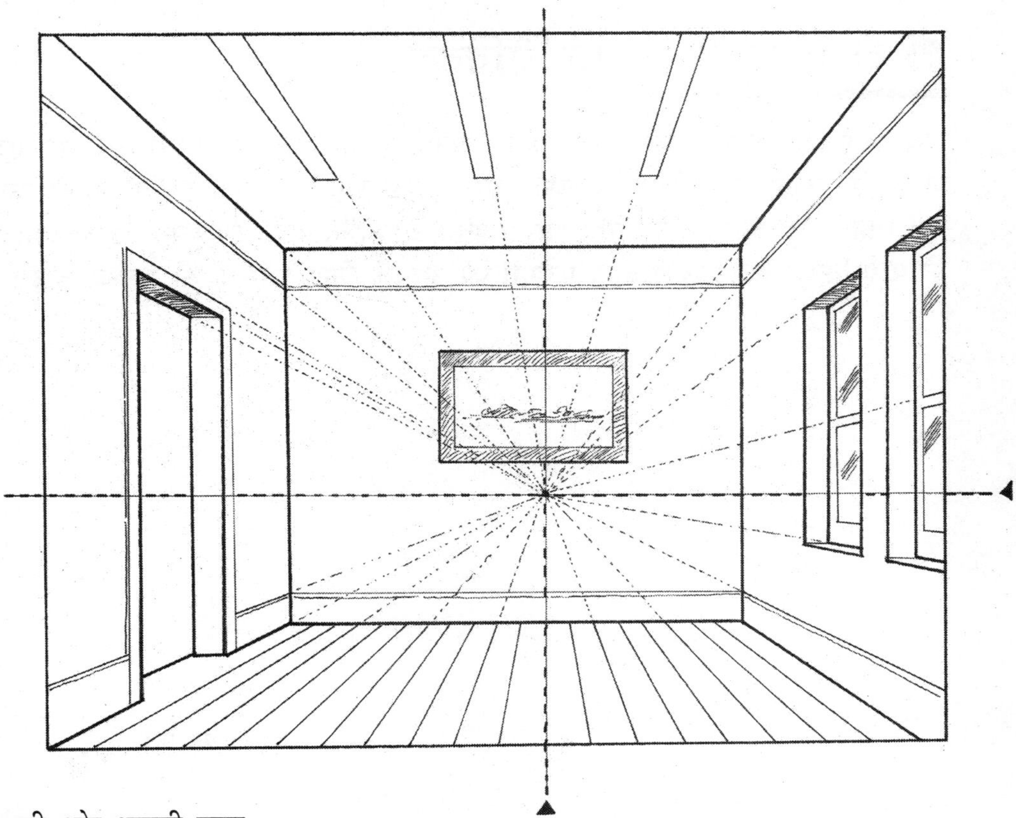

गौर कीजिए कि लंब (Vertical Line) आपके दृष्टि-बिन्दु को इंगित करता है। और क्षितिजीय रेखा (Horizontal Line) आपकी दृष्टि का स्तर बताती है। फर्श की पट्टियां किसी अदृश्य बिन्दु की ओर भागती नजर आतीं हैं जिसे Vanishing Point कहते हैं। दीवार की एस्कोर्ट रेखाएं भी किसी बिन्दु की तरफ जाती दिख रही है। संक्षेप में लंब और समानान्तर रेखाओं के अतिरिक्त सभी रेखाएं किसी एक बिन्दु (Vanishing Point) में मिलती नजर आती हैं। इसी को एक-बिन्दु पर्सपैक्टिव कहते हैं।

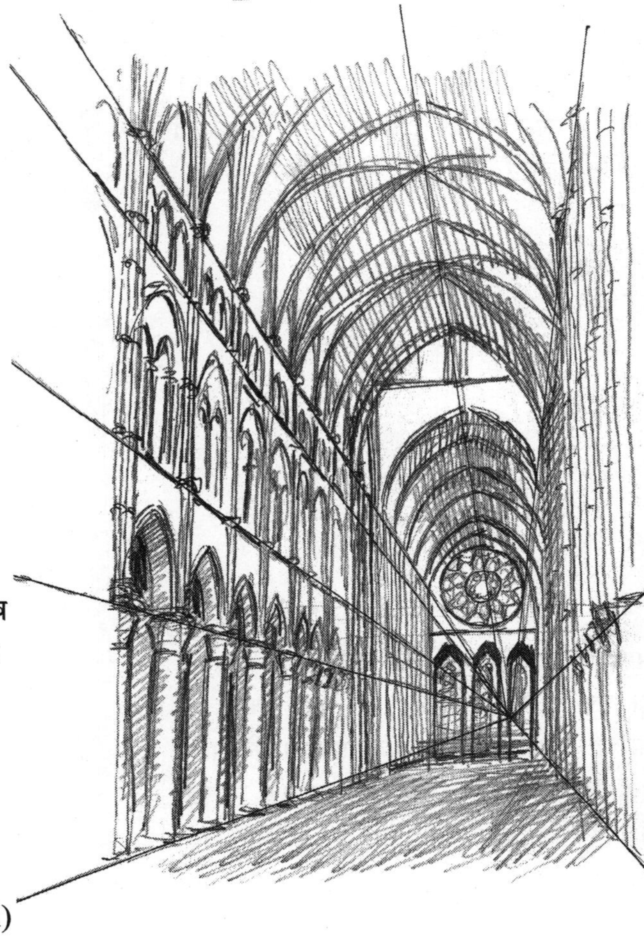

यह कमरे का चित्र आपको एक अच्छी युक्ति बता रहा है जिससे आप कमरे की संरचना उसकी पूरी गहराई और स्थान समायोजन के साथ कर सकते हैं। अब जाइए और अपने घर के किसी कमरे में बैठ कर देखिए कि वे कल्पित रेखाएं जो आपके दृष्टि-स्तर (Eye Level) पर हैं कहां एक दूसरे को काट रही हैं। यह पर्सपैक्टिव का Vanishing Point है। जहां कोई रेखा जो खड़ी या पड़ी नहीं है जाकर इसी बिन्दु पर मिल जाएगी।

अगर चित्र में फनीर्चर रखा होता है तो वह भी इन नियमों के हिसाब से ड्रा किया जाता। इस चित्र में एक मध्यकालीन चर्च का आन्तरिक भाग चित्रित है। जो यह दिखाता है कि एक बिन्दु दृश्य रूप (One Point Perspective) कैसे काम करता है। यहां तक कि इस असाधारण इमारत में भी। मैंने जानबूझकर इस चित्र में कोई फर्नीचर ड्रा नहीं किया है। ताकि आप खुद देख सकें कि पर्सपैक्टिव की रेखाएं जो छत पर, फर्श पर, दीवारों पर या अन्य स्थानों पर हैं जा कर एक ही बिन्दु पर मिलती हैं, जो हमारा दृष्टि-स्तर (Eye Level) और देखने का बिन्दु (Viewing Point) है।

दो बिन्दुओं का पर्सपैक्टिव

जब आप आउटडोर (बाहर के दृश्य) बनाते हैं तो आपको पर्सपैक्टिव का एक और आयाम सीखना जरूरी हो जाता है। क्योंकि आपको अधिक बड़े स्थानों में बनीं इमारतें आदि का चित्रण करना होता है। बड़े वाहन जैसे कार, ट्रक आदि भी आपको आकर्षित करते हैं। इसका अर्थ हुआ कि आपको दो-बिन्दुओं के पर्सपैक्टिव की आवश्यकता पड़ेगी। जो आपके लिए इमारत की सटीक ड्राइंग बनाने में सहायक होगा।

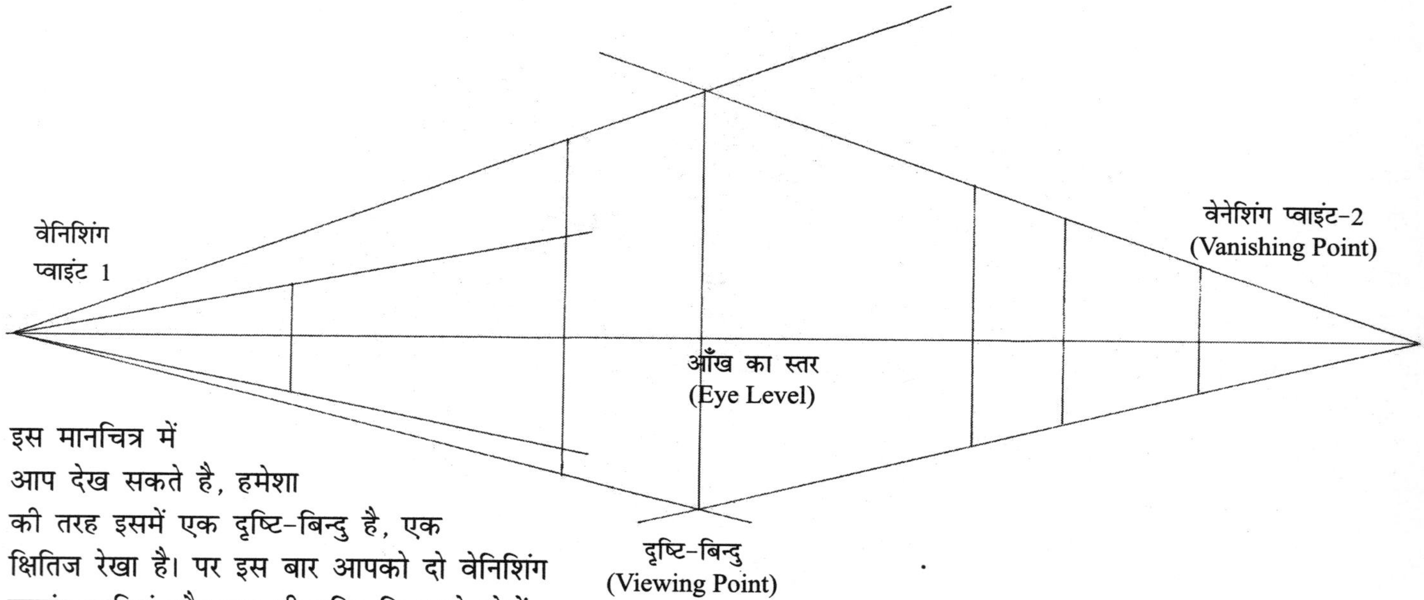

इस मानचित्र में आप देख सकते है, हमेशा की तरह इसमें एक दृष्टि-बिन्दु है, एक क्षितिज रेखा है। पर इस बार आपको दो वेनिशिंग प्वाइंट चाहिएं और वह भी दृष्टि-बिन्दु के दोनों ओर।

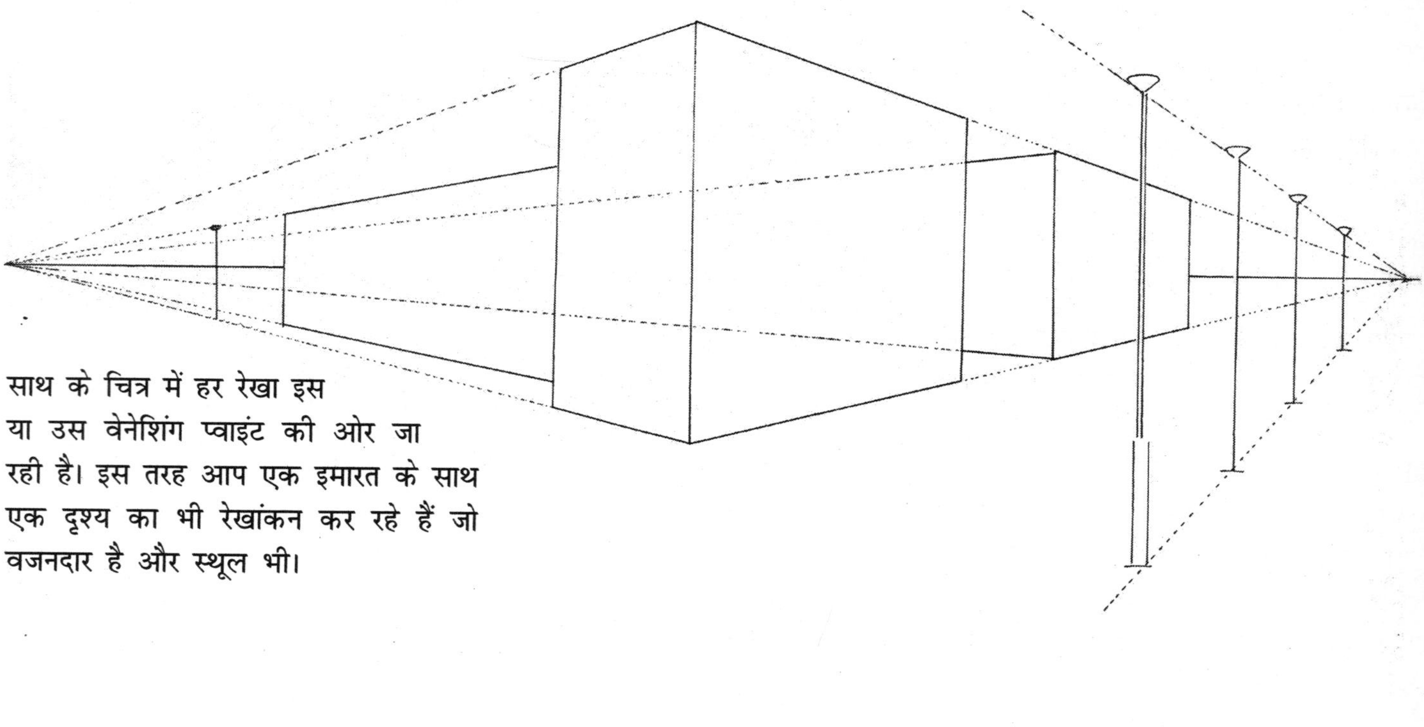

साथ के चित्र में हर रेखा इस या उस वेनेशिंग प्वाइंट की ओर जा रही है। इस तरह आप एक इमारत के साथ एक दृश्य का भी रेखांकन कर रहे हैं जो वजनदार है और स्थूल भी।

गौर करें कि जैसे-जैसे बिजली के खम्बे छोटे और छोटे होते जा रहे हैं वे आपके दृष्टि-बिन्दु (Viewing Point) से दूर होते जा रहे हैं। खम्बों का शिखर और तल दोनों से रेखाएं सीधी जा रही हैं। इमारतों की शिखर की लाइन और तल की रेखा दोनों दाएं और बाएं वेनेशिंग प्वाइंट -1 और वेनेशिंग प्वाइंट-3 पर मिल रही हैं। यही नियम सभी खिड़कियों पर, दरवाजों पर और फुटपाथ पर लागू होता है। मुख्य इमारत का कोना दृष्टि-बिन्दु (Viewing Point) पर आकर रुकता है उसके लंब रूप में।

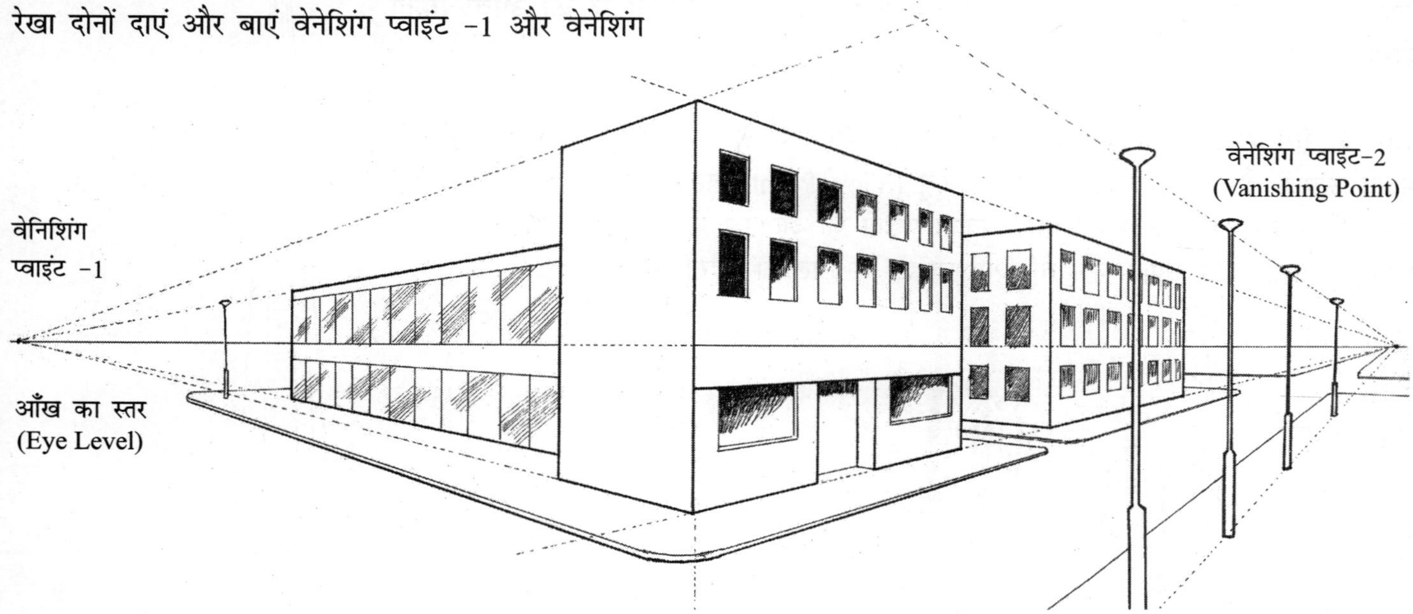

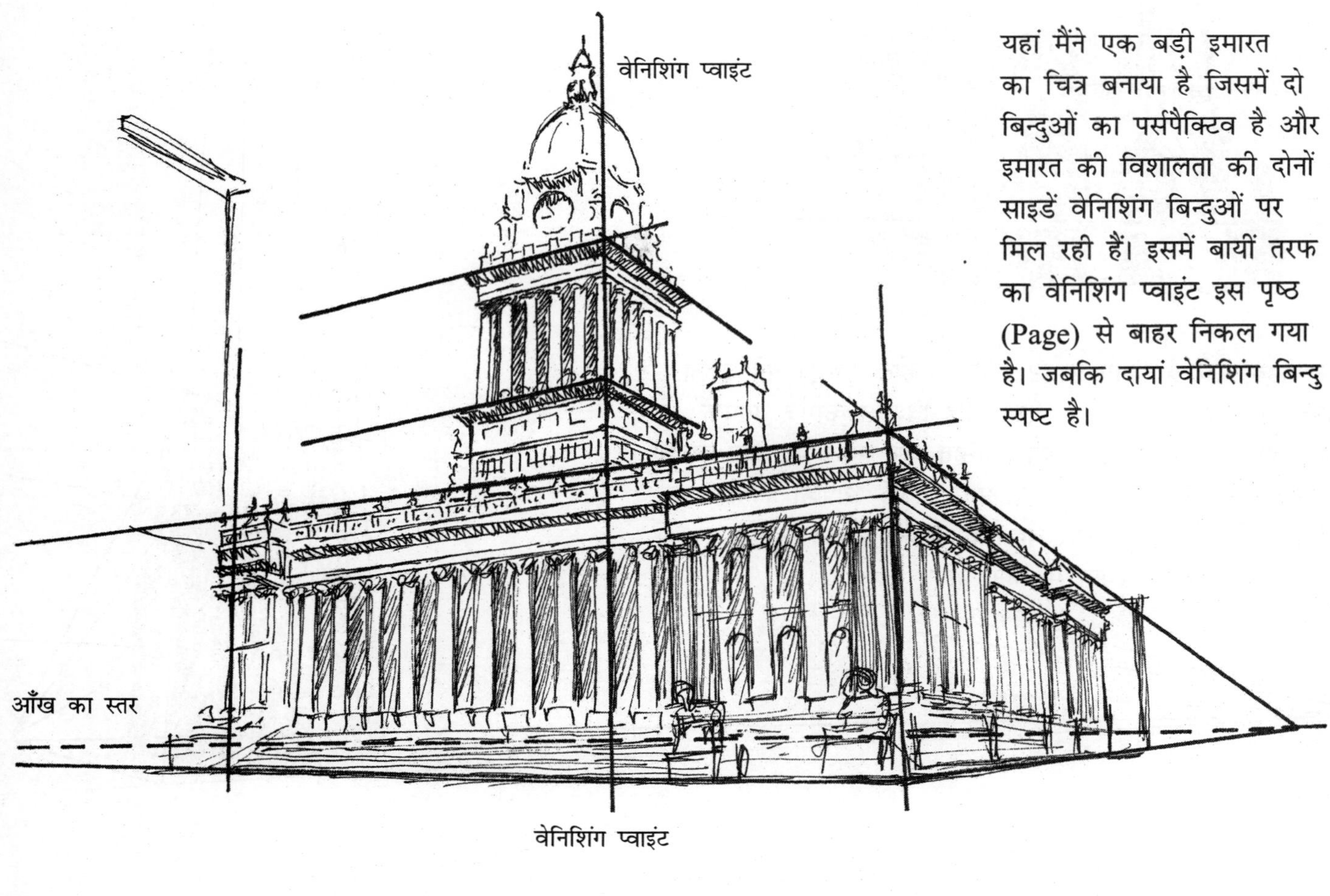

यहां मैंने एक बड़ी इमारत का चित्र बनाया है जिसमें दो बिन्दुओं का पर्सपैक्टिव है और इमारत की विशालता की दोनों साइडें वेनिशिंग बिन्दुओं पर मिल रही हैं। इसमें बायीं तरफ का वेनिशिंग प्वाइंट इस पृष्ठ (Page) से बाहर निकल गया है। जबकि दायां वेनिशिंग बिन्दु स्पष्ट है।

तीन-बिन्दु पर्सपैक्टिव (Perspective)

एक और दो बिन्दु पर्सपैक्टिव की आवश्यकता आपको विशाल भवनों में पड़ती है। किन्तु ऊंची इमारतों की ड्राइंग बनाने में आपको तीन-बिन्दु पर्सपैक्टिव की आवश्यकता होगी।

फ्रांस के रीम शहर का यह गिरजाघर तीन-बिन्दु पर्सपैक्टिव का एक नमूना है। इमारत की महती ऊंचाई और यह सच्चाई कि दृष्टि बिन्दु (View Point) बेहद नजदीक है इसलिए एक तीसरे तीन-बिन्दु पर्सपैक्टिव की आवश्यकता पड़ेगी जो आकाश में कहीं है, और गिरजाघर के ऊपर है। सभी खड़ी रेखाएं एक वेनिशिंग प्वाइंट पर मिलेंगी। (देखें चित्र)

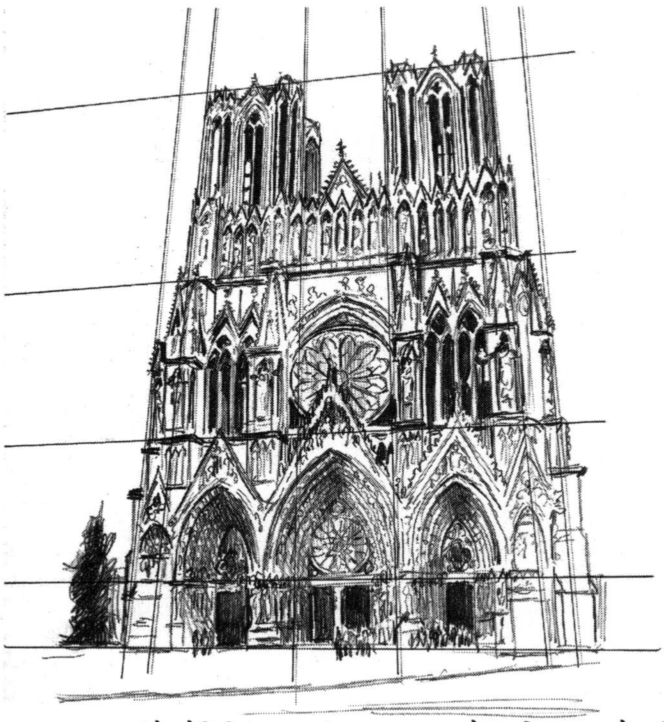

एक बहुत ऊंचे वेनिशिंग प्वाइंट (अदृश्य होता बिन्दु) को ढूंढ़ना वास्तव में कठिन है, क्योंकि ऐसा कोई विशाल कागज आपके पास नहीं है जिस पर आप इसे चिन्हित कर सकें। पर आप इसका कार्यान्वन अवश्य देख सकते हैं। अगर वाकई आपको इतनी ऊंची इमारत बनानी पड़ जाए और वह भी अत्यन्त निकट से तो आपको यही तरीका प्रयोग में लाना होगा।

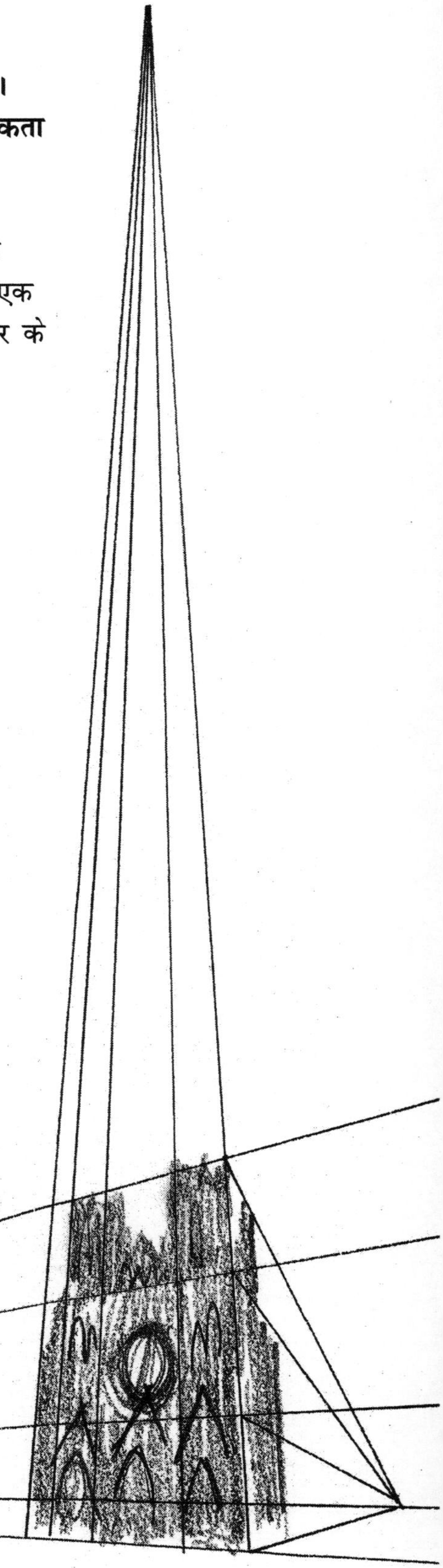

पर्सपैक्टिव का प्रयोग

अब हमें देखना है कि जब आप दृश्यों (Landscapes) का चित्रण कर रहे हों तो पर्सपैक्टिव का कैसे प्रयोग करेंगे। एक ही दृश्य के यहां तीन अलग-अलग दृश्य प्रस्तुत किए जा रहे हैं। जो सड़क से संलग्न हैं। हर दृश्य आपको पक्षी-अभ्यारण्य के एक निरीक्षण-खोके तक ले जाएगा।

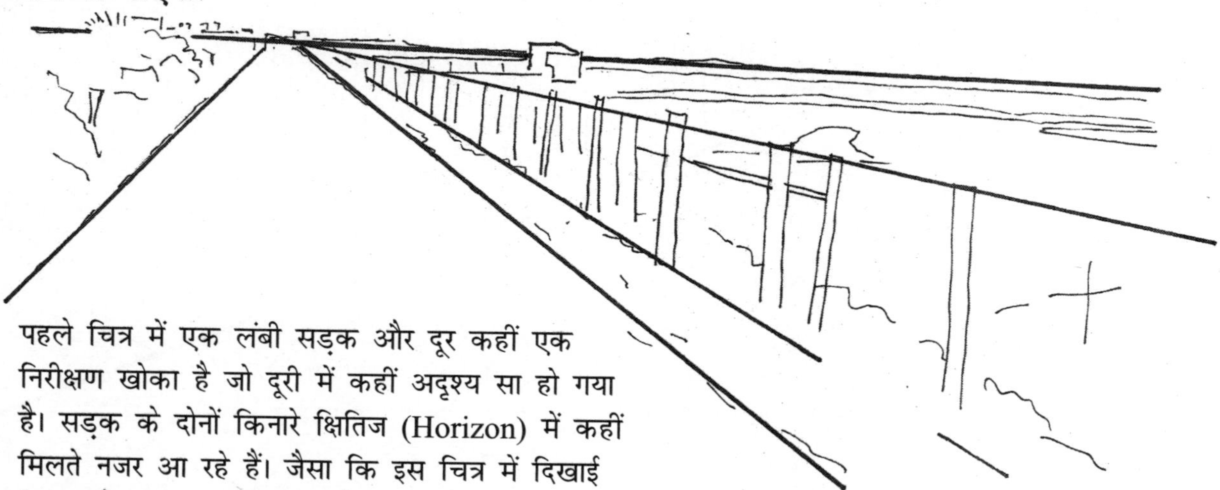

पहले चित्र में एक लंबी सड़क और दूर कहीं एक निरीक्षण खोका है जो दूरी में कहीं अदृश्य सा हो गया है। सड़क के दोनों किनारे क्षितिज (Horizon) में कहीं मिलते नजर आ रहे हैं। जैसा कि इस चित्र में दिखाई दे रहा है। यह एक बिन्दु पर्सपैक्टिव का अच्छा अभ्यास है।

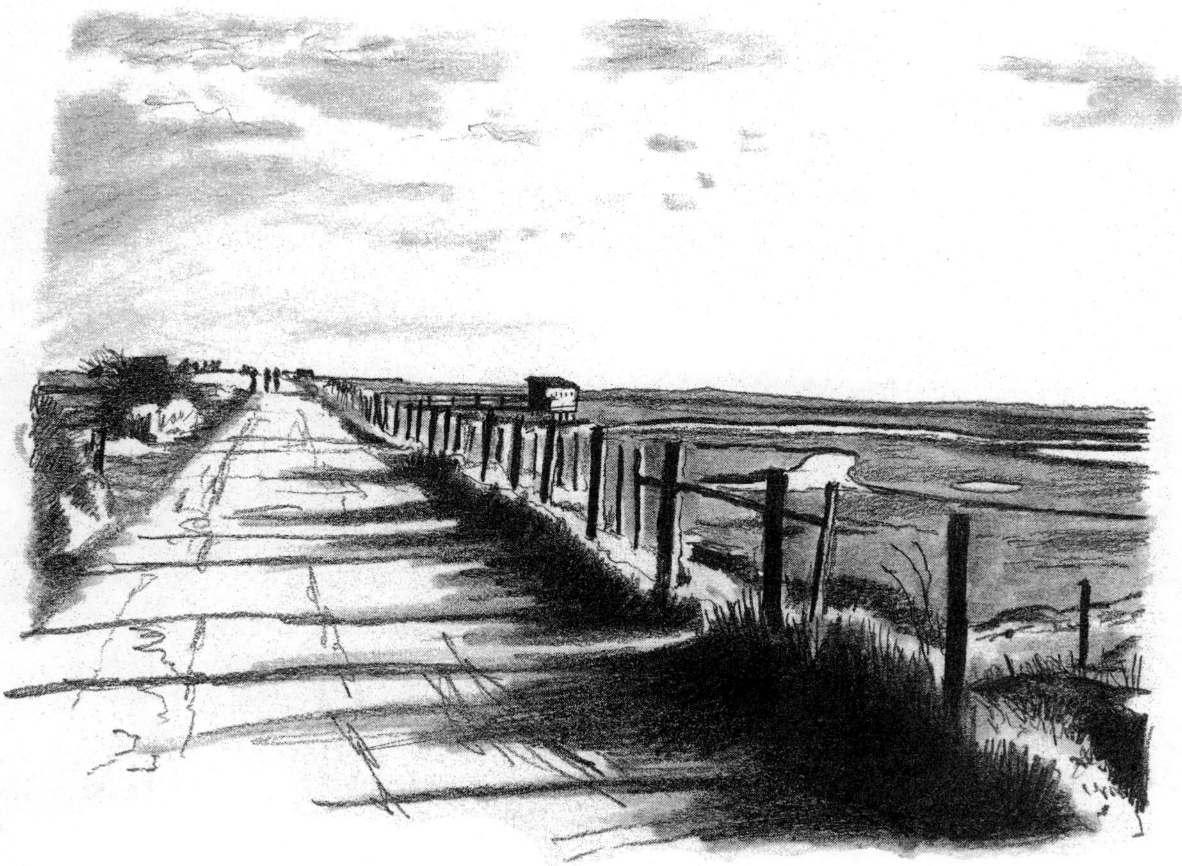

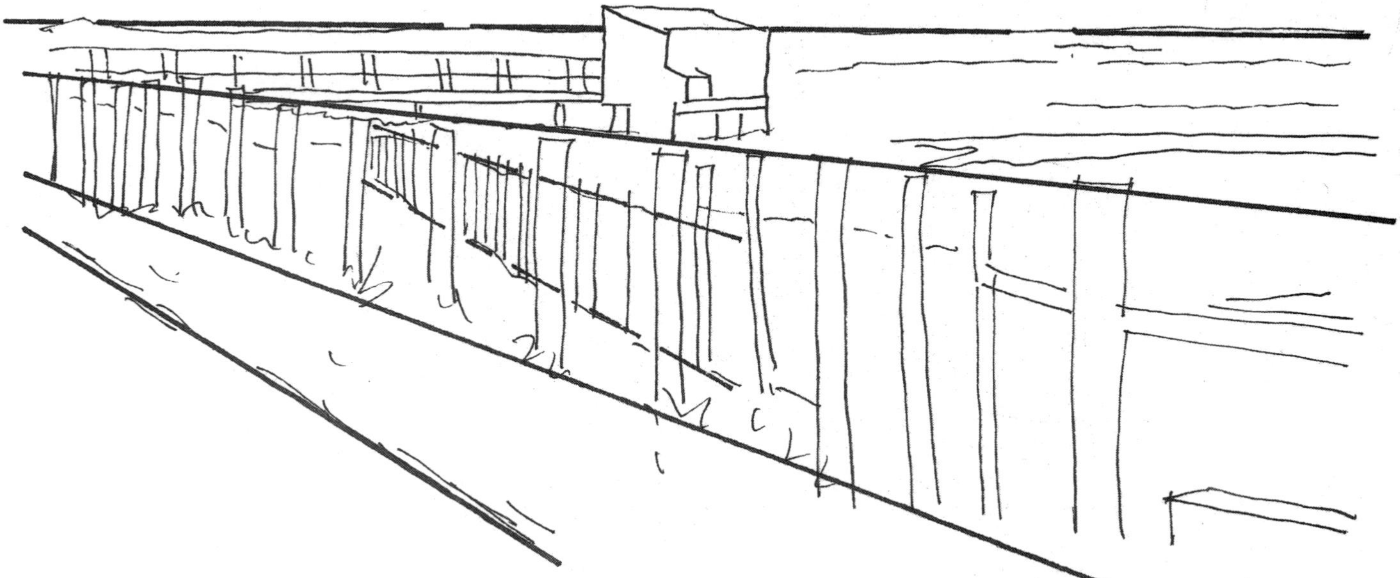

इस चित्र में हम निरीक्षण खोके के ज्यादा निकट पहुंच गए हैं। अब दो-बिन्दु पर्सपैक्टिव के ज्ञान का लाभ हमें मिलने वाला है। हालांकि यह आंशिक रूप से ही नोटिस में आ रहा है, क्योंकि खोके की मुख्य रेखा को अभी एक-बिन्दु पोर्सपैक्टिव की आवश्यकता है।

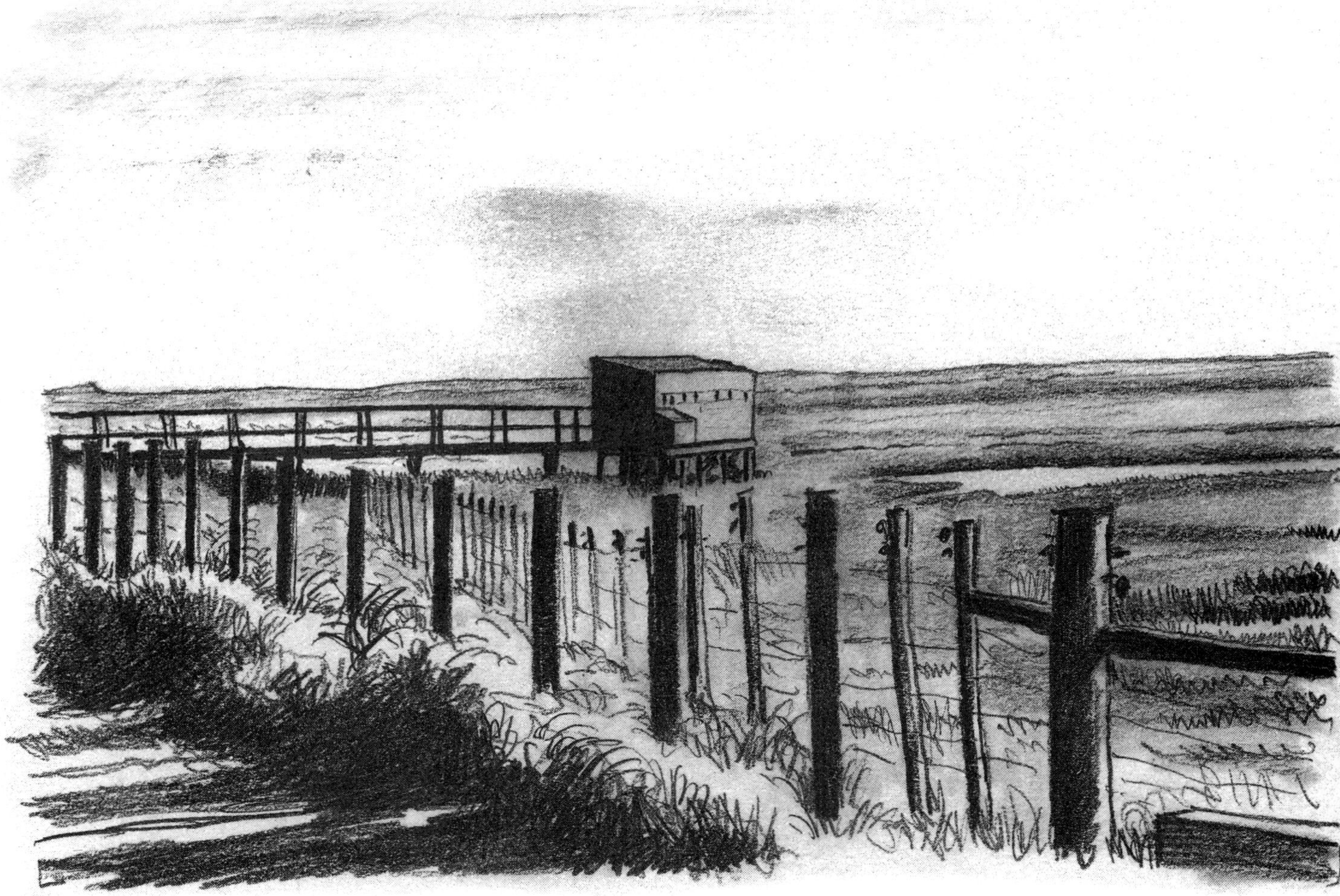

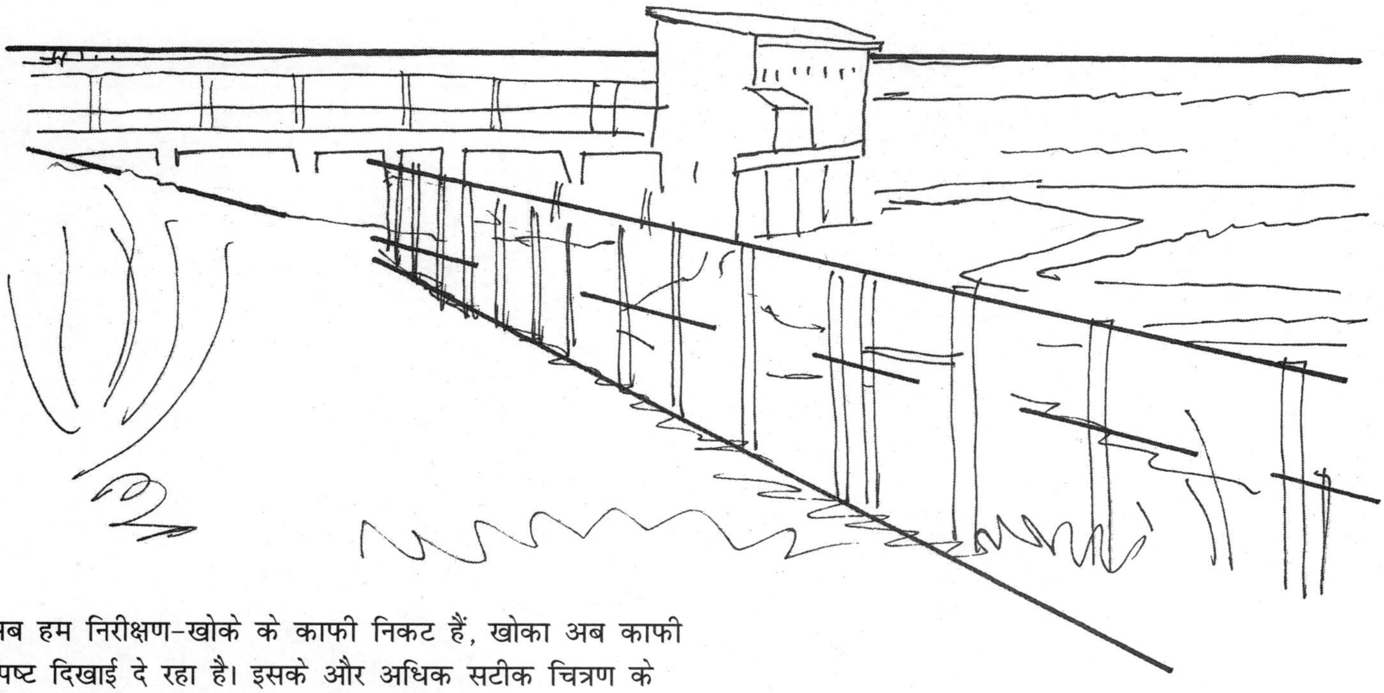

अब हम निरीक्षण-खोके के काफी निकट हैं, खोका अब काफी स्पष्ट दिखाई दे रहा है। इसके और अधिक सटीक चित्रण के लिए हमें दो-बिन्दु पर्सपैक्टिव की आवश्यकता पड़ेगी।

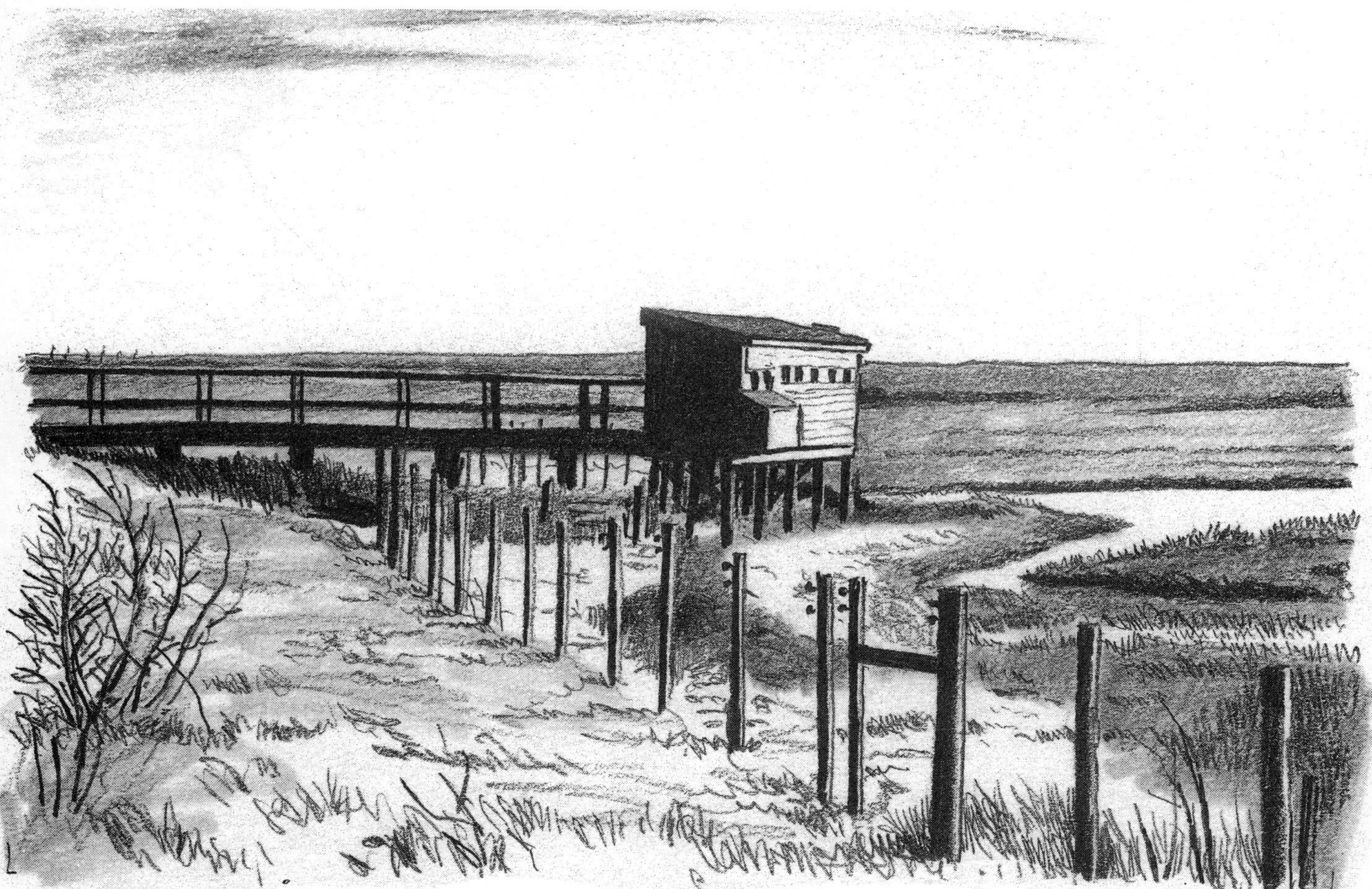

यहां दो दृश्य हैं जिनमें यह देखना आसान है कि कैसे पर्सपैक्टिव वस्तुओं के रेखांकन में (जो कि हमसे अलग-अलग दूरियों पर रखीं हैं, और सबका साइज एक है) अपनी आवश्यकता हमें महसूस करा रहा है।

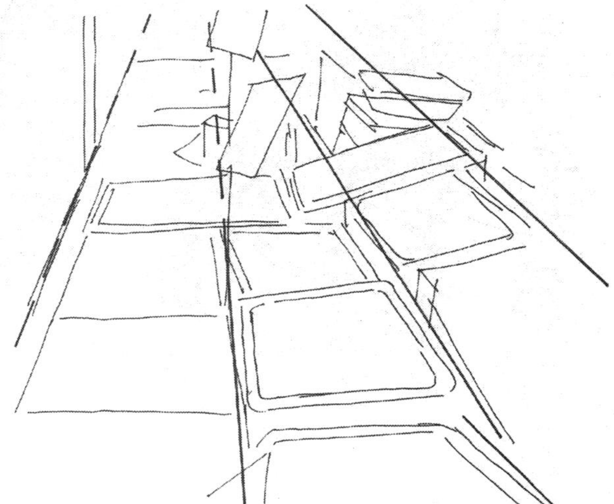

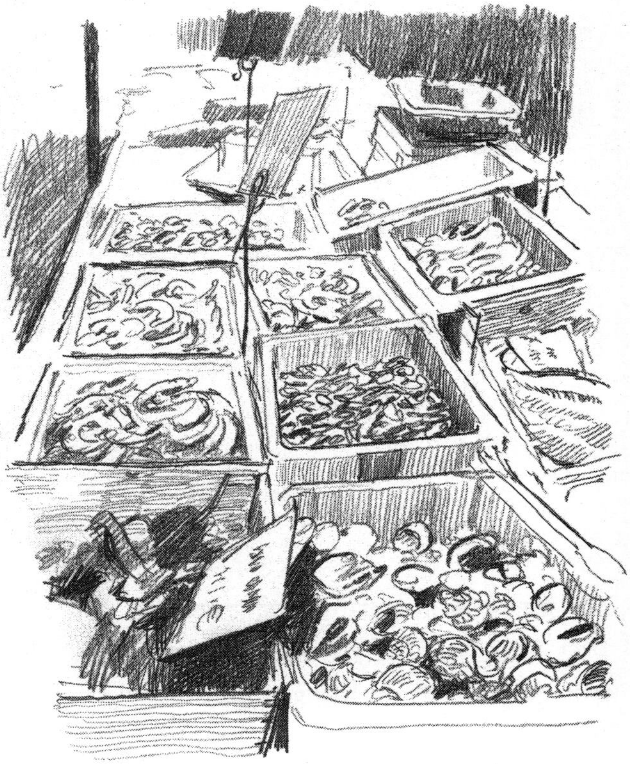

पर्सपैक्टिव का प्रयोग केवल मेज पर ही नहीं प्रयोग किया गया है, बल्कि बाजार के उन बक्सों पर भी किया गया है, जिनमें मछलियां, शैलफिश आदि रखे हैं।

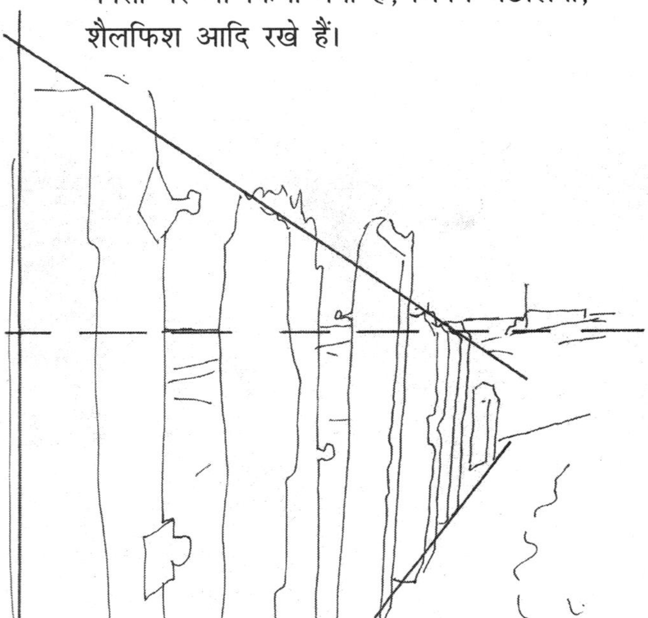

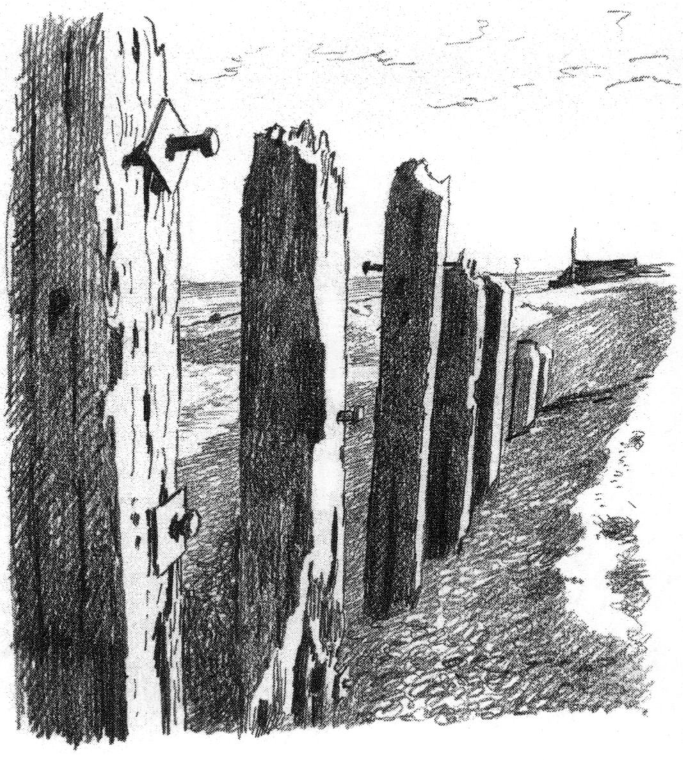

यहां तक कि जल के किनारे पर लगे इन खम्बों पर हमारा दृष्टिबिन्दु समुद्र-तट (Beach) के दृश्य में गहराई प्रदान कर रहा है।

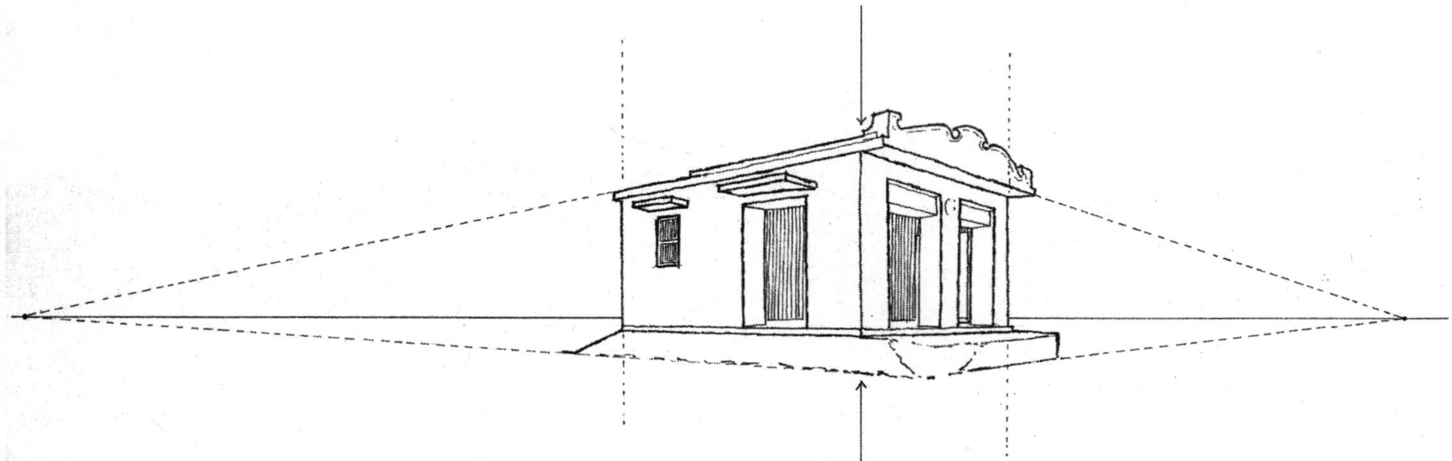

अब हम रेखांकनों (Drawing) की एक श्रृंखला पर ध्यान देंगे जो हमें दो-बिन्दु पर्सपैक्टिव के प्रयोग द्वारा इमारतों को सटीकता से चित्रित करने में सक्षम बना देगा। यह वास्तुकला (Architecture) के लिए काफी लाभदायक है। अगर आप विशाल इमारतों की ड्राइंग बना रहे है, तो पर्सपैक्टिव का यह रूप निश्चय ही आपके काम आएगा।

यह सादा सी निर्मिति भारत में है जिस पर पेन्ट किया गया है और उस पर विज्ञापन बनाए गए हैं। आप इसमें क्षितीजीय रेखा देख सकते हैं जो भवन के पीछे से गुजरती है। और पर्सपैक्टिव की रेखाएं जो दृष्टि-स्तर (Eye Level) के उच्चतम और निम्नतम बिन्दुओं से खीचीं गई हैं। यहां दृष्टि स्तर (View Point) भवन के कोने की लंबी रेखा पर है। इसी लंबी रेखा से पर्सपैक्टिव की रेखाएं वेनिशिंग प्वाइंट से जा मिलती हैं जो क्षितिज रेखा (Horizon Line) के दोनों छोरों पर स्थिति हैं। भवन के दोनों ओर की समानान्तर (Parallel) रेखाएं इन्हीं दो वेनेशिंग प्वाइंट पर जा मिलेंगी। बाकी रेखाएं क्षितिज रेखा के 90% के कोण पर आकाश में कहीं जा रही हैं।

इस ड्राइंग के बारे में वेनिशिंग प्वाइंट दृष्टि बिन्दु (View-Point) के निकट है, इसका अर्थ है कि आप दृष्टि बिन्दु से इमारत की दूसरी साइडें भी देख पा रहे हैं।

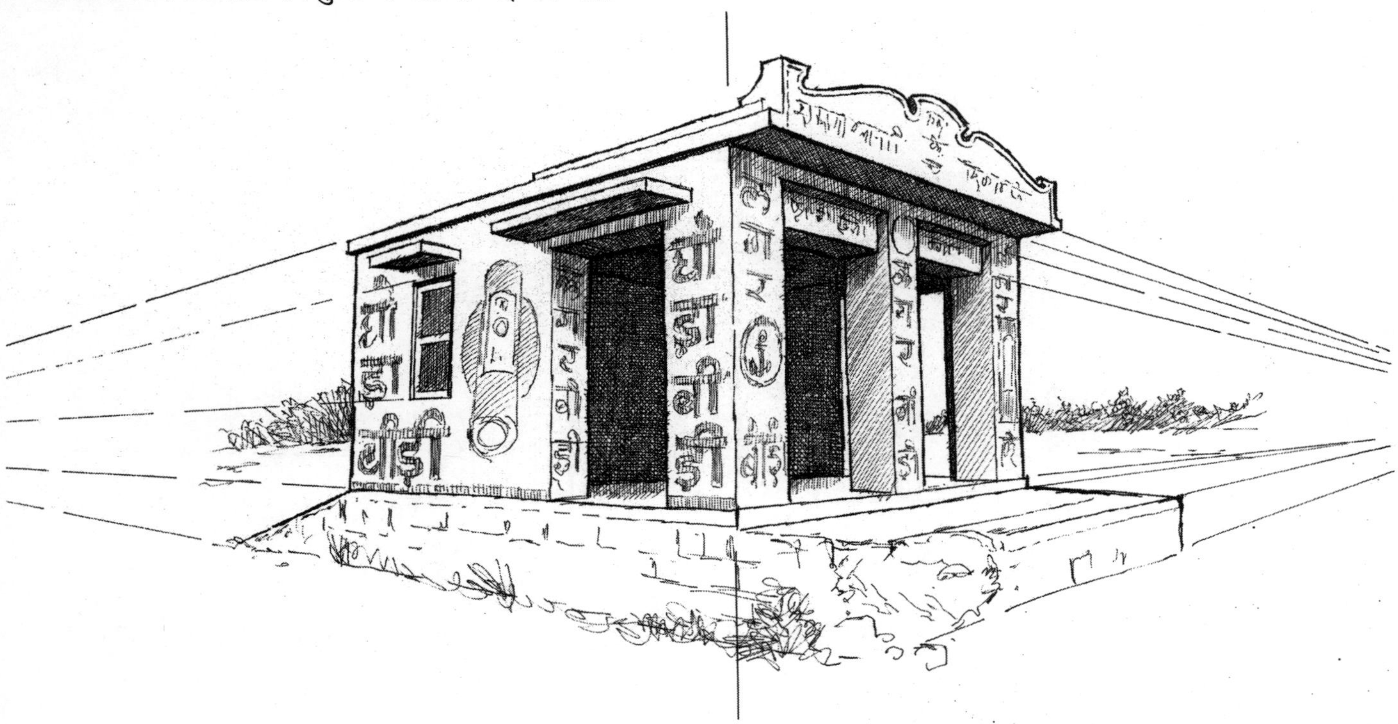

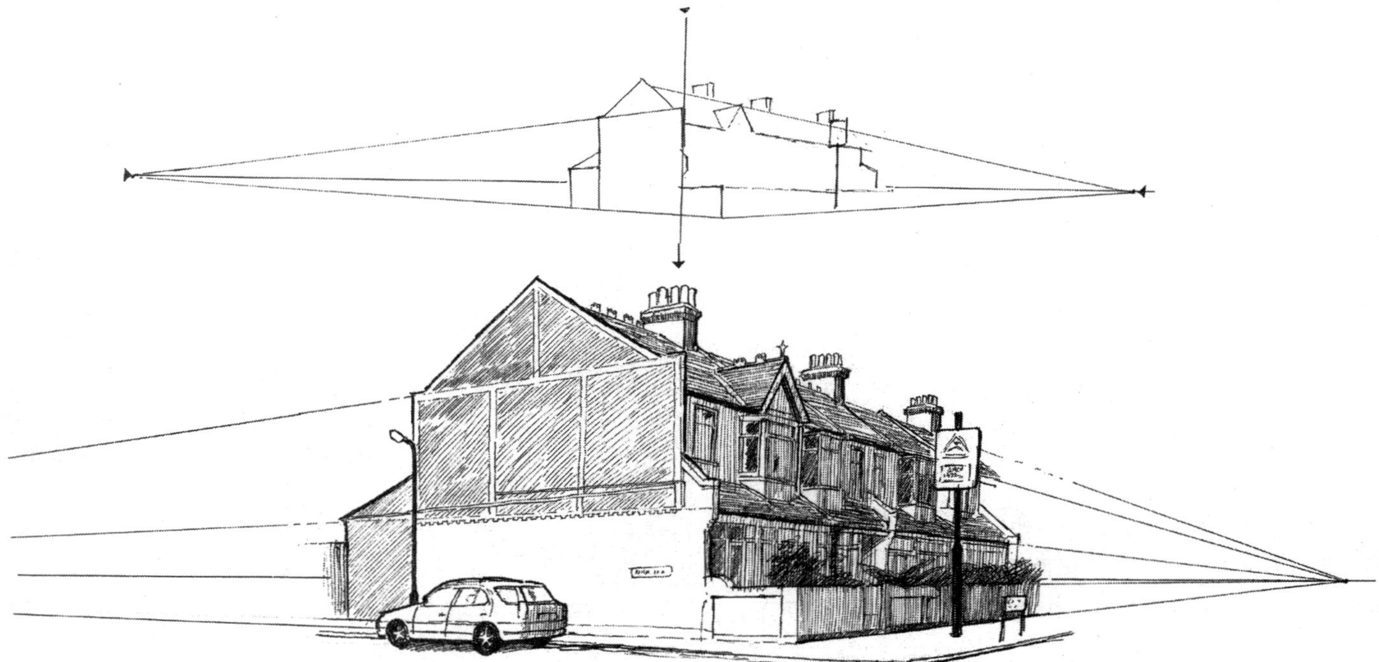

यह रेखांकन जरा जटिल है, क्योंकि यह एक उपनगर के घर का चित्र है जो गली के कोने पर स्थित है। और इसमें कई जटिल संरचनाएं हैं जिन पर ध्यान दिया जाना है। पर हिचकिचाइए मत, क्योंकि इन्हें जिन कोणों से बनाया गया है आवश्यक नहीं कि उन्हें सटीकता से डिटेल में बनाया जाए। भवन का मुख्य भाग डिटेल में है, अगर आप इसे ढंग से बना सके तो बाकी का भवन अनुपात में और सटीक दिखेगा।

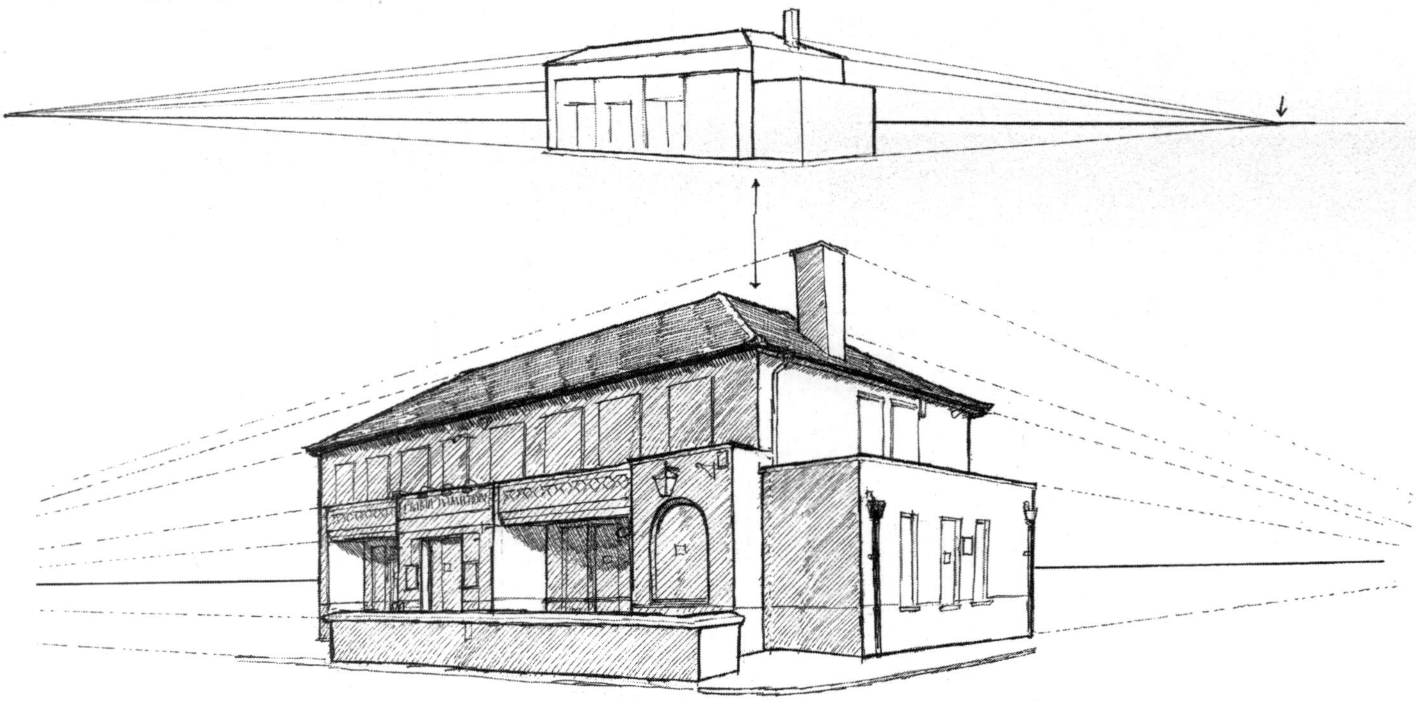

इस ड्राइंग में जो कि एक 'पब्लिक हाउस' हैं इमारत का घना (Bulk) भाग काफी सरल है और इसमें अधिक सूक्ष्म (Detail) संरचनाएं नहीं हैं। एक बार फिर इसमें दो वेनिशिंग प्वाइंट हैं और दृष्टि-बिन्दु (Viewing Point) इमारत का कोना है जो दर्शक के निकट है।

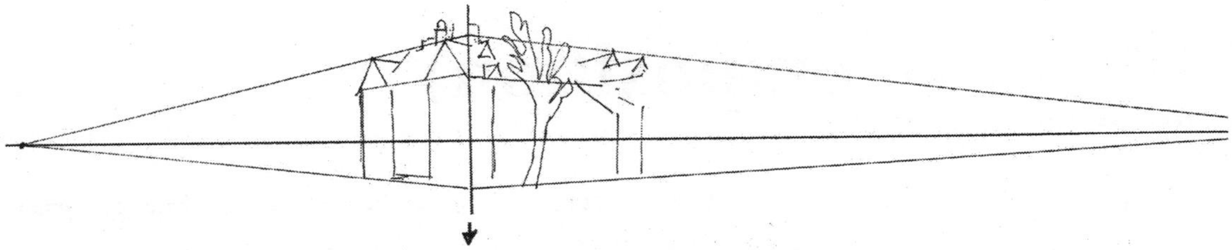

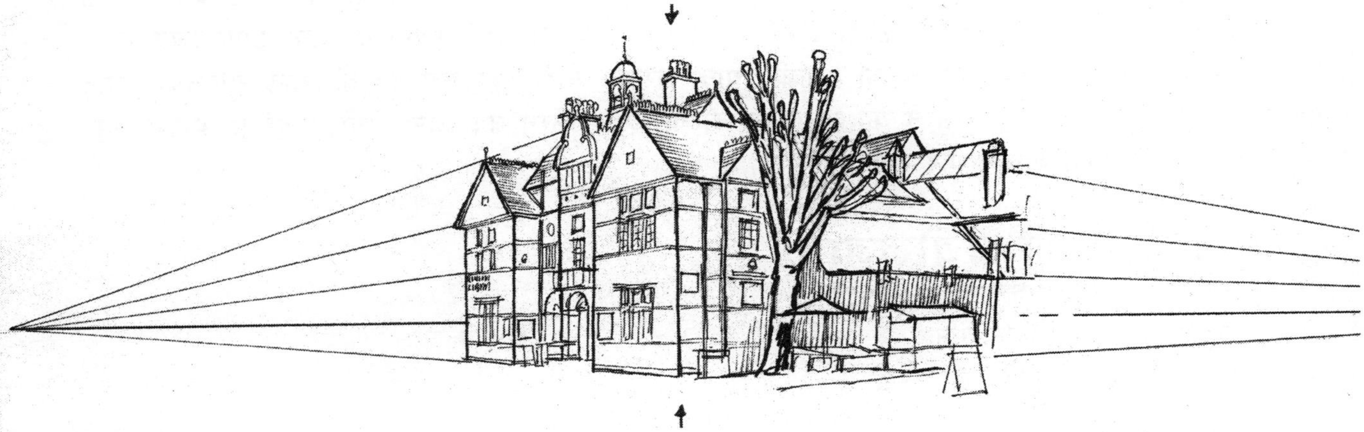

अब एक जटिल इमारत–एक विक्टोरियन पुस्तकालय है। जिसमें निर्माण की बहुत सी सूक्ष्मताएं हैं (Details) पर पर्सपैक्टिव के नियम तो इस इमारत पर भी वैसे ही हैं जैसे सब पर। जब आप इस जैसी इमारत का चित्रण करें, तो घबराएं नहीं, बस नियमों का स्मरण रहे और इमारत की ड्राइंग को अपने हिसाब से व्यवस्थित करें। पर्सपैक्टिव के बारे में ज्यादा सख्त न बनें, जब तक कि आप ड्राइंग किसी आर्कीटेक्ट (Architect) या इंजीनियर के लिए न बना रहे हों।

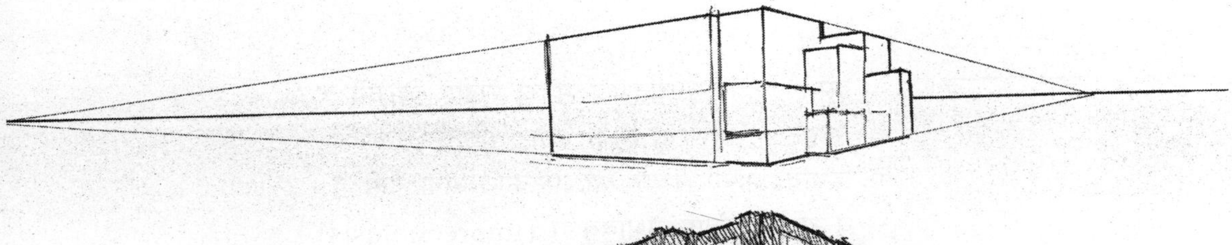

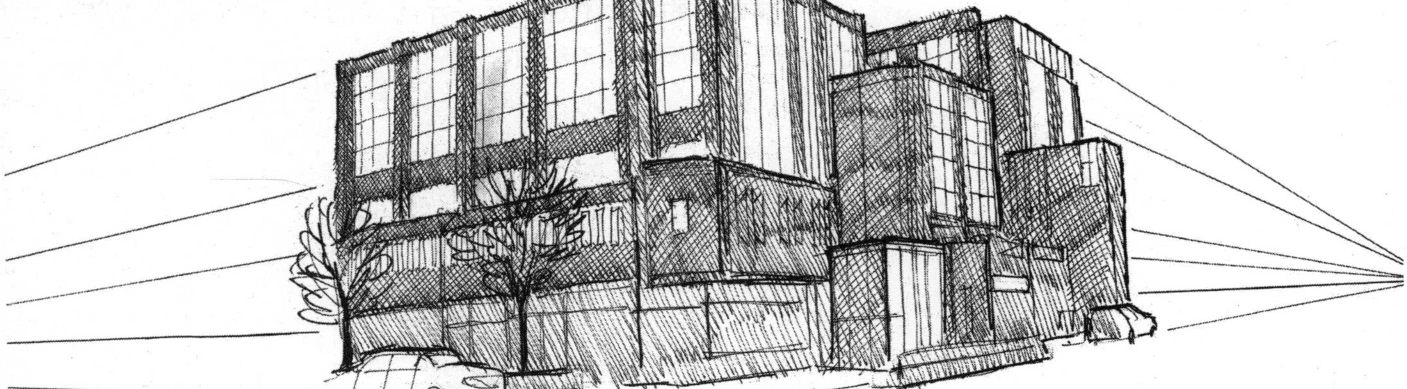

यहां एक आधुनिक भवन के ढांचे का चित्र है जो गली के एक कोने पर स्थित है। भवन में अलग-अलग ब्लॉक नजर आ रहे हैं जिनमें बड़ी बड़ी खिड़कियां हैं। पहली ड्राइंग की तरह (जो पिछले पृष्ठ पर है) काफी सरल और सीधी है। आप पाएंगे कि पर्सपैक्टिव ने इमारत की विशालता को कितना उजागर किया है।

अध्याय–6

संयोजन (Composition)

जब चित्रों की संयोजना बनानी हो तो इसके कोई सुनिश्चित नियम नहीं हैं, जिनका पालन आपको करना है। ज्यादा निश्चित बात तो यह है कि आप चित्र में प्रभाव देने की तरफ ध्यान दें। यदि आप चित्र में नाटकीयता देना चाहते हैं या शान्ति, तो इसकी ज्यादा परवाह करें। यहां संयोजन की कुछ युक्तियां बताई गई हैं जो आपको ड्राइंग शुरू करने को उत्साहित करेंगी। शुरू करने का बिन्दु देंगी, जहां से आरंभ कर आप अपने तरीके से रेखांकन कर सकेंगे।

आकृतियों की संयोजना

पहली आकृति (Diagram) को मैंने चतुर्भुज पर एक पड़ी और एक खड़ी रेखा खींचकर चार भागों में बांट दिया है। अगर आप अपने विषय को कागज के एक केन्द्र में रखें और बाकी सहायक विषय उसके चारों ओर व्यवस्थित करें तो आप एक व्यवस्थित केन्द्र में स्थापित विषय का चित्र पा जाएंगे।

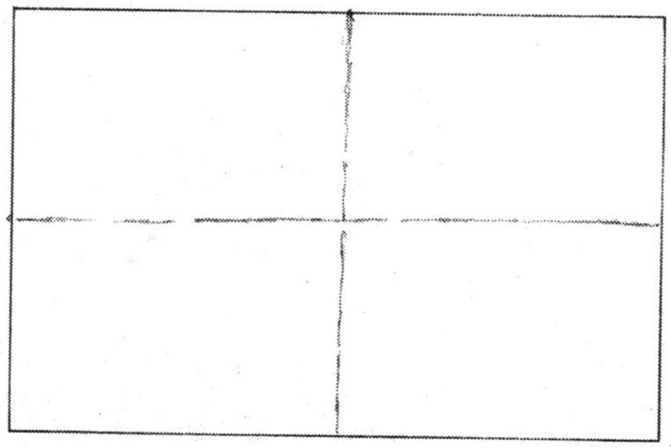

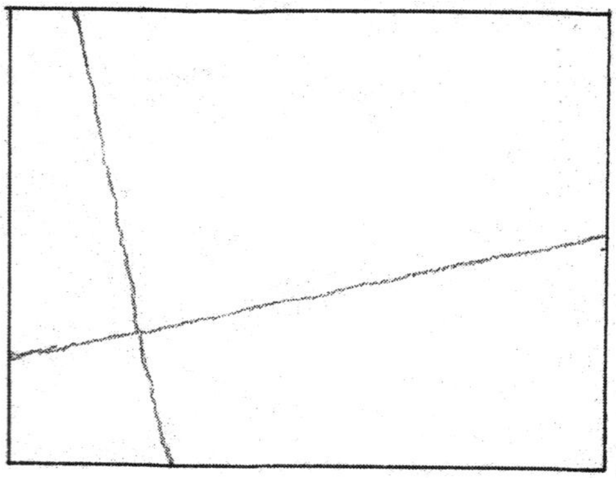

इस आकृति में चतुर्भुज में दो रेखाएं विचित्र स्थिति में एक दूसरे को काट रही हैं। यह स्थिति आपके चित्र को नाटकीय बना देती है। ये बेढंगी रेखाएं प्रभाववादी (Impressionists) चित्रकारों की याद दिलाती हैं। इसका संयोजन जापानी प्रिन्टों की तरह है।

एक केन्द्रीय संयोजन जिसमें उठा हुआ क्षितिज है, इससे दूरी का पता चलता है और ऊंची जगह से खड़े होकर आकाश देखने जैसा है। इस आकृति से आप बड़ा दृश्य-चित्रण (Landscape) कर सकते हैं।

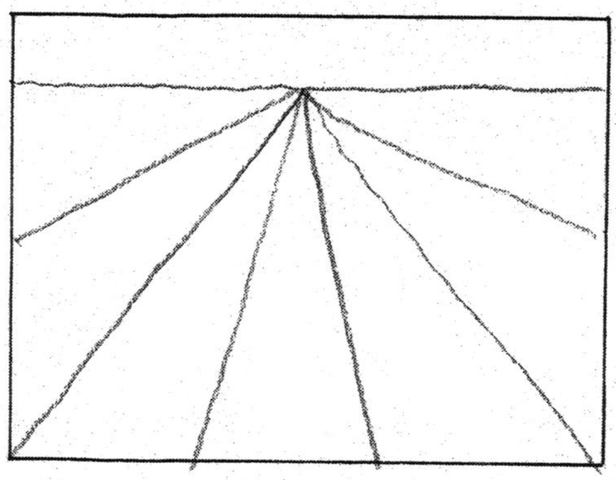

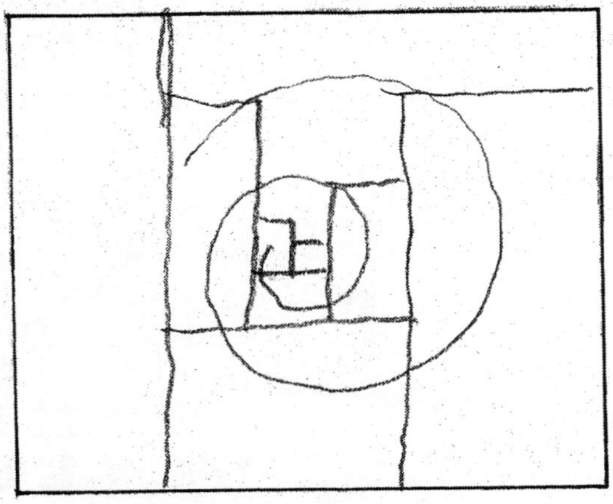

यह आकृति एक अव्यावहारिक डिजाइन है जो अन्दर की तरफ चक्करदार सीढ़ियों की तरह है, जिसमें ठोस ब्लॉक घटते-घटते केन्द्र तक छोटे होते गए हैं। अगर आप लोगों के समूह का चित्रण कर रहे हों तो यह आकृति आपके लिए मार्गदर्शक का काम करेगी।

यह आकृति लैन्डस्कैप और ग्रुप में लोगों के चित्रण के लिए काफी मददगार है। क्योंकि यह आपकी आंखों द्वारा काफी निकट से दृश्य को देख रही है। एक तरफ को कम हैं। और दूसरी तरफ दृश्य का फैलाव है। अगर आप गली का कोई दृश्य बना रहे हैं जिसमें इमारतें काफी दूर तक चली गई हैं तो यह आकृति आपको सहयोग देगी।

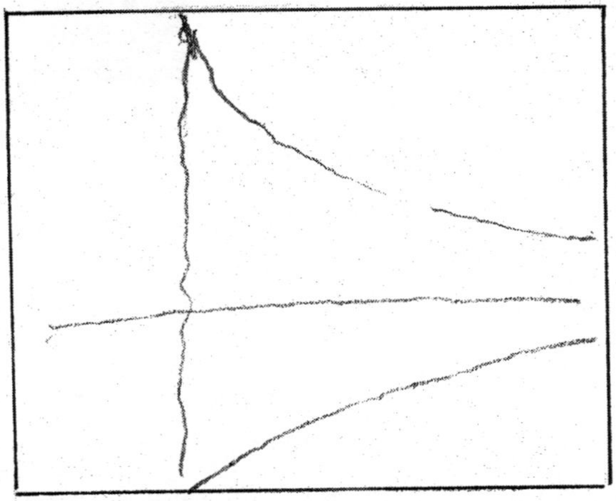

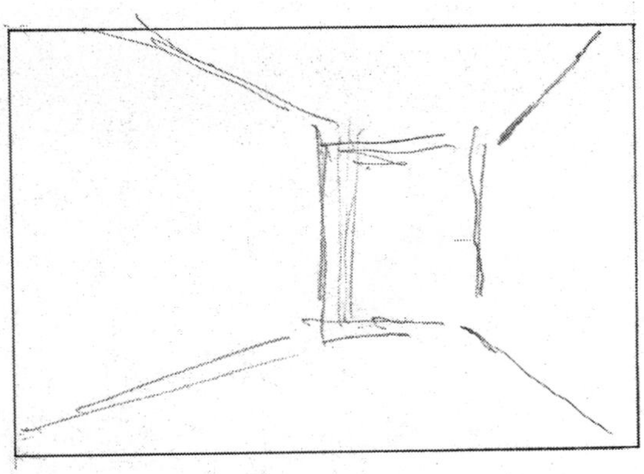

जब आप किसी इमारत का कोई कमरा चित्रित करना चाहें तो सुनिश्चित करें कि आप इसे कहां से आरंभ करना चाहेंगे, कहां पर सामने की दीवार बनाएं और कहां स्थान ज्यादा रखना है सुनिश्चित करें। यहां मैंने दायें रख कर क्षितिज रेखा को लगभग केन्द्र में रखा है। पर आप पहले सुनिश्चित करें कि आप संयोजन कैसे करेंगे।

इसमें एक त्रिभुजीय आकृति है, इसमें आप व्यक्तियों को फिट करके अच्छी संयोजना बना सकते हैं। और इसमें हलचल वाली गतिविधियां भी दिखा सकते हैं।

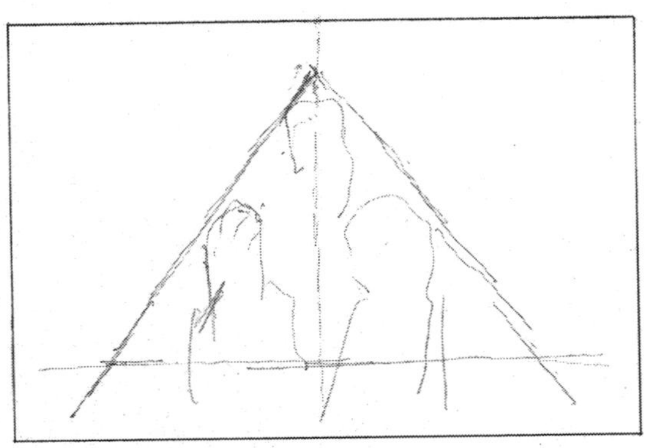

महान चित्रकारों का चित्र संयोजन

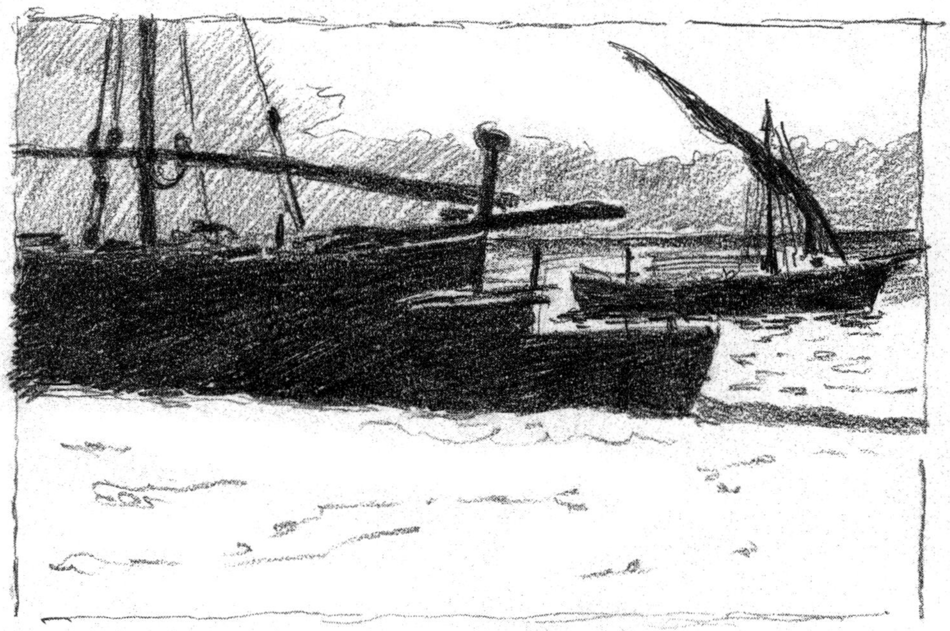

इन दो पृष्ठों पर जोन सिंगर सार्जेन्ट की कुछ संयोजनाएं हैं। पहला चित्र समुद्र-दृश्य का है जिसमें नावों का रेखांकन किया गया है जो समुद्र-तट (Beach) पर खड़ीं है, एक और नाव पानी में तैर रही है। गहरी टोन में सबसे नजदीक की नाव की टोन पूरे चित्र के आधे भाग तक चित्रित है। और समुद्र तट तथा आकाश ने बाकी की सारी जगह घेर रखी है। दूसरी नाव पानी के छोटे से हिस्से में ठुंसी हुई दिख रही है। जो समुद्रतट पर तो नहीं पर पहली नाव के निकट है। आप इसकी कल्पना कर सकते हैं कि जब सार्जेन्ट ने इसे देखा होगा तो उसके मन में आप जैसा रोमांच ही आया होगा। उसने सोचा होगा कि वह सभी नावों को चित्र में शामिल नहीं करेगा। बल्कि उसने दूर बहती नाव के फ्रेम के तौर पर मुख्य चित्र का प्रयोग किया है। इस चित्र का प्रकाश दिखलाता है कि चित्र या तो भोर का है या शाम का है।

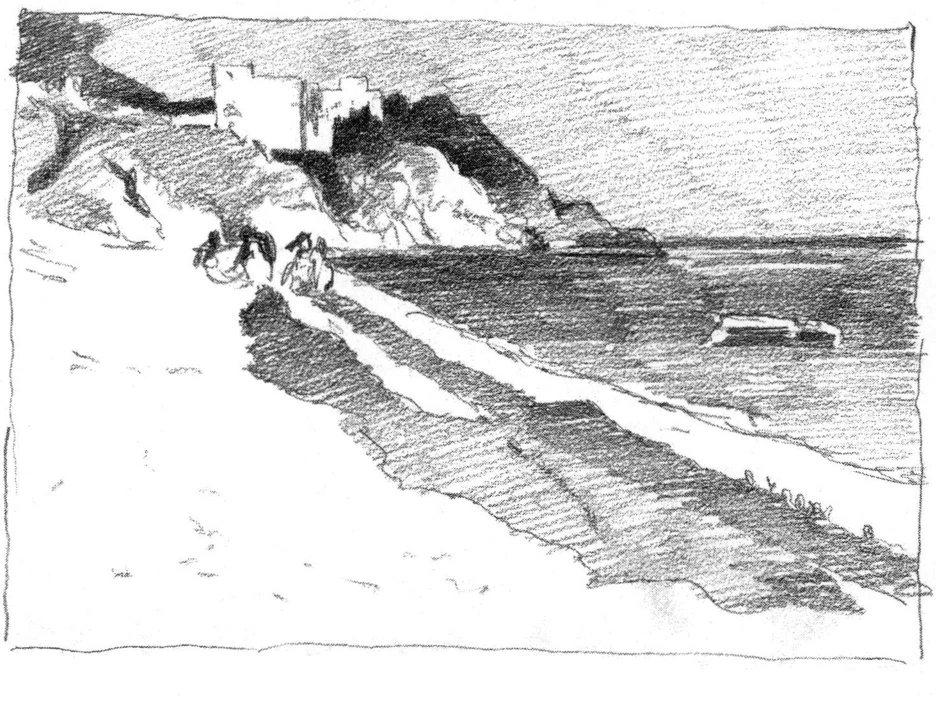

अमेरिकी आर्टिस्ट जॉन सिंगर का बनाया यह चित्र मोरक्कों के समुद्र तट का है, जिसमें मछुआरों के जाल समुद्र तट की लंबाई में रखे हैं। इसमें उसने कर्ण (Diagonal) को चतुर्भुज में डाल चित्र को दो भागों में बांट दिया है। आधा समुद्रतट तो कर्ण के एक भाग ने घेर लिया है और मछुआरों के फैले जालों से कर्ण गुजर रहा है। चित्र के शिखर पर जो निर्माण है वह समुद्र के जल में किसी जेट्टी की तरह घुस आया है। और आकाश का भी काफी बड़ा भाग घेरे हुए है। यह एक अलग तरह की संयोजना (Composition) है जो सार्जेंट के अभ्यस्त हाथों से एक क्लासिक बन गई है।

अगला उदाहरण एक छोटी आकृति का है जो संयोजना के प्रभाव को दिखाती है। जब आप चित्र को देखते हैं तब कभी-कभी सरल और दिलचस्प संरचनाएं आप नजरअंदाज करते जाते हैं, क्योंकि देखने को बहुत सी वस्तुएं होती हैं। इन संरचनाओं में कलाकार ने कुछ चीजों को रखा है कुछ को निकाल दिया है ताकि चित्र में सौन्दर्य आ सके।

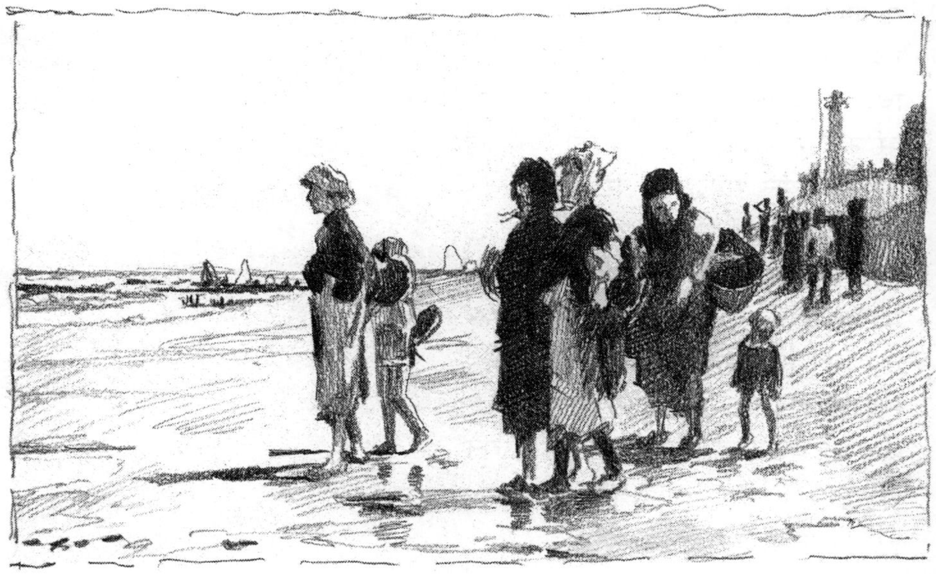

यह पहला चित्र भी सार्जेन्ट की रचना है। यह भी समुद्र तट (Beach) का ही दृश्य है। पर इस बार इसमें व्यक्तियों की हलचल है। मछुआरी औरतों का समूह आगे बढ़ रहा है संभवत: शैलफिश का शिकार करने के लिए। इसमें आकृतियां दृश्य का मुख्य स्वरूप बना रही हैं। इनके पीछे खुले समुद्र तट पर कुछ छोटी आकृतियां है और एक प्रकाश स्तम्भ (Light House) है। इस चित्र में मछुआरी औरतें किसी भी प्रकार की हलचल से अलग दिख रही हैं। वे सब की सब एक ही दिशा में बढ़ रही हैं दायीं तरफ से खुले स्थान में बायीं तरफ। स्त्रियों की आकृतियां सशक्त और गहरी हैं जो प्रकाश के विरुद्ध हैं और उनकी छायाएं तट के पानी की चादर में साफ दिख रहीं हैं। ग़ौर कीजिए कि सार्जेन्ट ने समूह में दो बच्चों को चित्रित कर समूह (Group) को जीवन्त (Alive) बना दिया है। साथ ही चित्र को संतुलित बना दिया है।

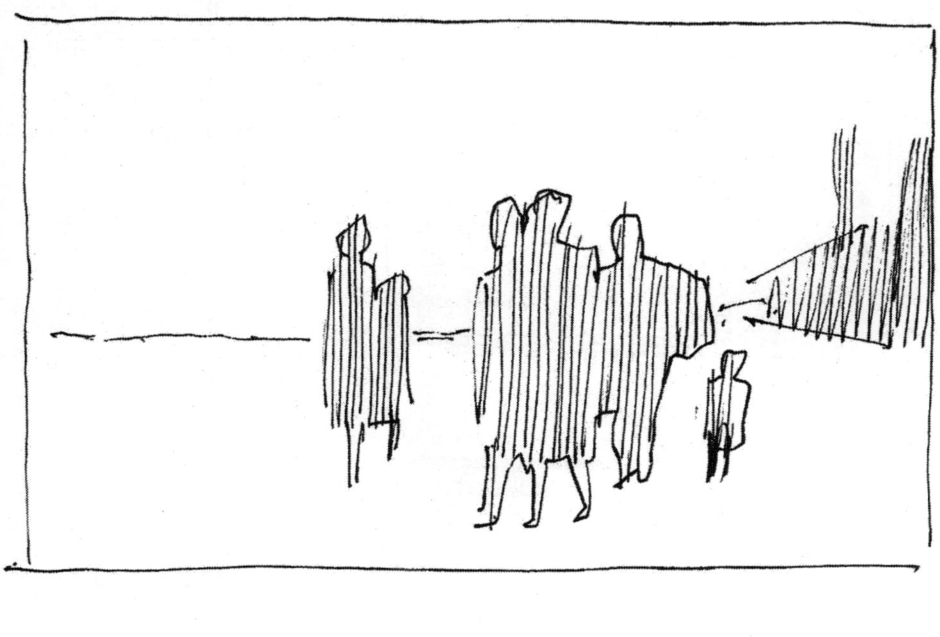

चित्र का संयोजन साफ-साफ बताता है कि आकृतियों का समूह ही समुद्र तट का मुख्य दृश्य है, बाकी सब कुछ बैकग्राउन्ड था, या खाली स्थान है।

इस दृश्य में जो कि 'जे. एम. डब्लू टर्नर' का बनाया हुआ है, मुख्य फोकस उस मजबूत किले की तरफ जाता है जो समुद्र के किनारे बना हुआ है। टर्नर ने घने बादलों का आकाश पूरे बैकग्राउन्ड में बनाया है जिससे पूरा फ्रेम सा बन गया है। उसने उछलती लहरों को भी चित्र के क्लोजअप में बनाया है जो तट पर टक्कर मार रहीं हैं। जिनकी चंचलता आपका ध्यान समुद्र-तट पर बने किले पर ले जाती है। स्थान की तुलना में किलेबन्दी छोटी है, लेकिन टर्नर की योग्यता ने चित्र को ऐसा बनाया है कि आपका ध्यान किलेबन्दी की तरफ निश्चय ही जाए। उसने इसीलिए उसे केन्द्र में बनाया है, जो अद्भुत है। उसने इस दृश्य से अपनी बात पर जोर दिया है।

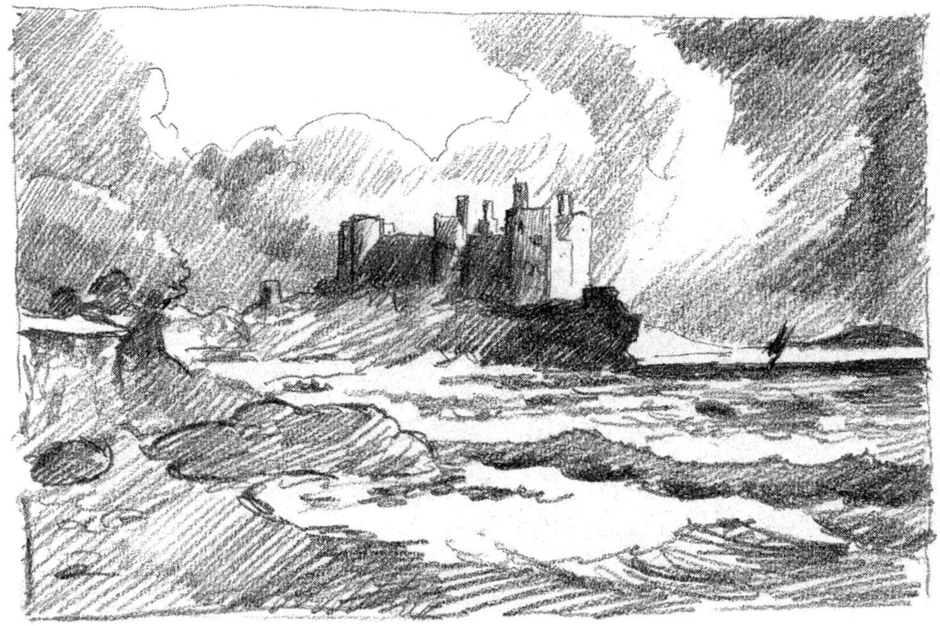

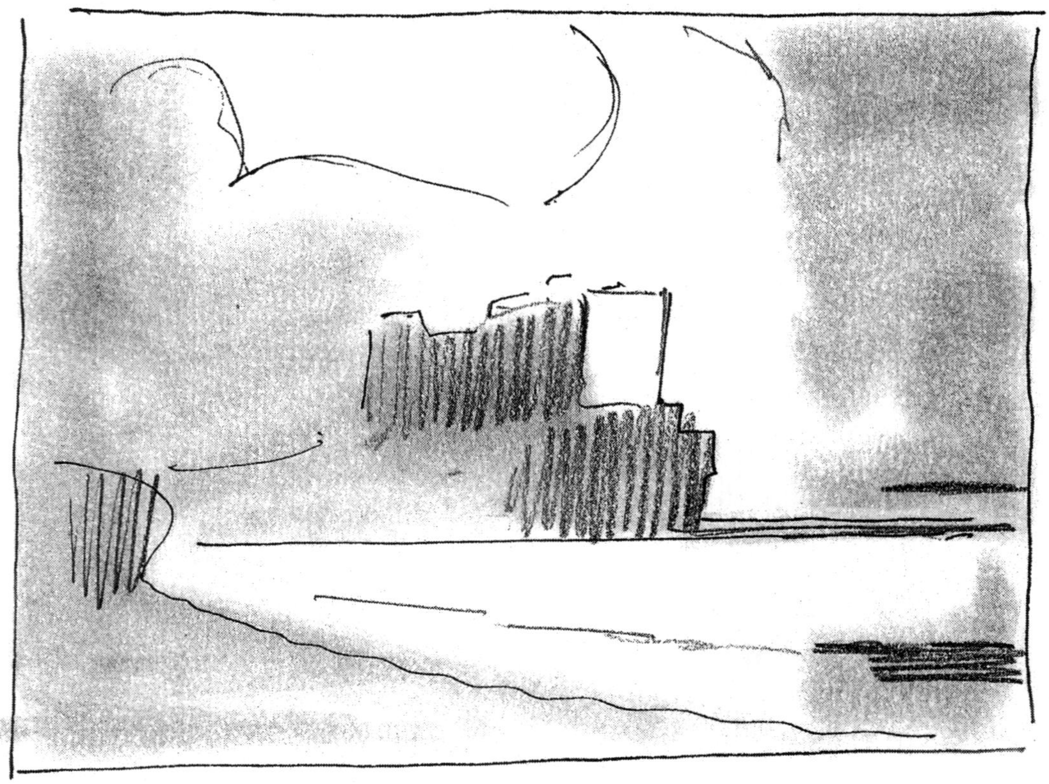

इस चित्र में आप देख सकते हैं कि किला कितने छोटे स्थान पर चित्रित है, पर आकाश और समुद्र ने एक तरह से किले के लिए चौखटे (Frame) का काम किया है ताकि टर्नर वहां दर्शकों की दृष्टि ले जाए, जहां वह चाहता है।

अब हम 'पाल सेजाने' के एक वस्तु चित्रण को लें। जिसमें दो बर्तन हैं, एक जग है, कुछ फल हैं एक चादर है जिसे मेज पर बिछाया गया है। इन वस्तुओं के चारों ओर 'सेजाने' ने काफी स्थान दिया है और सफेद जग ने एक अन्तर्विरोध (Contrast) पैदा किया है; बर्तन, कपड़ा, गहरी बड़ी चादर, फल और गहरे रंग के बर्तन में। जैसा कि आप आकृति (Diagram) देख सकते हैं।

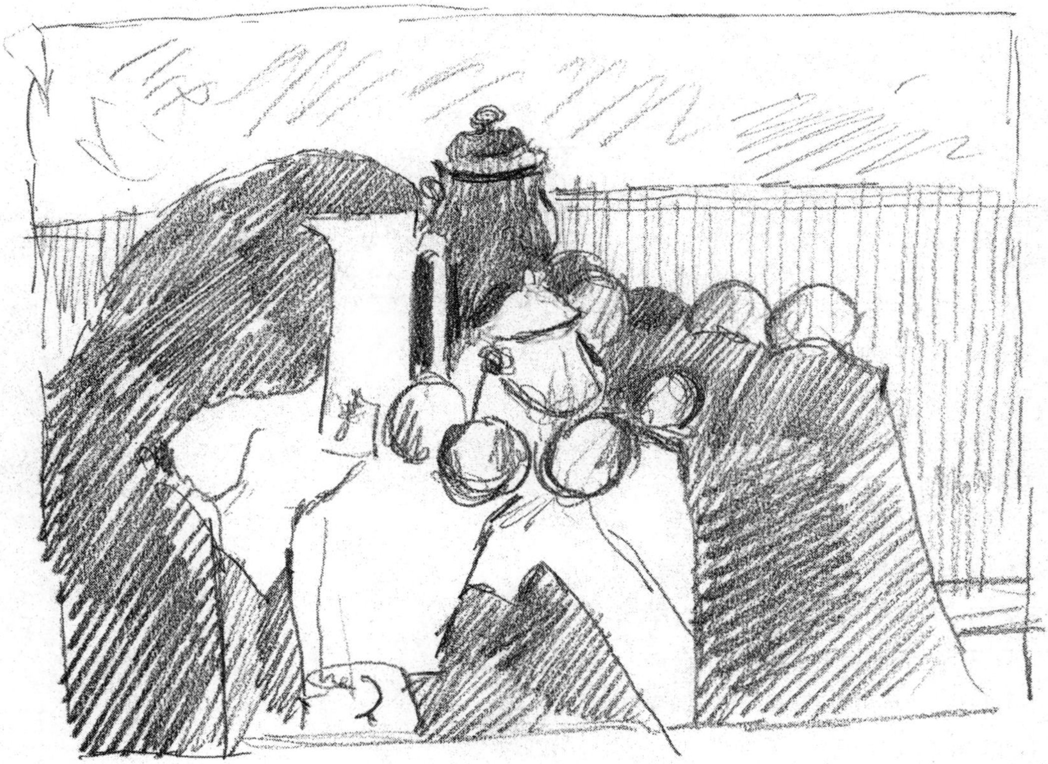

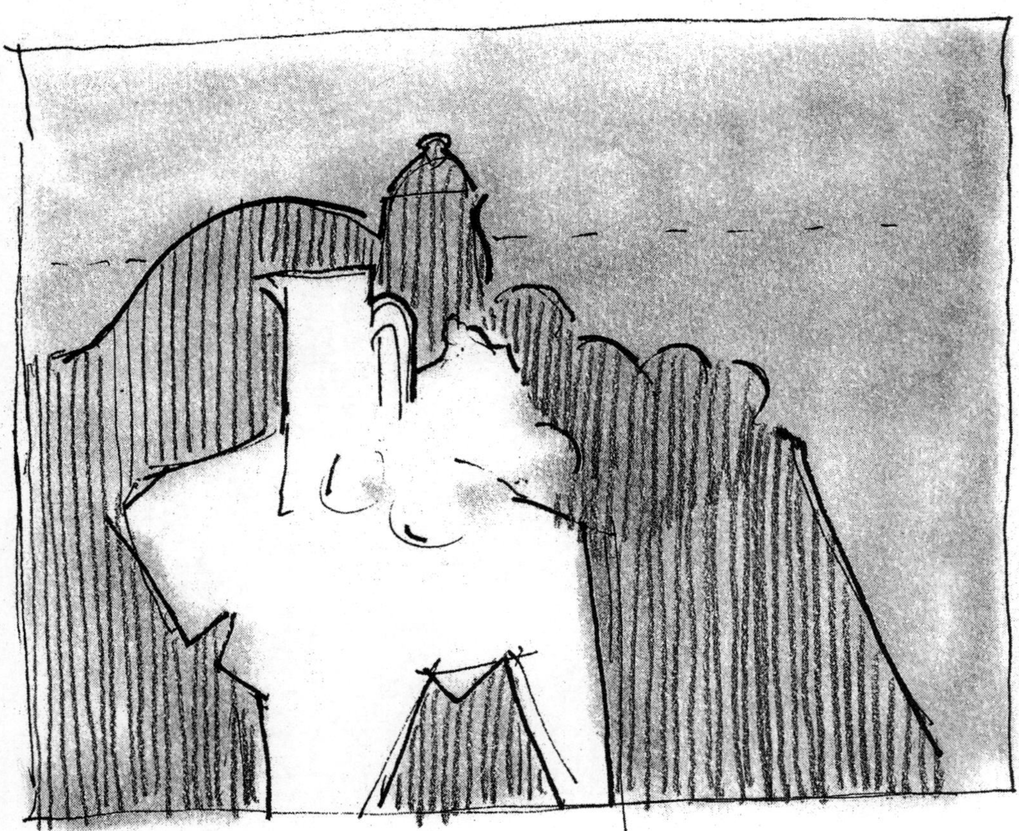

सफेद हिस्सा छोटा है और उसे पूरे चित्र के मध्य में रखा गया है। चारों ओर गहरे रंग की वस्तुएं हैं जिन्होंने आधी जगह को घेर रखा है और गहरे रंग के इस पैच के पीछे पार्श्व भूमि (Background) में हल्के गहरे (Mid-Toned) रंग ने भी लगभग इतना ही स्थान घेर लिया है। निरन्तरता में हल्के रंग की वस्तुएं हमारा ध्यान खींचती हैं जबकि उन्हें पूरे चित्र में थोड़ा ही स्थान घेरा है। यह विलक्षणता संयोजन की समझ को दिखाती है, यही कारण है कि सुजाने को महान चित्रकार कहा जाता है।

पिन्ड और अलगाव (Mass and Isolation)

इन दो चित्रों में मैंने ऐसे उदाहरणों का प्रयोग किया है जो फोटोग्राफिक कम्पोजीशन (छाया चित्र संयोजना) के हैं। जो सुविधाजनक तो हैं ही, कलाकारों द्वारा सरलता से चित्रित किए जा सकते हैं। ये उदाहरण दो बातों पर जोर देते हैं। पहली वे वस्तुएं जिनमें एक बड़ा पिन्ड (Mass) है जो सूक्ष्मताओं से भरपूर है और आपके विचार को दृढ़ता प्रदान करता है, और दूसरा अलग-थलग पड़ी वस्तुओं के तहत चित्र को देखने पर अधिक जोर देता है।

पहला चित्र नजदीक से देखे गए एक रूसी आर्थोडैक्स गिरजाघर का है। यह गुंबदों, मीनारों, मेहराबो का समूह है। ऐसा लगता है कि इन्हें खुलकर स्थान दिया गया है। पूरे समूह में वास्तुशास्त्रीय (Architectural) तर्क है। पर दृष्टि-बिन्दु से इसे देख नहीं पा रहे हैं। जो हमें दिखाई दे रहा है वह इस समूह की सूक्ष्मता है जो पर्त दर पर्त दिख रही है। चित्र अपनी सूक्ष्मताएं (Detail) स्वयं प्रस्तुत कर रहा है। और ऊंचा उठ कर हमारे दृश्य के विरुद्ध हमें विस्मित कर रहा है।

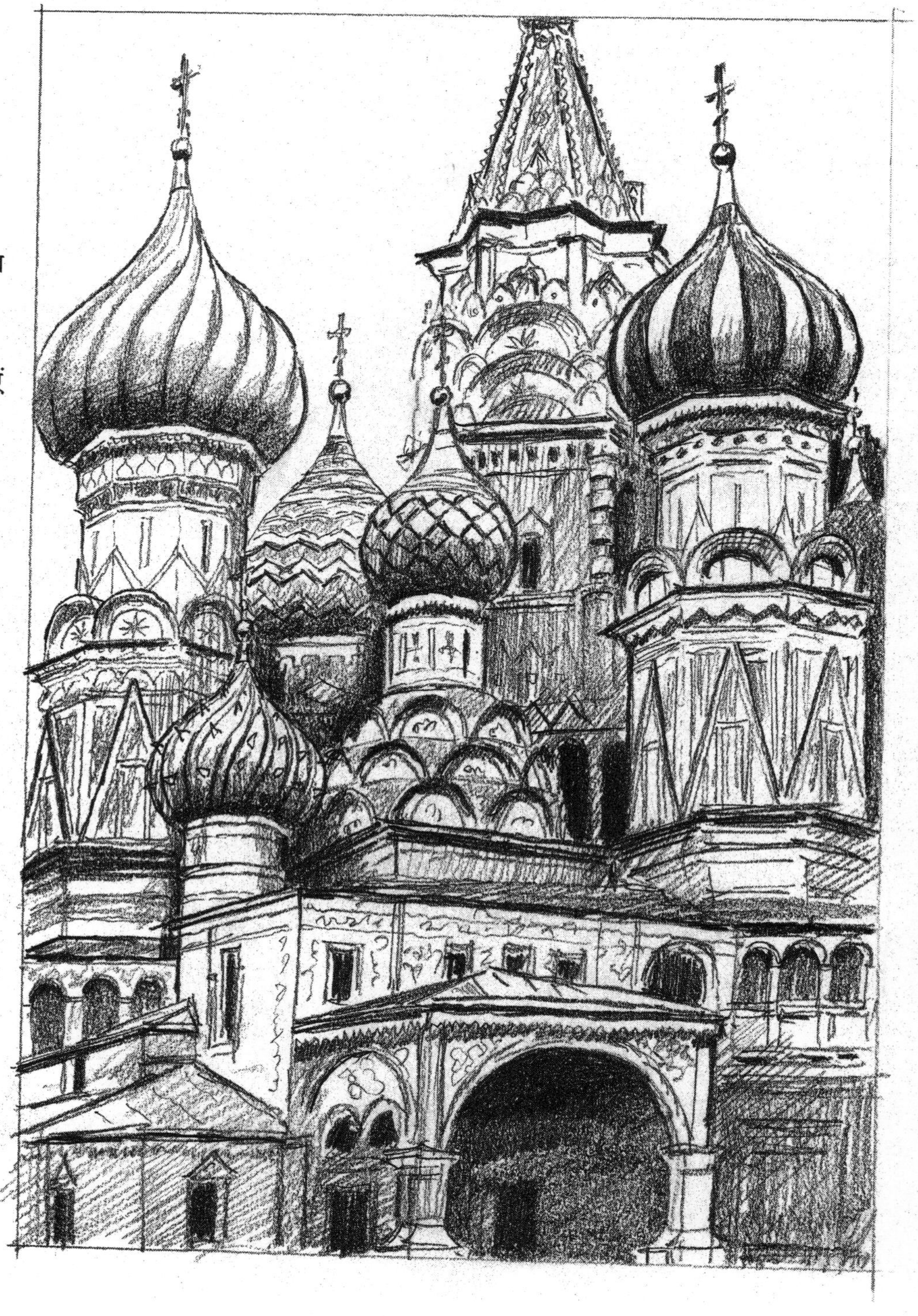

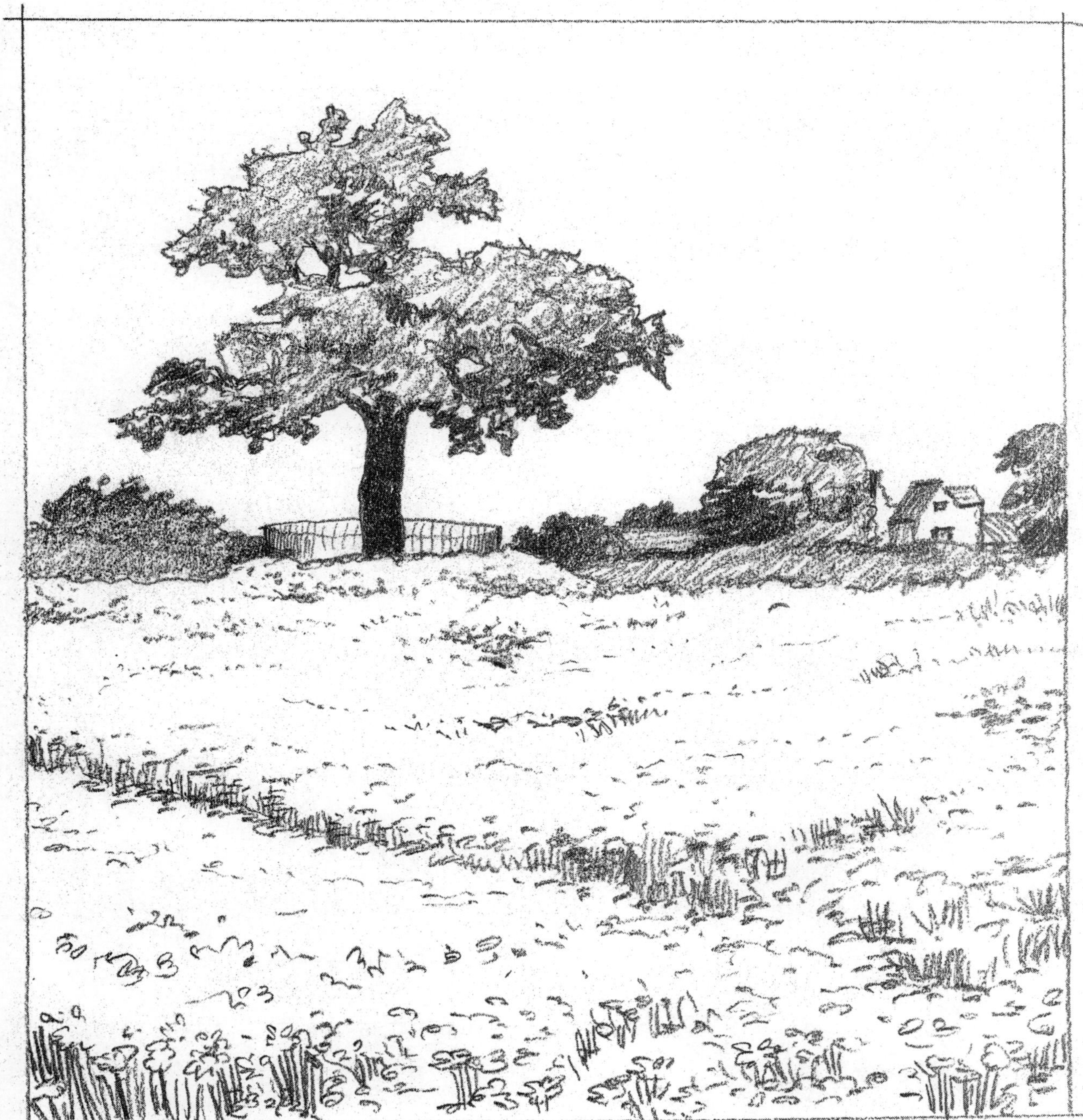

दूसरा उदाहरण एक ऐसे चरागाह का है जिसमें पूरे में सफेद फूलों की एक चादर सी बिछी है। जो हमारे दृष्टि पटल पर लगभग आधे भाग पर अंकित है। चित्र में इसके बाद का भाग आकाश ने घेरा हुआ है। हम निश्चय ही ऊपर की तरफ देख रहे हैं; जिसमें हमें इमारत, झाड़ियां क्षितिज रेखा पर दिख रही हैं। पर केन्द्र के बाई तरफ एक वृक्ष है जिसका मोटा तना, शाखों का फैलाव और पत्ते दिख रहे हैं। अलग थलग यह वृक्ष एक महत्वपूर्ण तत्व है। यह शानदार है कि इससे हमें आभास हो रहा है कि पूरे दृश्य को इस वृक्ष ने अपने प्रभाव में ले लिया है। इसकी स्थिति इसे निश्चित ही दृष्टि का केन्द्र बना देती है। साथ ही दृश्य की कोई अन्य चीज इसको छोटा नहीं कर पा रही है। हालांकि सफेद फूलों की चादर ने फोटोग्राफर का ध्यान पहली बार खींचा होगा।

आकृति संयोजन

मानव आकृति के संयोजन के अनेक तरीके या स्थितियां हो सकती है। कई बार आप चाहेंगे कि आप अपने व्यक्ति-चित्रण में कुछ विशेष तत्व (Elements) डालना चाहेंगे। आप कुछ भी करें आपको कोई न कोई संयोजना तो करनी ही होगी।

इस उदाहरण में पुर्नजागरण काल (Renaissance) के आर्टिस्ट 'एलोसो वाल्डोविनेट्टी' ने एक युवती का साइड से व्यक्ति चित्र बनाया है, (संभवत: युवती किसी कुलीन वर्ग की है) इसमें आर्टिस्ट ने उसके कन्धों और वक्षस्थल को भी चित्रित किया है। उसके चेहरे की कोमलता और मेहनत से संवारे गए उसके बाल और उसकी फ्राक की बांह पर की गई डिजाइन को भी आर्टिस्ट ने उकेरा है। चेहरे को सादगी से चित्रित किया गया है। प्रमुख सूक्ष्मताएं या तो युवती के बालों में है या उसके वस्त्रों में है। पूरा चित्र एक सुन्दर डिजाइन सा बन गया है। मॉडल के व्यक्तित्व पर ज्यादा जोर नहीं दिया गया है।

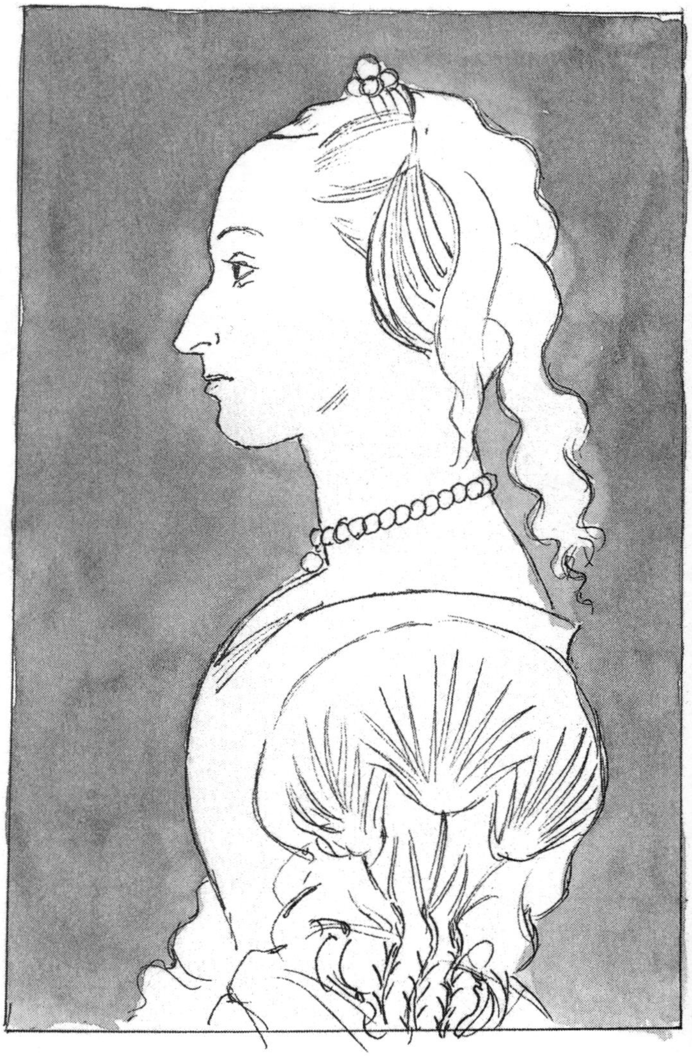

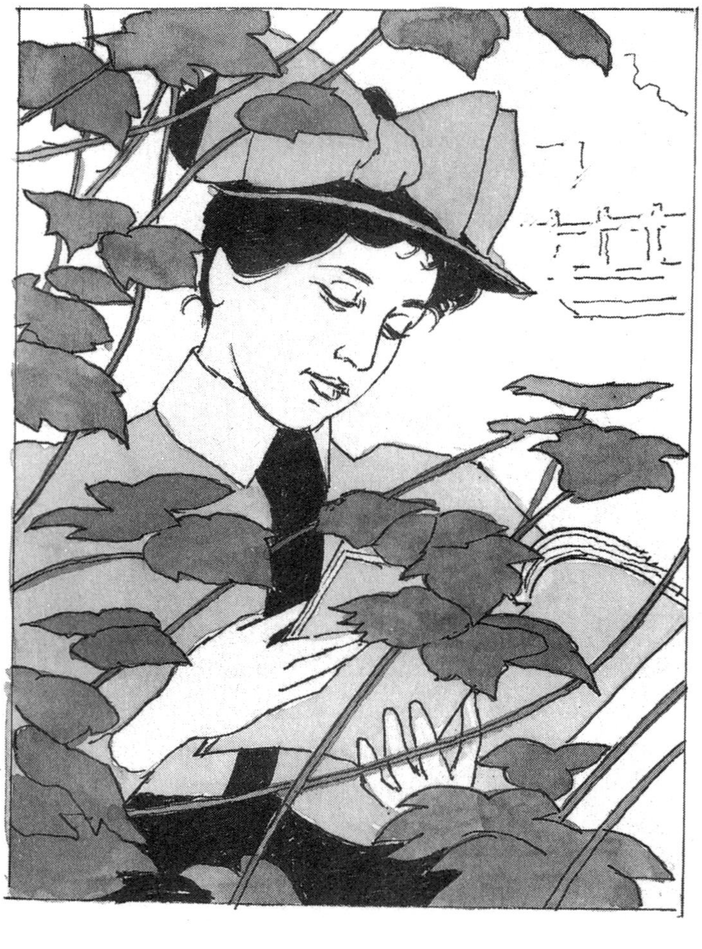

यह ड्राइंग 19वीं सदी के अन्त की है, जिसमें एक फैशनेबुल युवती पत्तियों के गुच्छों के पीछे खड़ी कोई पुस्तक पढ़ रही है। पत्तियों ने युवती को एक फ्रेम में जड़ सा दिया है। और क्योंकि वह एक पुस्तक पर झुकी हुई सी लग रही है इसलिए उसका व्यक्तित्व विशेष महत्व नहीं रखता। पत्तों का प्रभाव संयोजन पर साफ दिख रहा है। यह चित्र एक पत्रिका के मुखपृष्ठ (Cover) के लिए बनाया गया था। इसलिए पूरे चित्र के प्रभाव को ज्यादा उकेरा गया। महिला की ज्यादा परवाह नहीं की गई है।

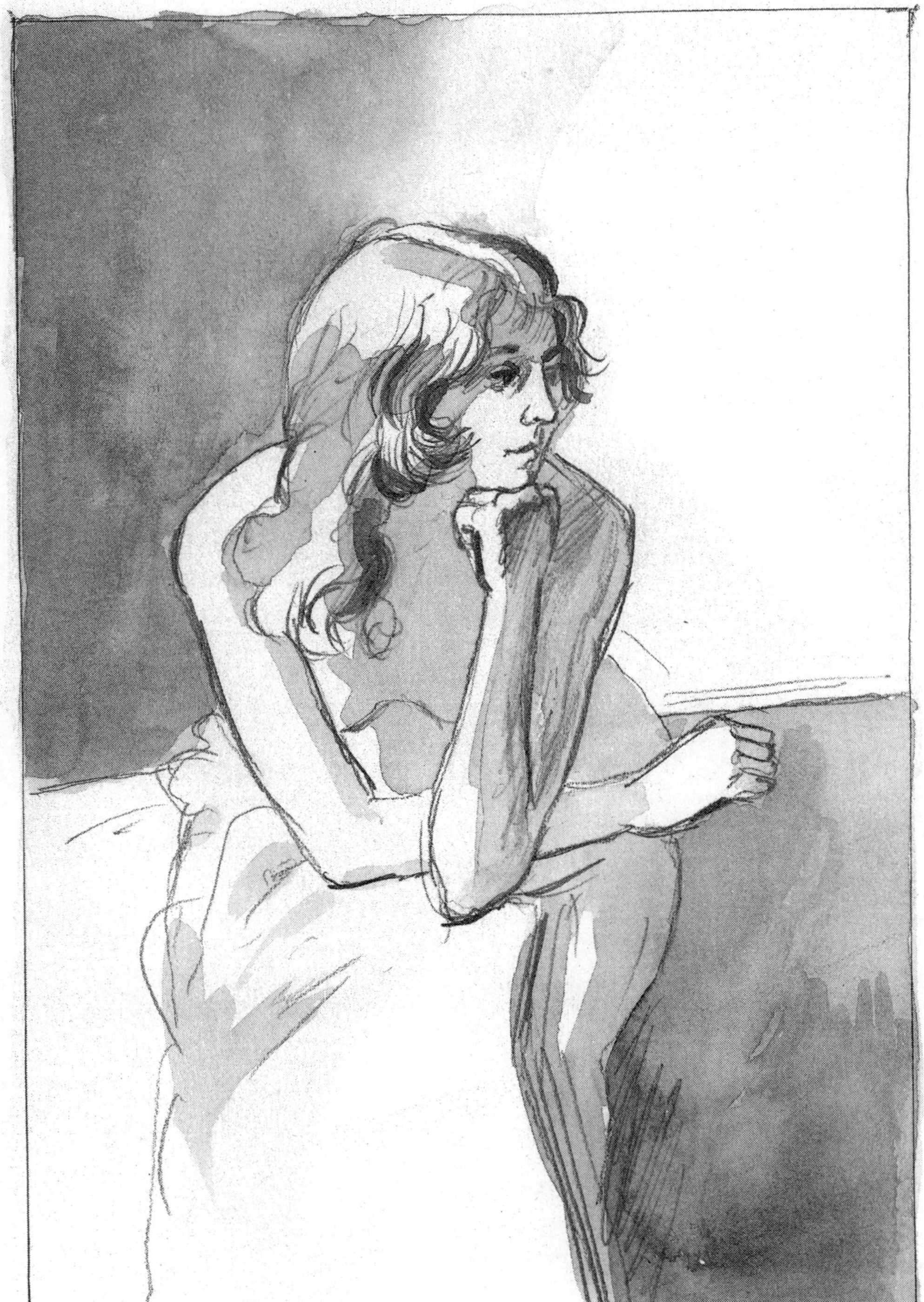

यह तीसरी ड्राइंग ब्रिटिश कलाकार 'जॉन वार्ड' की बनाई कृति है। 'जॉन वार्ड' ने एक युवती को चित्रित किया है जो अपनी ठोड़ी अपनी मुट्ठी पर टिकाए बैठी है और दूर कहीं देख रही है। उसके आसपास काफी खाली स्थान है। और यह आभास हो रहा है कि जैसे उसने कोई चादर अपने शरीर से लपेट रखी है। इस चित्र में भी मॉडल की अधिक परवाह नहीं की गई है। उसकी विचारशील मुद्रा ही वह महत्वपूर्ण वस्तु है जिसे आर्टिस्ट दिखाना चाहता है।

यह उदाहरण नवजागरण काल के महान चित्रकार 'सैन्ड्रो बोट्टीशेली' का बनाया व्यक्ति चित्र है। चित्र में एक युवक गहरी विचार मुद्रा में है। हालांकि उसे सटीकता से चित्रित किया गया था। ऐसा लग रहा था कि टोपीधारी युवक कोई सपना देख रहा है। यह दिलचस्प है कि बोट्टीशेली ने युवक का सिर और कन्धे प्रमुखता से बनाए हैं। वस्त्र कोई विशेष नहीं दिखते, इसलिए यह भान करना कठिन है कि यह कौन हो सकता है।

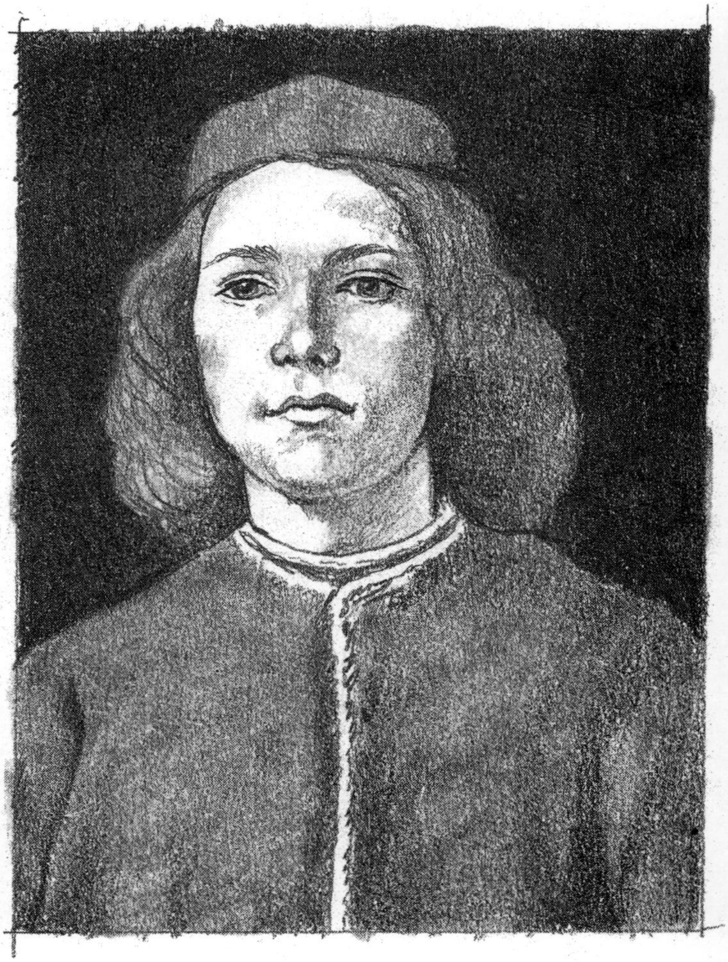

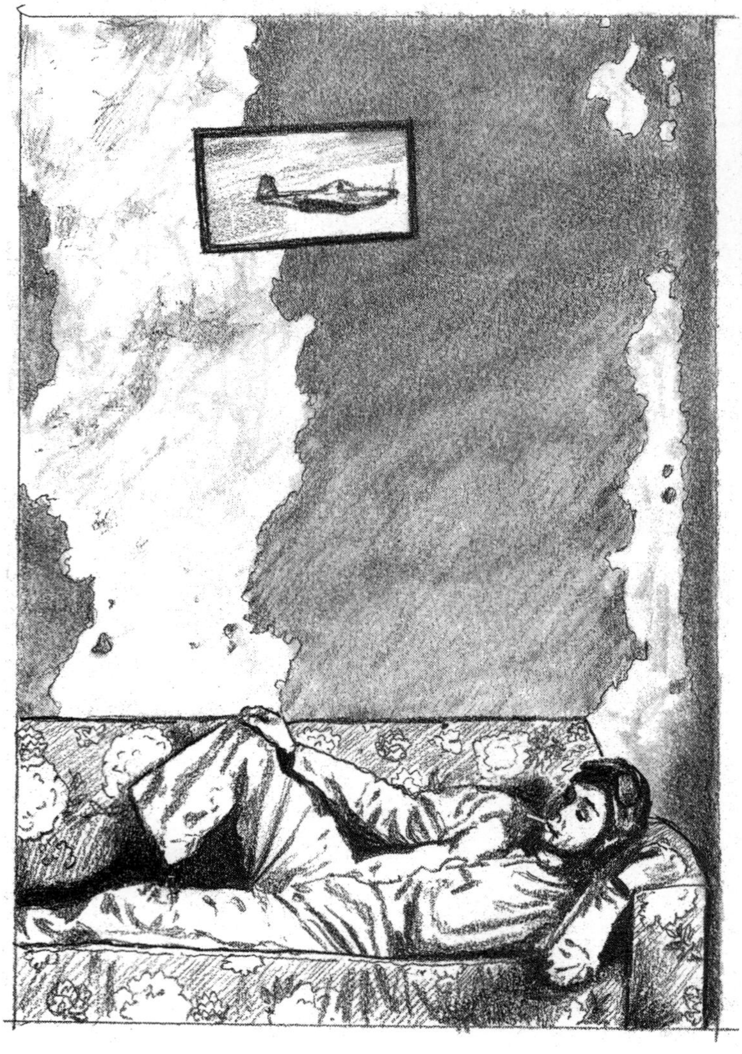

यह चित्र पहले से कुछ अलग है, इसमें एक युवक पुराने सोफे पर लेटा है, वह सख्तजान विमान-चालक (Airman) लगता है। उसने एक चमड़े का हेलमेट सिर पर रखा हुआ है और नाइट ड्रैस जैसा ओवर आल पहने हुए है। वह एक सिगरेट भी पी रहा है। उसके पीछे उखड़ी सी दीवार है, जिस पर एक फोटो लगी है जिसमें द्वितीय विश्व युद्ध का एक वायुयान दिखाई दे रहा है। चित्र में यह स्पष्ट है कि विमान-चालक (Airman) सोफे पर आराम कर रहा है, और अपनी ड्यूटी पर जाने को तैयार है। उसके आसपास काफी बड़ी दीवार है जिस पर एक फोटो या पेंटिग टंगी है। संभवतः यह उस वायुयान का चित्र था जिसे वह उड़ाने वाला है। इस चित्र में काफी सूक्ष्मताएं हैं, जो व्यक्ति की मुद्रा में हैं। और उस कमरे में भी हैं जिसमें उसे चित्रित किया गया है।

यह चित्र आपको फैशन का अनुभव कराएगा। (इसमें एक युवती को काफी सजधज के साथ दिखाया गया है) जो कि 20वीं शताब्दी के प्रारंभ का है। इसमें युवती ने एक बड़ा हैट सिर पर लगाया हुआ है। एक स्कार्फ उसके कन्धे पर है और उसके जूते चमकते हुए हैं। वह दीवार पर बैठी है जो कि एक उभरी हुई चट्टान सी लग रही है। पर हमें स्थान की स्थानीयता का पता नहीं चल पा रहा है। बड़ा और गहरे रंग का टोप (Hat) उसकी आँखों को और उजागर कर रहा है, जो चमकदार हैं। और वह सीधे चित्र के दर्शक को देख रही हैं, जैसे कि वह उसका ध्यान अपनी तरफ खींचना चाहती हो। सारी दिलचस्पी, उसके सीधे हाथ की तरफ है।

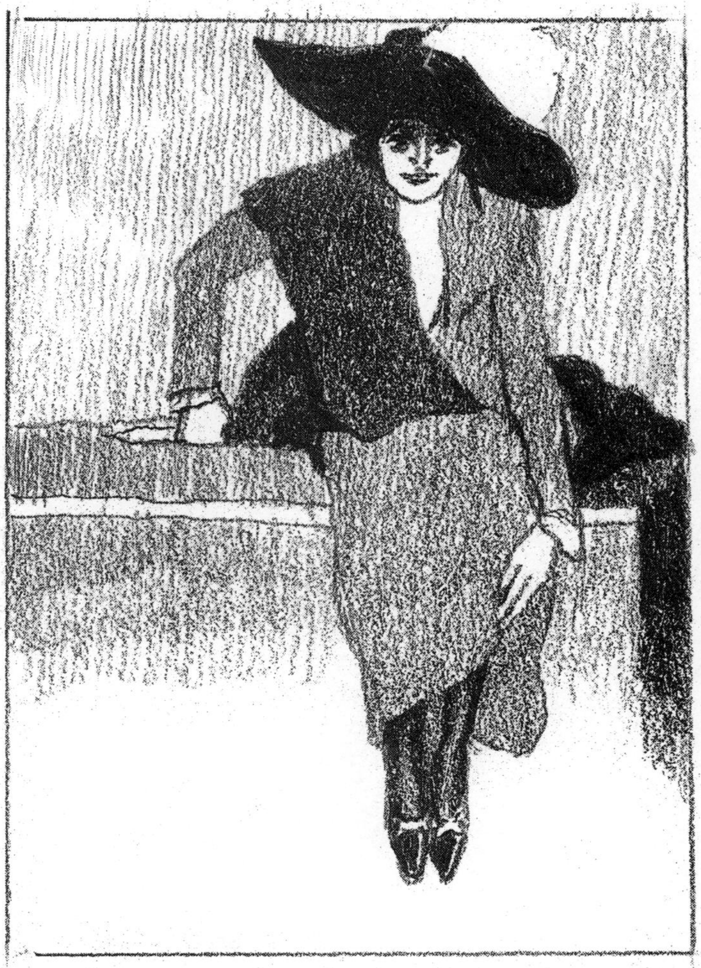

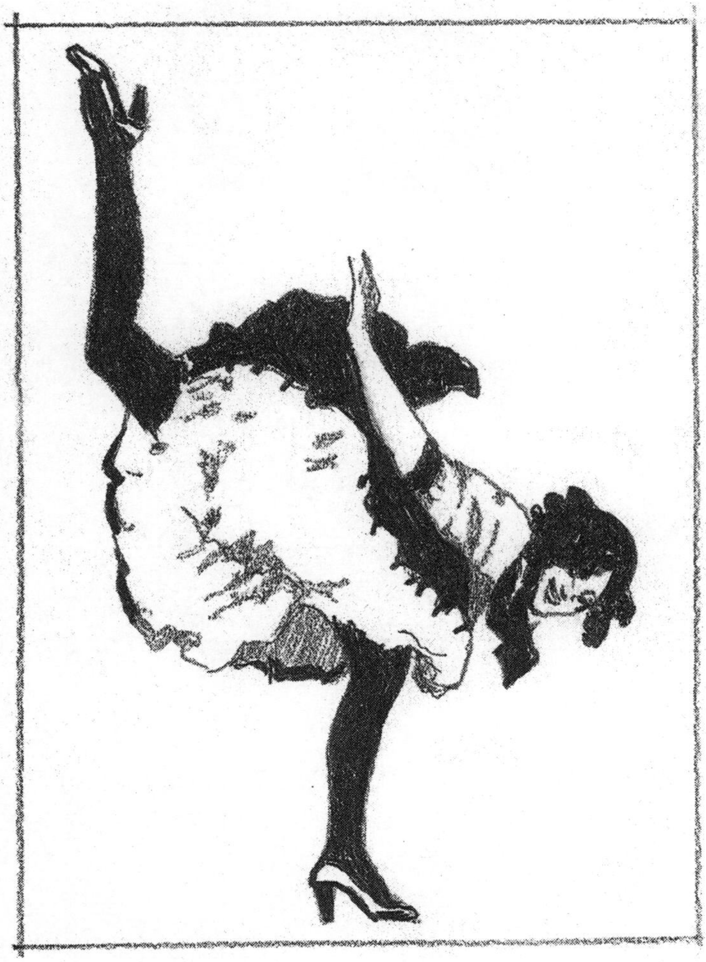

यह अंतिम चित्र एक चलित-चित्र (Animated) की तरह का संयोजन है। इसका चित्रित करना इतना सरल नहीं है, अगर इसे पहले से फोटोग्राफ न किया गया हो। लड़की की मुद्रा तस्वीर के फ्रेम में बिल्कुल फिट हो गई है। क्योंकि दिखाने को आस पास तो कुछ नहीं है। न तो कोई पार्श्व-भूमि है न ही ऐसा कोई संकेत है कि लड़की कहां खड़ी है।

रेखांकन निश्चित रूप से इस बात पर जोर दे रहा है कि उसने किसी कसरती खिलाड़ी की तरह अपने शरीर का प्रयोग करना सीख लिया है। यह मुद्रा सरल है, पर इसका रेखांकन कठिन है।

मुद्रा ने अपने लचीलेपन और फुर्ती के कारण कलाकार के काम को मुश्किल बना दिया है।

आकृतियों का समूह

जब आप एक ऐसी संयोजना पर काम कर रहे हों जिसमें एक से अधिक व्यक्ति हों तो उचित रहेगा कि आप ऐसा समूह ढूढ़ें जो स्थिर रह सके ताकि आपको उसे स्कैच करने का समय मिल सके। इस पृष्ठ पर चित्रित रेखांकन 'जॉन रेयन्स' की एक रचना पर आधारित है जिसमें कुछ संगीतकार अभ्यास कर रहे हैं। हालांकि वे अपने-अपने वाद्य यंत्र (Instruments) पूरे उत्साह से बजा रहे हैं। वे कुछ समय तक स्थिर रहते हैं और अधिकतर उनकी हलचल पिछली हलचलों का दुहराव ही होती है। प्रकाश काफी तीव्र है और सीधे संगीताकारों पर पड़ रहा है और कहीं नीचे की तरफ उसका रुख है जो बेहद हल्का है। पार्श्व-भूमि (Background) बिल्कुल गहरी है। इससे चित्र में नाटकीयता आ गई है।

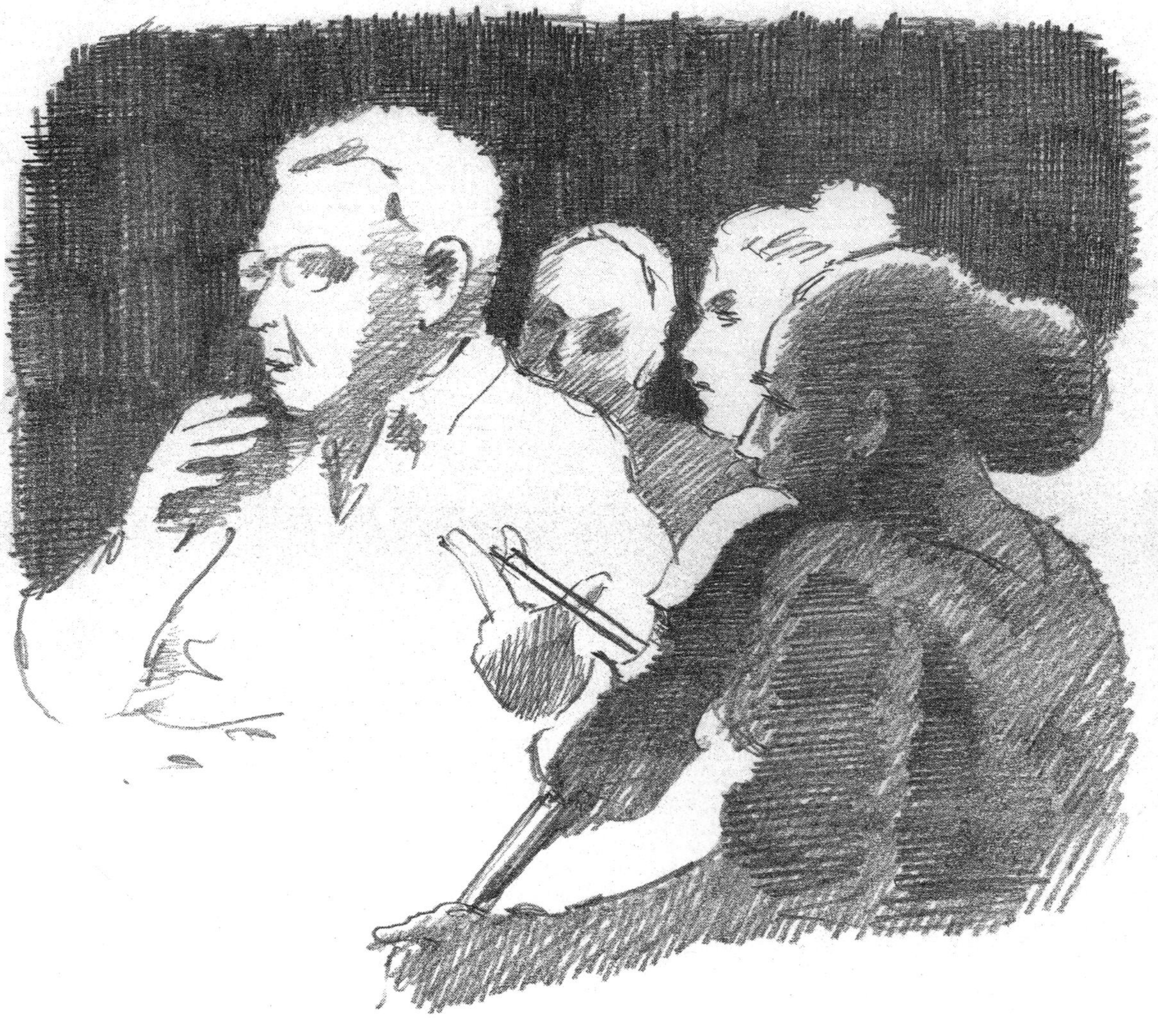

पहली ड्राइंग में कुछ सिर और कन्धे दिख रहे हैं। एक आकृति वायलिन बजा रही है जिस पर तेज प्रकाश पड़ रहा है, और यह आकृति अग्रभूमि (Foreground) में है। प्रकाश उसके साइड पर भी था। उसके सिर पर छाया बड़ी गहराई से थी और उसके पूरे शरीर पर पड़ रही थी। दूसरे सिरों का संयोजन और भी जटिल है। पार्श्व भूमि (Background) को इन सिरों को उभारने के लिए गहराया गया है। इसमें बेहद हल्की आकृतियां उभर कर आ गई हैं।

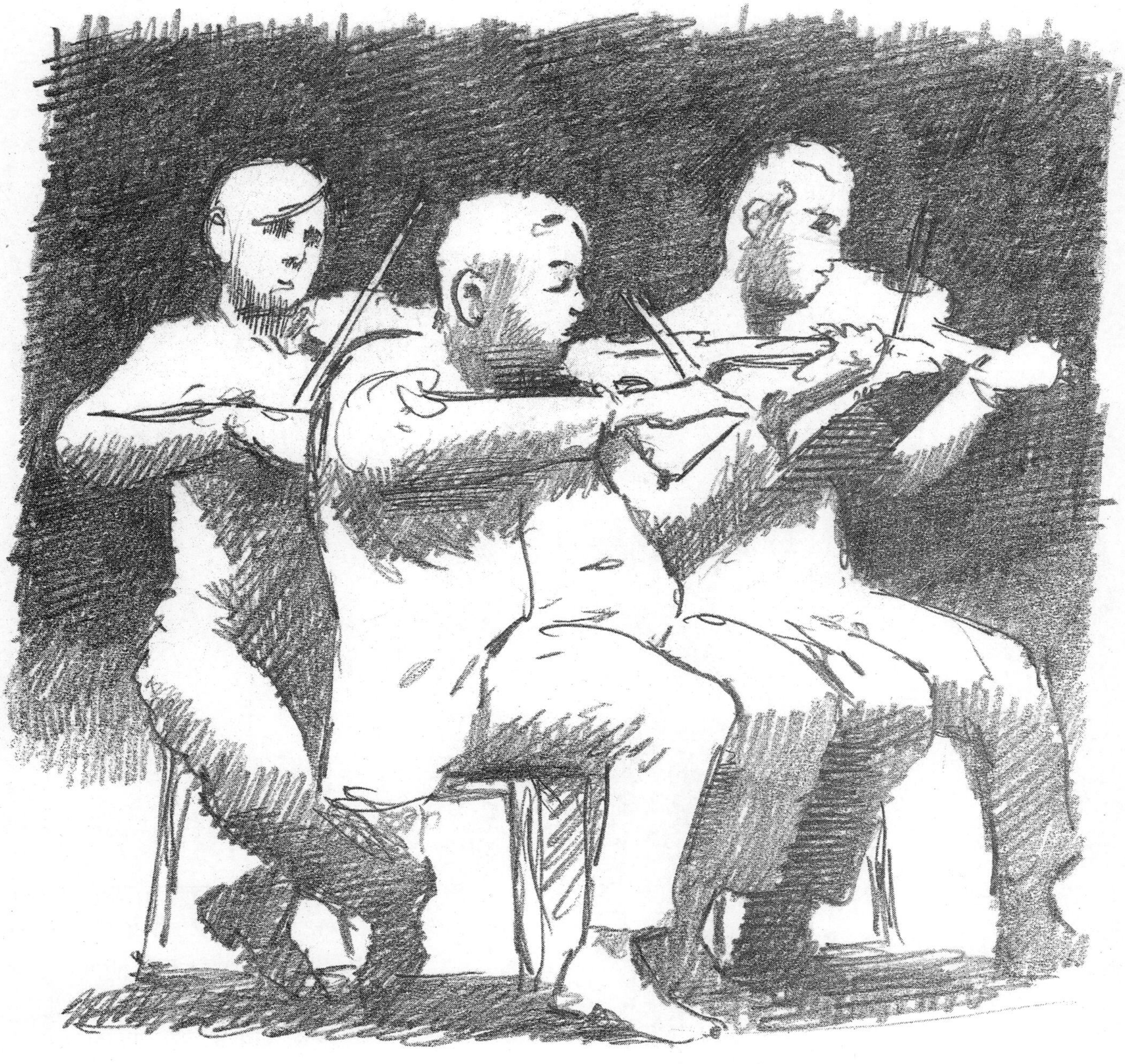

यह वायलन बजाने वालों का समूह है जिस पर ऊपर से तीव्र प्रकाश पड़ रहा है, और तीनों आकृतियां एक ही डिग्री से आलोकित हैं। एक बार फिर बैकग्राउन्ड आकृतियों से ज्यादा गहरी है।

इस समूह का चित्रण भी 'जॉन रेयन्स' ने किया है। यह चित्र उसी के आधार पर बनाया गया है। इसमें कुछ बुजुर्ग धूप में बैठे दिख रहे हैं। प्रकाश तीव्र (Strong) है और सभी आकृतियां ऊपर से प्रकाशित हैं। आकृतियों के नीचे का भाग गहरा है इसलिए सब कुछ अन्तर्विरोध (Contrast) है।

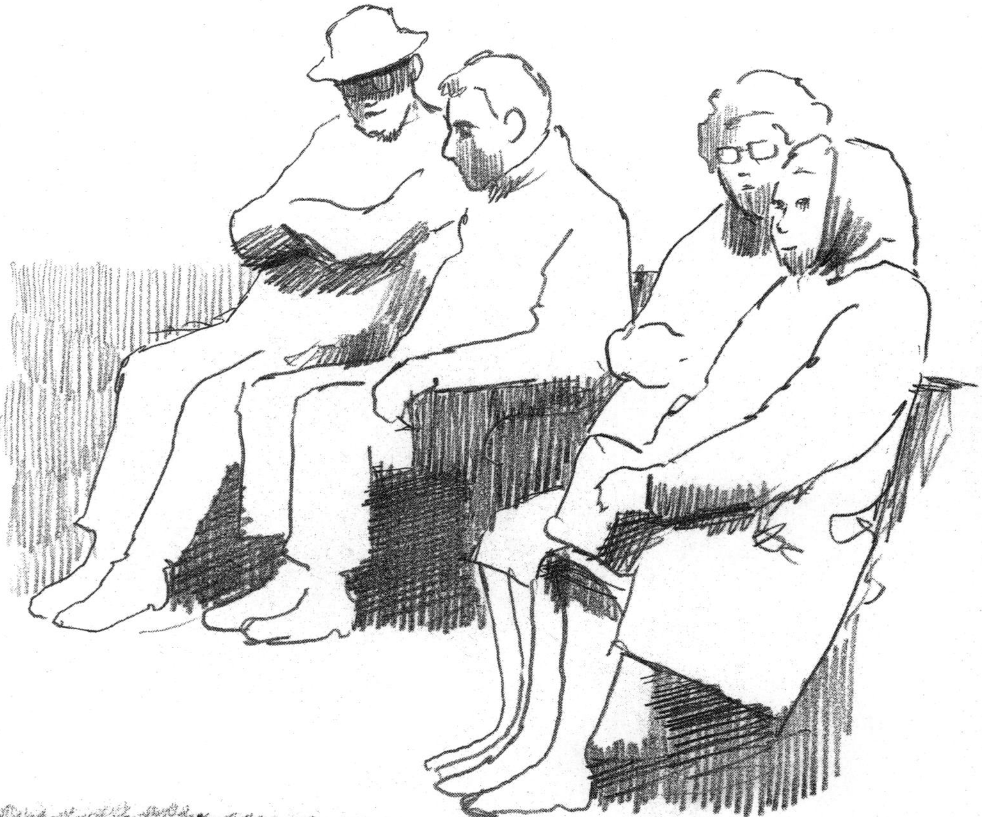

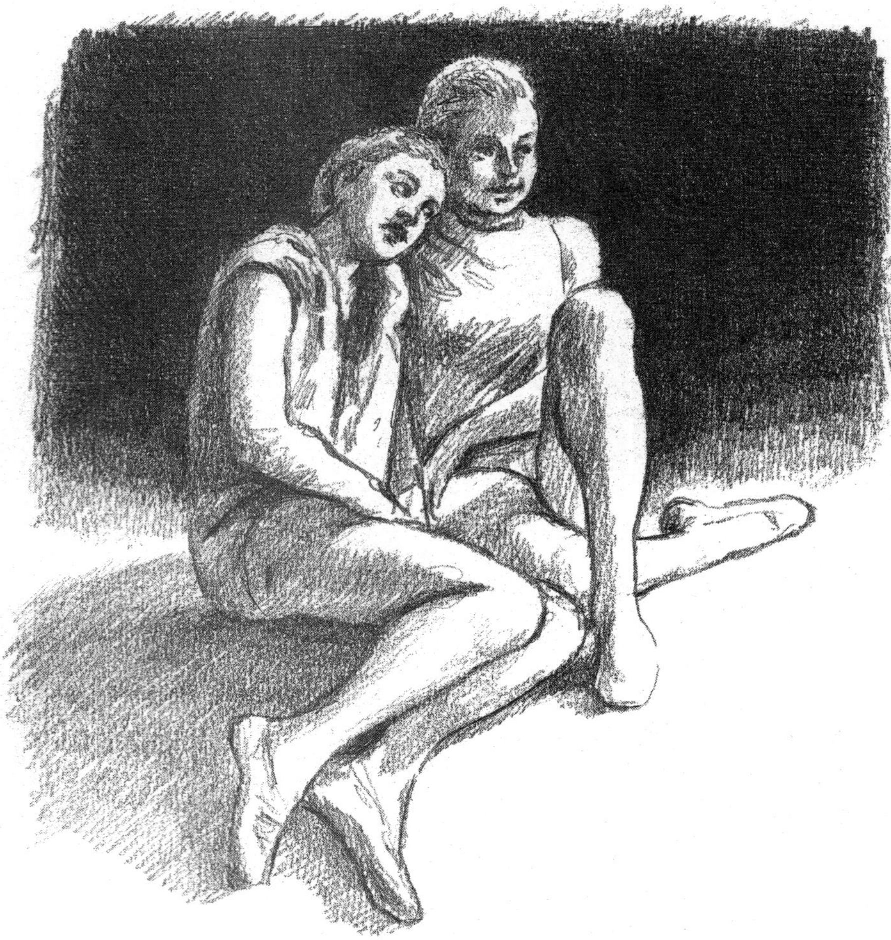

ये दो बैठी हुई आकृतियां फर्श पर बैठी हैं। यह किसी कमरे की पार्श्व-भूमि (Background) है। एक बार फिर प्रकाश उन दोनों पर पड़ रहा है। यूं तो प्रकाश तीव्र है, पर आकृतियों की एक ही साइड पर पड़ रहा है। उनका ठोसत्व-छायाओं के प्रभाव से उजागर हो रहा है। बैकग्राउन्ड गहरी है, पर आकृतियों पर भी गहरी छाया पड़ रही है। इस चित्र में टोन के कई प्रकार दिख रहे हैं।

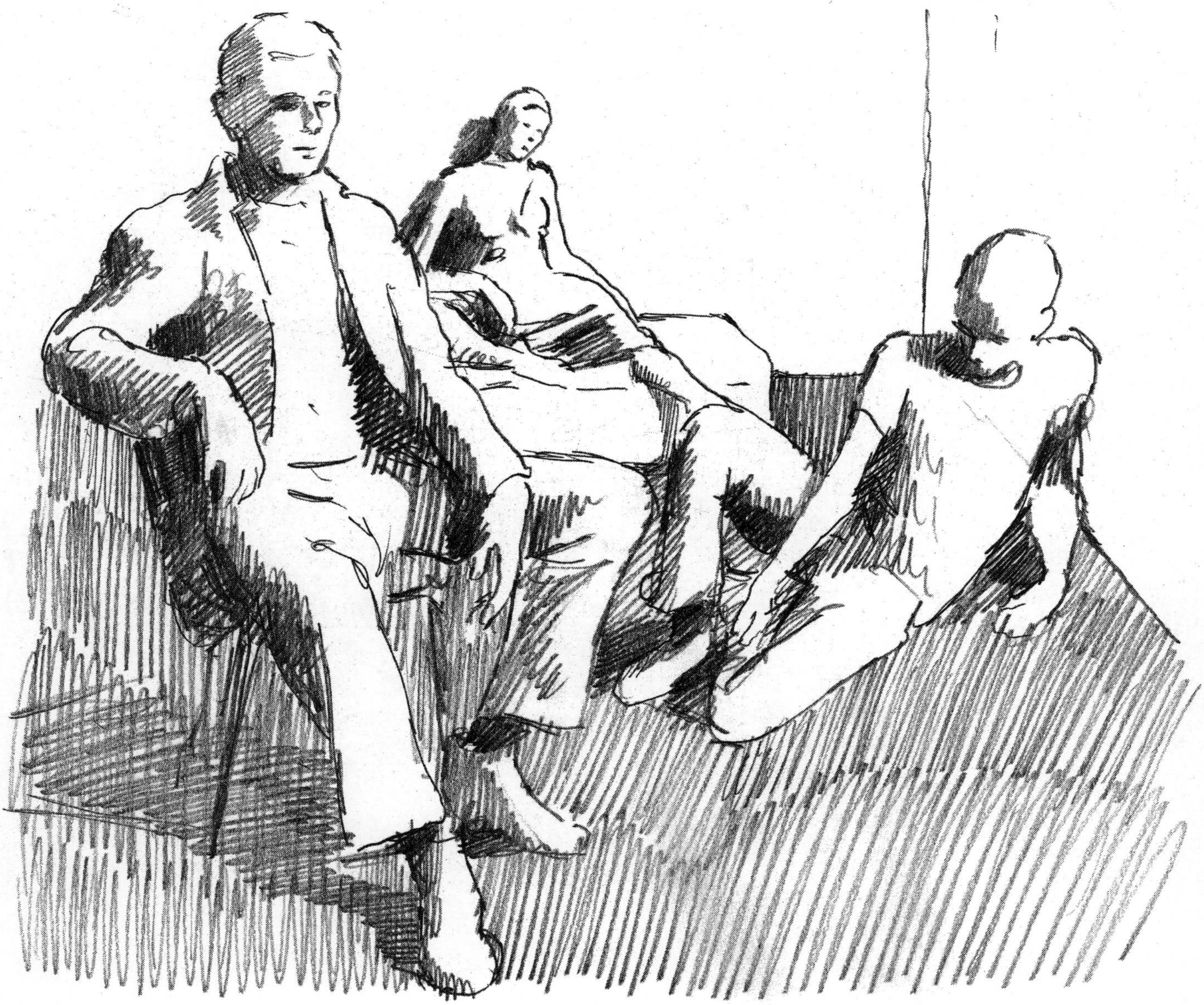

अंतिम चित्र भी समूह चित्र है। पर प्रत्येक आकृति को अलग-अलग बनाया गया है। इसका अर्थ हुआ कि मुझे इन आकृतियों का संयोजन ऐसे करना पड़ा कि वे अधिक स्वाभाविक लगें। मैंने फर्श को गहरे टोन (Tone) में रखा है ताकि आकृतियों को वातावरण से संलिप्त दिखाया जा सके। इसमें सारा प्रकाश एक खिड़की से आ रहा है। यहां फर्श पर दी गई टोन डिजाइन का हिस्सा है जो तीनों आकृतियों को साथ किए हुए है जबकि पार्श्वभूमि प्रकाश से सराबोर है। गौर करे पेंसिल के स्ट्रोक कितने ऊबड़-खाबड़ हैं, क्योंकि जब आप चित्र बनाने में डूबे होते हैं तो आप पूर्णता का उतना ध्यान नहीं रख पाते हैं। अगर मैं और एहतियात और सावधानी से चित्रांकन करना चाहूँ और संयोजन को आगे ले जाना चाहूं तो इसके कई तरीके हैं।

अध्याय-7

लाभदायक अभ्यास और योजनाएं

इस अध्याय में मैंने कुछ अभ्यासों का विस्तार से वर्णन किया है। ये अभ्यास किसी भी कला के विद्यार्थी को प्रोत्साहित करेंगे। ये आम अभ्यास हैं और आपको अक्सर प्रेरणा देते रहेंगे, ये सारी प्रक्रिया को सरल बना देते हैं। अगर आपको सरल रेखांकन करना है, तो आपको इनसे काफी लाभ होगा।

फोटोग्राफों का प्रयोग

यद्यपि बाहर जाकर ड्राइंग करना एक अच्छा अभ्यास है। पर जब मौसम ठंडा और गीला हो तो यह जरा मुश्किल काम है, उस दृश्य का जो कि आप बनाना चाहते हैं। ऐसे समय में फोटो खींचना लाभदायक होता है। अलग-अलग कोणों से आप काफी सारे फोटो खींच लीजिए और अलग एक्सपोजरों से भी इन्हें खींचिए ताकि आप विभिन्न तरीकों से वांछित दृश्य को बना सकें। यह आपको सूचना-पूरित तो करता ही है, दृश्य खींचने के समय की स्मृति भी आपको याद दिला देता है। इससे यह होता है कि आप एक अच्छी ड्राइंग बना पाते हैं। कोशिश करें कि आप फोटोग्राफ का इतना बड़ा प्रिन्ट निकालें जितना बड़ा कि आप अपने कागज पर इसे बनाना चाहते हैं।

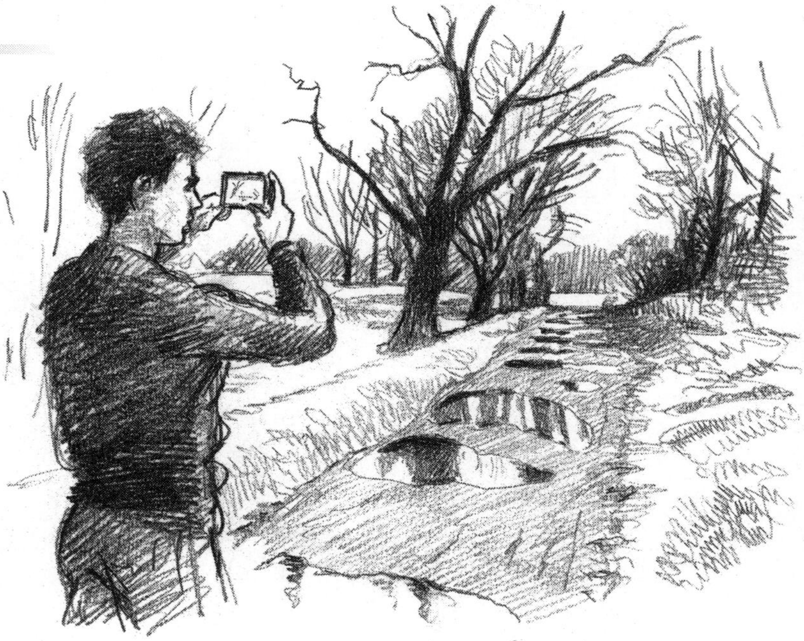

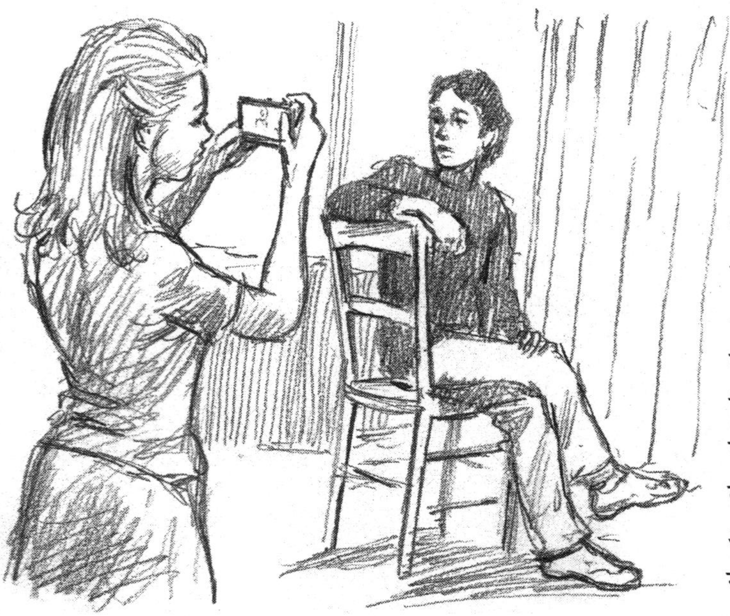

अब आप किसी का पोरट्रेट बना रहे हों तो यह व्यावहारिक होगा कि आप व्यक्ति का फोटो भी ले लें। इससे आपको सुविधा होगी। क्योंकि अगर बैठक देते देते वह थक जाए तो आपकी पेंटिग के लिए आपके पास एक संदर्भ रहेगा। फोटो से आपको चयन की भी सुविधा रहेगी कि अपने मॉडल को आप किस मुद्रा (Pose) में बनाना चाहते हैं। अपने खींचे फोटोग्राफों में से सर्वोत्तम फोटो को ही चुनें। क्योंकि कई बार कोई फोटो छाया और प्रकाश की दृष्टि से अच्छी नहीं होती। आगे के पृष्ठों में यह अच्छी तरह समझाया गया है।

स्कैचबुक

अगर आप एक अच्छे और गंभीर आर्टिस्ट बनना चाहते हैं तो अपने पास एक छोटी स्कैच बुक रखें, जो आपकी जेब या आपके बैग में आ सके। जिसे आप सुविधाजनक रूप से अपने साथ लेजा सकें। इसका प्रयोग आप तब करें जब कोई दृश्य आपकी आंख को भा जाए। क्योंकि यह मात्र स्कैच बुक है, इसलिए आप इस बात की चिन्ता न करें कि आपका रेखांकन ठीक ठाक नहीं बन पा रहा है। रोज रोज स्कैच करने से आपकी ड्राइंग में सुधार होता चला जाएगा। आपको महारत हासिल होती जाएगी। किसी रेलवे के डिब्बे में जिसमें कि आप लंबी यात्रा पर हैं आपकी स्कैच बुक में कई तरह के व्यक्तियों के चित्र बनते जाएंगे, और मेरा अनुभव है लोग इस बात से खुश होते हैं कि कोई आर्टिस्ट उनका चित्र बना रहा है। बस आप उन्हें ज्यादा घूर कर न देखें अन्यथा वे असहज हो सकते हैं।

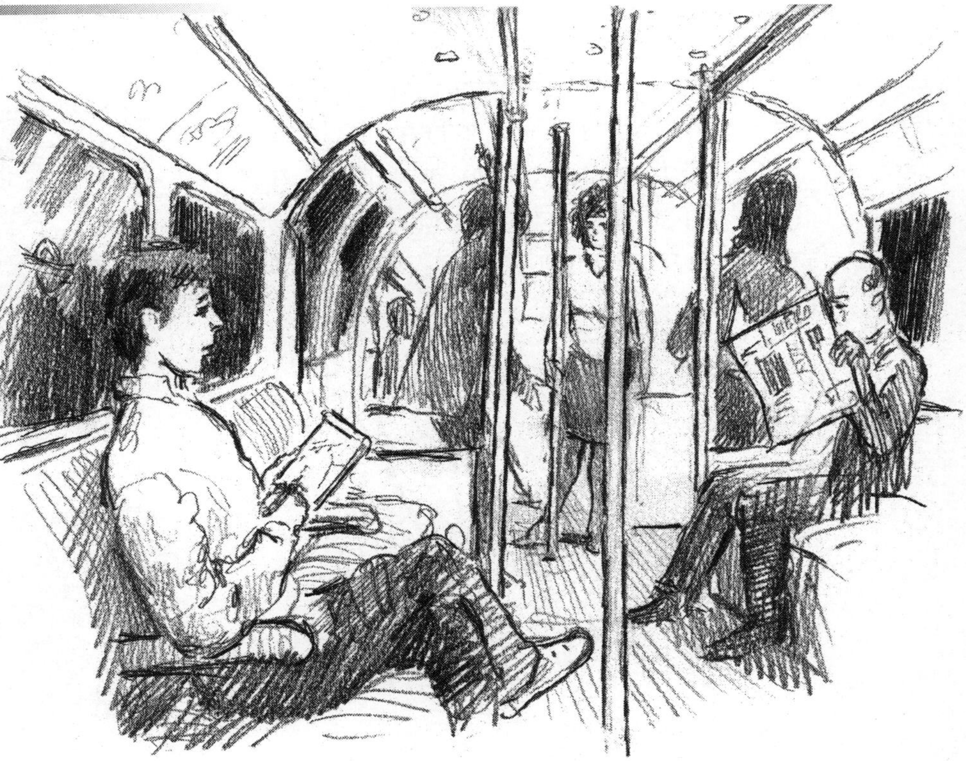

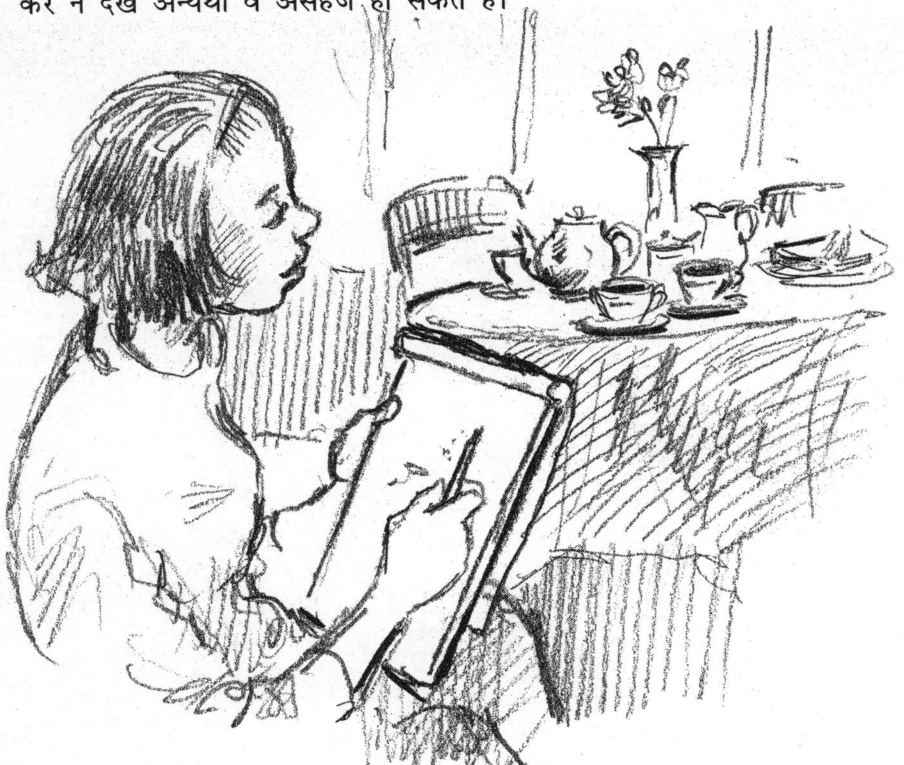

आपको अक्सर ही अच्छी ड्राइंग मिल जाएंगी, और कई बार तो आपके मॉडल को यह पता ही नहीं होगा कि कब एक आर्टिस्ट ने उनका चित्र बना लिया।

जब आप अपने घर में शांति के वातावरण में हों तो आप अपनी स्कैचबुक में घर में रखी वस्तुओं को स्कैच कर सकते हैं। अपने रेखांकन को ज्यादा से ज्यादा सटीक (Accurate) बनाने का प्रयत्न करें। फिर भी स्कैच बुक में सटीक रेखांकन हो यह बिल्कुल जरूरी नहीं! आखिर यह आपकी नोट बुक ही तो है, जो आपको बाद में यह याद दिलाती है कि किस चित्र को आपने आगे जाकर कितना अच्छा और सटीक बनाया जिसे स्कैच बुक में बनाते समय आप नहीं बना सके थे।

व्यक्ति चित्रण (Portraits) की युक्तियां (Hints)

पोरट्रेट बनाते समय मैं उस हर संभावित उपाय का प्रयोग करना पसन्द करूंगा जिससे कि मेरे मॉडल में उसके चेहरे का हर लक्षण सटीकता से आए और उनमें अच्छी समरूपता हो। इसके लिए मैं मॉडल का उस मुद्रा में फोटो खींच लेता हूं जिसमें कि मैं उसे बनाना चाहता हूं, ताकि मैं जब उसमें सुधार करूँ तो एक संदर्भ (Reference) मेरे पास हमेशा मौजूद रहे। इसके लिए यह जरूरी है कि आप जिस मुद्रा में पोरट्रेट बनाना चाहते हैं, उस मुद्रा का फोटो आपके पास हो।

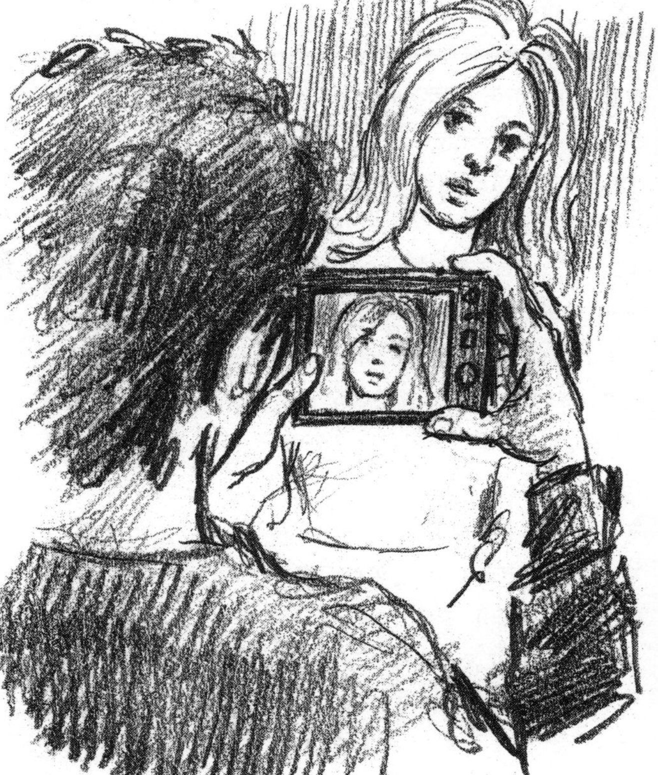

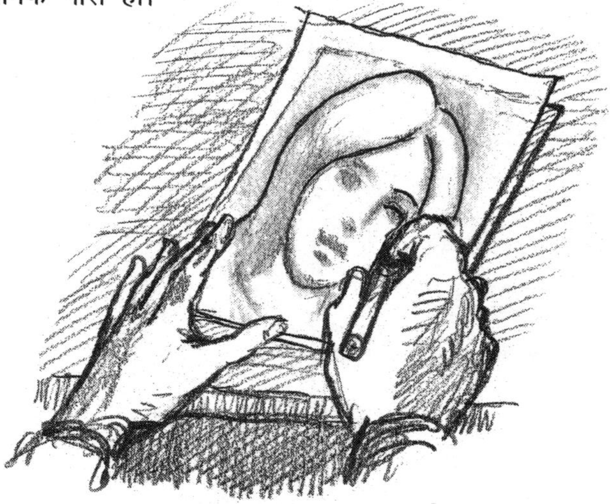

अपने फोटो का इतना बड़ा प्रिन्ट बनाएं जितना बड़ा चित्र आप अपने मॉडल का बनाना चाहते हैं। फिर उसे ट्रेस (Trace) कर लें। इससे आपको पोरट्रेट की बाहरी रेखाएं (Out Line) मिल जाएंगी। और आपको चेहरे के सभी लक्षणों की सटीक स्थिति मिल जाएगी। ट्रेसिंग कर लेने के बाद इसे या तो किसी लाइट बॉक्स पर रखकर या खिड़की के कांच पर रखकर (ताकि प्रकाश आर पार आए) ट्रेसिंग को कागज पर उतार लें।

आपके पास सटीक अनुपात है जिसे आपने फोटो से ट्रेस कर कागज पर उतार लिया है। अब आप अपने मॉडल के सामने बैठकर रेखांकन कर सकते हैं ताकि स्कैच में सटीकता और अच्छी समरूपता (Better Likeness) आ सके। अगर आप सोचते हैं कि यह तो धोखा है, तो आप सही हो सकते हैं। पर इस तरह तो सारी चित्रकला (Painting) एक धोखा ही है! वास्तव में महान आर्टिस्टों ने भी अपनी कला में सटीकता लाने के लिए किसी न किसी तरीके का हमेशा प्रयोग किया है।

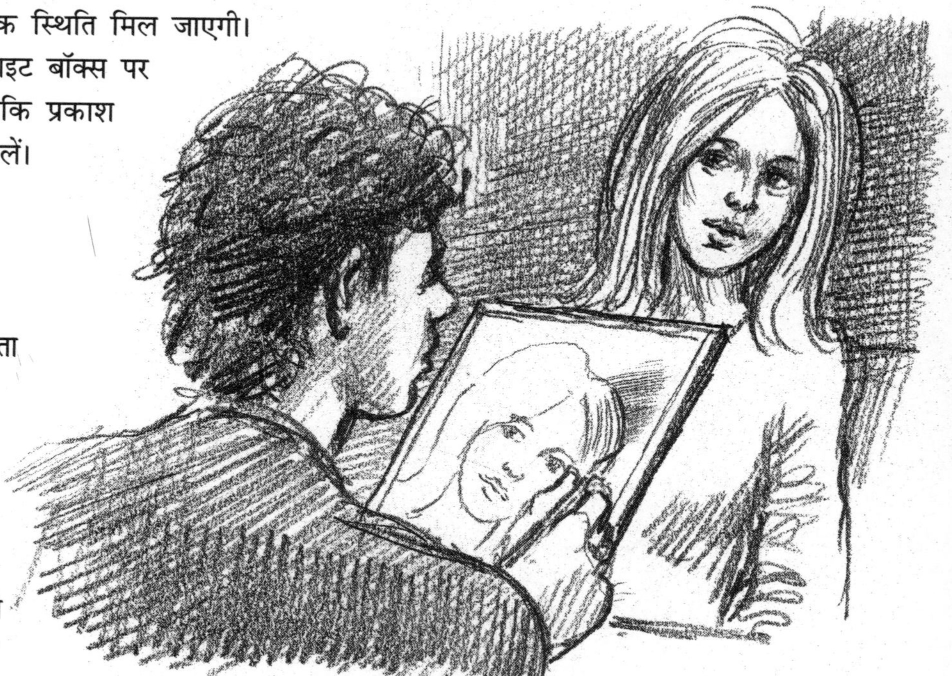

प्रतिकृति (Copying) अभ्यास

अपनी तकनीकी योग्यता बढ़ाने के लिए यह आवश्यक है कि आप दूसरे चित्रकारों के चित्रों को कॉपी करें। यह अच्छे रेखांकन करने का परम्परावादी तरीका है। अगर आप यह जानना चाहते हैं कि लियोनार्डो कैसे स्कैच करता था, तो आप उसके किसी ड्राइंग की कॉपी कीजिए। या तो किसी प्रिंट से या किसी किताब से उसकी ड्राइंग देखिए और स्कैच कीजिए। आप पायेंगे कि आपने कई बार हू-बहू उसकी ड्राइंग की कॉपी कर ली है। इस तरह आपके द्वारा सटीक रेखांकन के अवसर बढ़ जाएंगे।

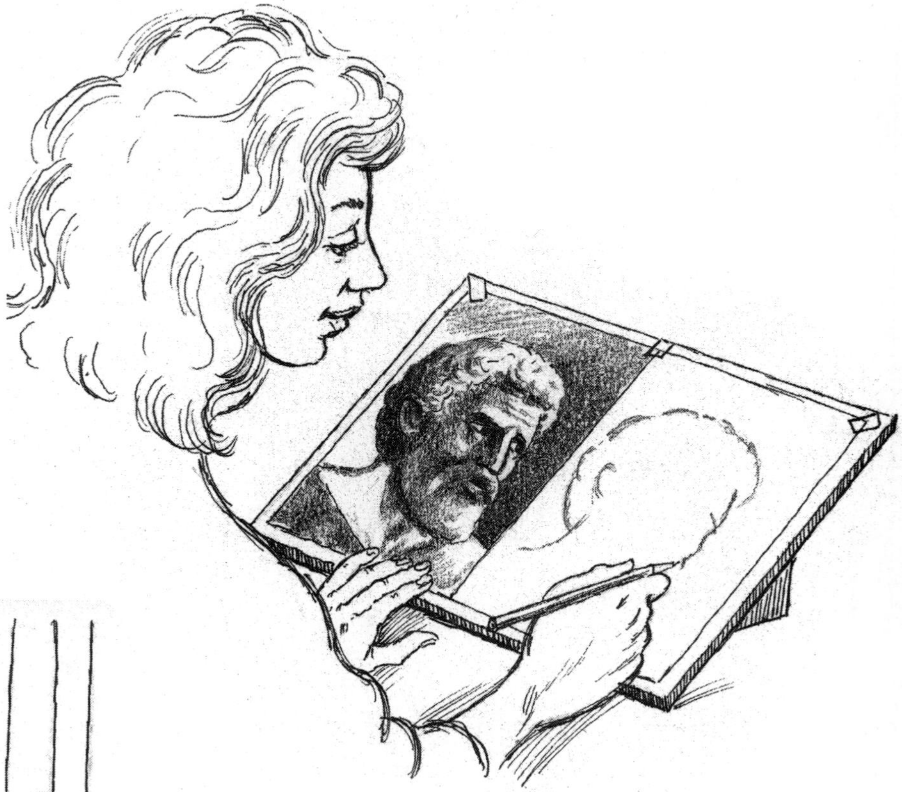

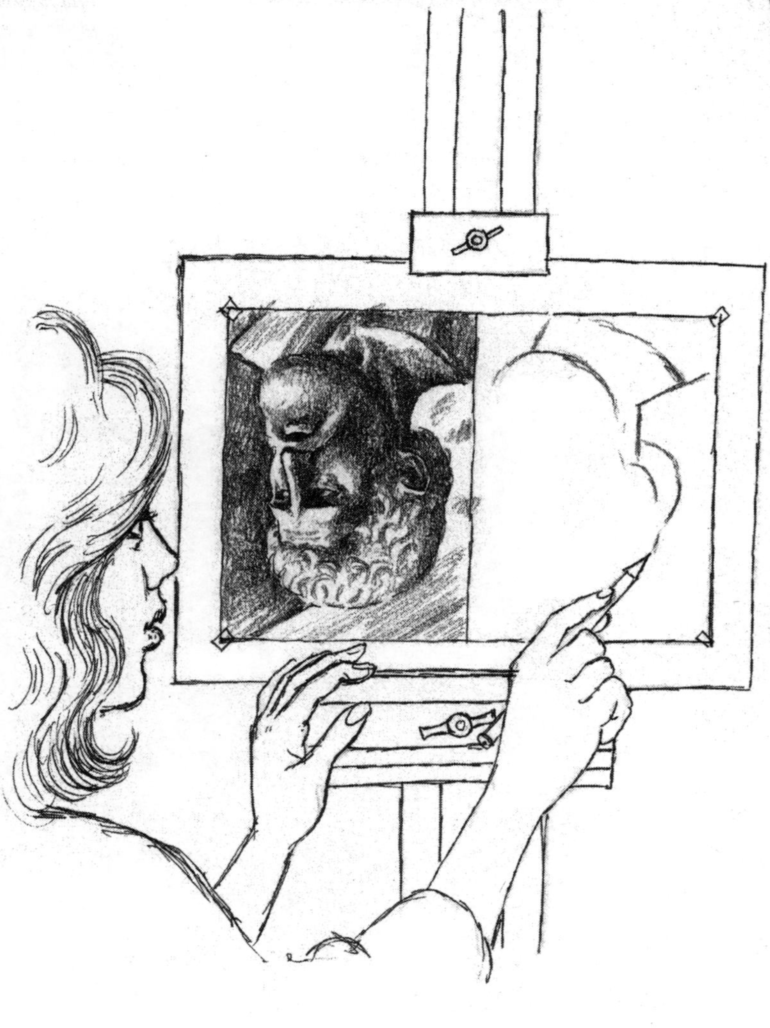

एक दूसरा तरीका अपनी रेखांकन योग्यता को बढ़ाने का यह है कि आप अपने प्रिन्ट की उल्टा कॉपी करें। इसे अपने ड्राइंग पेपर के नजदीक रखना न भूलें। अब इसे इसी स्थिति में कॉपी करें। यह आपकी सहायता इस तरह करेगा कि आप आकृति बना रहे हैं, न कि चेहरा (या कोई वस्तु); और जब आप सिर्फ आकृति देखते हैं या रेखाएं देखते हैं, आप पाएंगे कि आपको अपने रेखांकन का विश्लेषण (Analysis) करना सरल तो हो ही जाएगा, आप यह भी समझ सकेंगे कि आप क्या ड्रा कर रहे हैं।

योजना बनानाः स्थान बदल कर स्कैच करना

इस अभ्यास के लिए मुझे अपने घर के एक कमरे में जाना पड़ा; और जैसी मेरी प्रवृति है, मेरे मन ने जैसा चाहा वैसा ही दृश्य बनाया। यह एक लाभदायक अभ्यास है क्योंकि एक तो जब आप स्कैच बना रहे हों तो कई ऐसी समस्याएं आएंगी जिन्हें सुलझाने के लिए आपको तुरन्त निर्णय लेना पड़ सकता है। कुछ समस्याएं ऐसी होंगी जिन्हें बिना पूर्व विवेक के ही तुरन्त सुलझाना होगा। भले ही आपका अभ्यास एक या दो वस्तुओं के बनाने जैसा संक्षिप्त ही क्यों न हो।

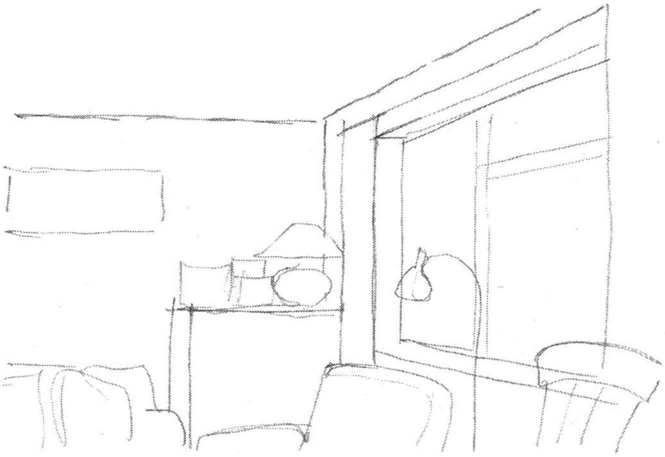

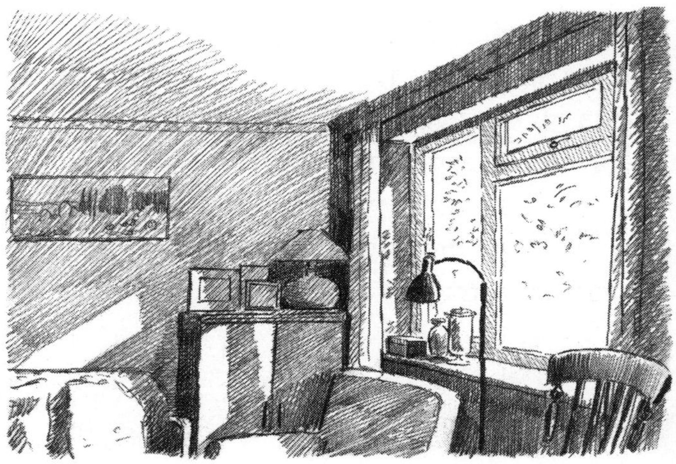

जैसे ही मैं बगीचे के दरवाजे से कमरे में घुसा मैंने दूर की दीवार और खिड़की का कोना देखा। अपने छोटे ड्राइंग पैड पर मैंने रेखांकन करना शुरू किया। मैंने वह बनाया जो मैंने देखा। अभी मैं खड़ा ही था कि मैंने वह सब कुछ अपने कागज पर चित्रित करना आरंभ किया जितना मेरे कागज पर आ सकता था।

मुझे इस की परवाह नहीं थी कि मैं चित्रण में कितना कुछ शामिल कर पाउंगा, न ही मुझे संयोजन का कुछ ध्यान था। मैंने छत ड्रा की, अल्मारी, कुर्सी और जो कुछ भी नजर आया ड्रा किया। खिड़की से प्रकाश आ रहा था, इसलिए गहरी छायाएं भी बन रहीं थीं।

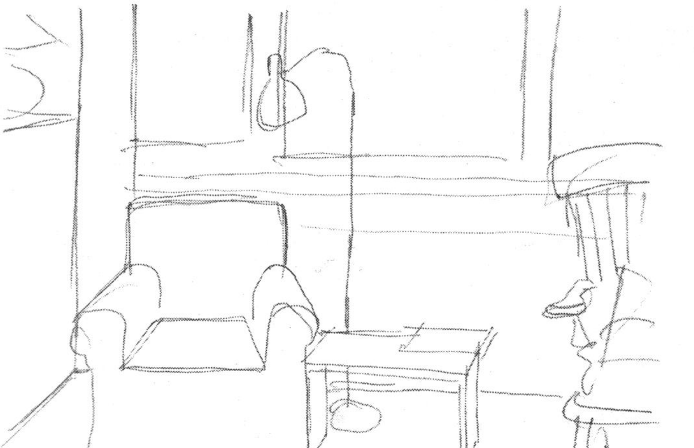

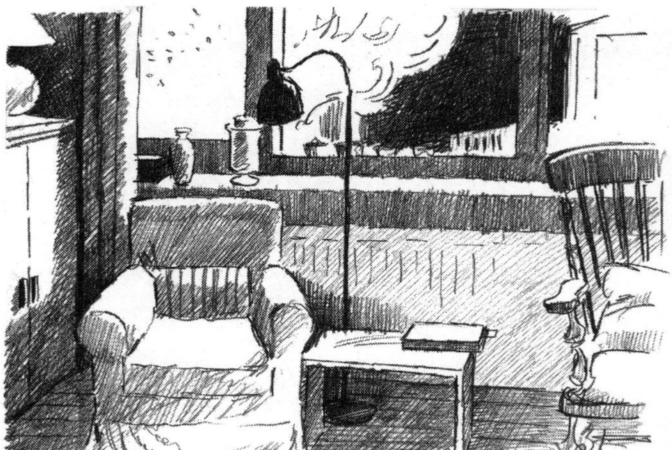

फिर मैं घूमा और खिड़की की तरफ देखा। अपने दृष्टिबिन्दु को थोड़ा झुकाकर मैं पूरी कुर्सी और छोटी मेज जो उसके साथ रखी थी और आर्मचेयर का एक हिस्सा जो मेरे दाएं था को देख सकता था। अब मैं प्रकाश के सामने था और छायाएं गहराती जा रही थीं। वस्तुएं वहीं थीं, जो कि पहली ड्राइंग में हैं, पर अब वे बिल्कुल ही अलग कोण से दिख रहीं थीं। वे ज्यादा नजदीक हैं... और कमरा कम, वस्तुएं ज्यादा दिख रही हैं।

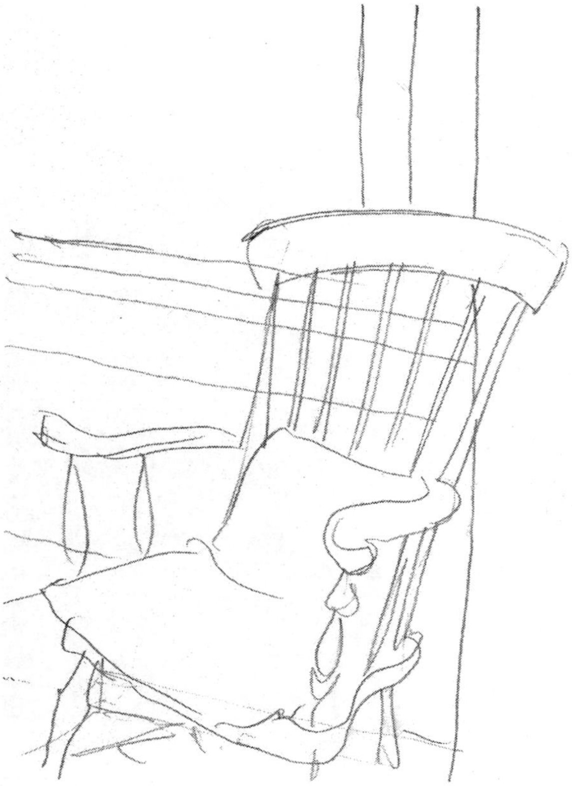

अब मैंने रॉकिंग चेयर (आगे पीछे हिलने वाली कुर्सी) ज्यादा नजदीकी से देखी जो कि स्थान घेरे हुई थी। यह साफ-साफ हल्की गहरी पार्श्व-भूमि (Background) में उभरी गहरे रंग की कुर्सी दिख रही है।

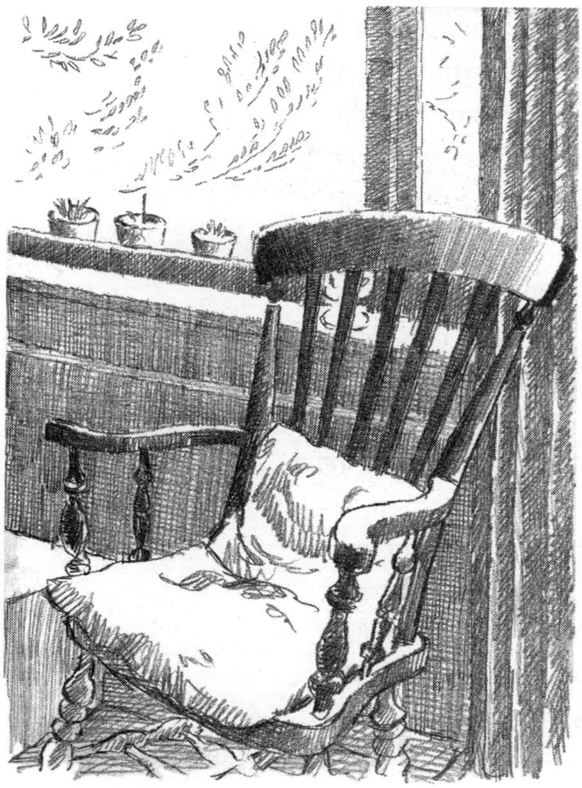

और कुर्सी के कुछ भाग स्पष्ट हाई लाइट (उच्च प्रकाशित भाग) में हैं जैसे पर्दे का किनारा, खिड़की आदि। इस तरह यह एकल वस्तु के रेखांकन का अच्छा उदाहरण है।

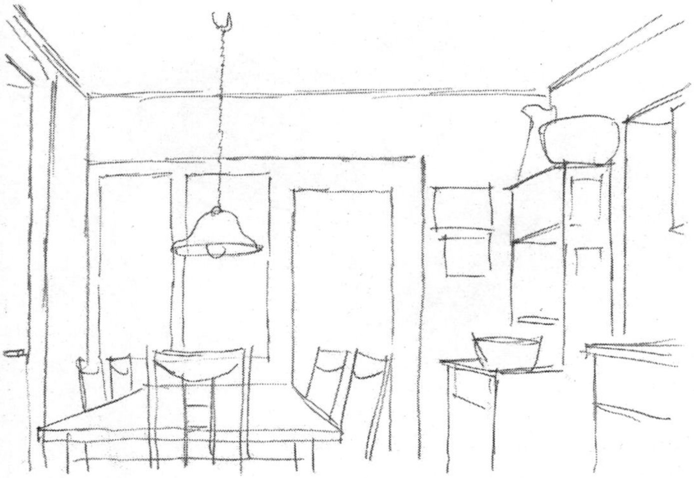

इसके बाद मैं घूमा और बगीचे के दरवाजे की तरफ मुड़ा, जिसमें से होकर मैं कमरे में आया था। खिड़की और दरवाजे के चौखटे गहरी टोन में हैं, क्योंकि प्रकाश बगीचे से आ रहा है। इससे खाने की मेज का टॉप एक दम प्रकाशित है जो कि कमरे के अन्त में रखी है।

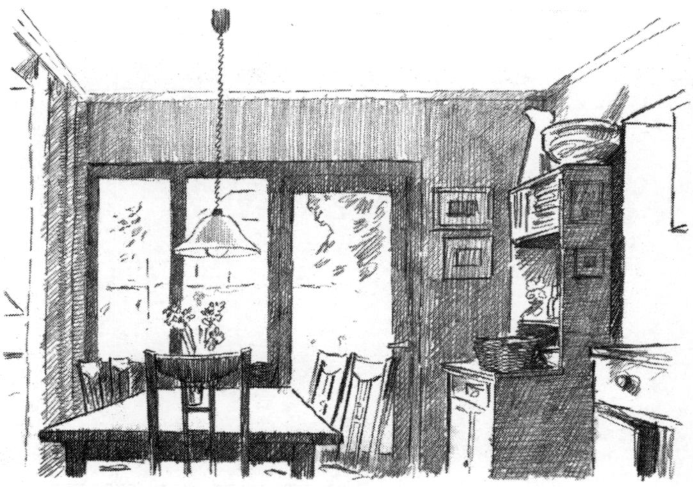

कमरे के दायीं ओर एक ड्रैसर है जिस पर कई चीजें रखी हुई थीं। दीवार पर कुछ तस्वीरें टंगी हैं। कुर्सी के पिछले भाग ने मेज को चौखटे में ला दिया है। और प्रमुख प्रकाश स्रोत इसके ऊपर है। छत दिख रही है। इससे आपको पर्सपैक्टिव का आभास भी होता है।

इस स्टेज पर मैं बैठ गया ताकि मैं कमरे को थोड़ा अलग तरीके से देख सकूं। मैंने एक दूसरे ड्रैसर की तरफ देखा, जिसमें कप, जग और न जाने क्या क्या और सामान रखा था। क्योंकि ड्रैसर मुझसे ऊंचा था, इसलिए मैंने अपनी स्कैच बुक को थोड़ा घुमाया ताकि मैं ड्रैसर की पूरी ऊंचाई कागज पर उतार सकूं। ऊंचे ड्रैसर को नीचे स्तर से बनाना एक चुनौती पूर्ण काम है। इसलिए पर्सपैक्टिव का मुझे खास ध्यान रखना था। मैंने ड्रैसर के ऊपर के पूरे भाग को लिया जिस पर एक ओर एक टेबल लैम्प भी रखा था और दूसरी तरफ एक पेंटिग टंगी थी। क्योंकि ड्रैसर पूरी तरह भरा हुआ था। मैंने ड्रैसर पर रखी वस्तुओं को सरल तरीके से बनाया। एक बार फिर छायाएं काफी गहरी हैं, और फर्नीचर के एक तरफ हैं।

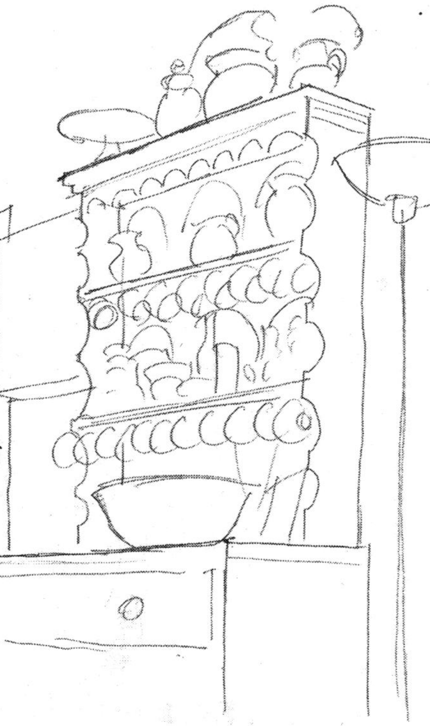

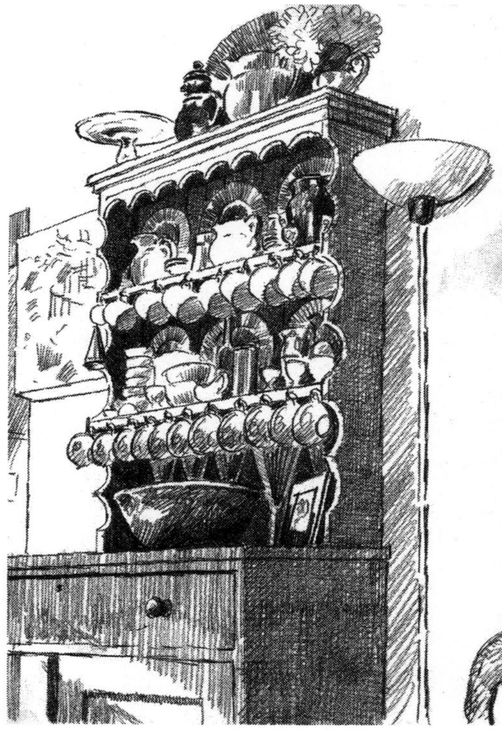

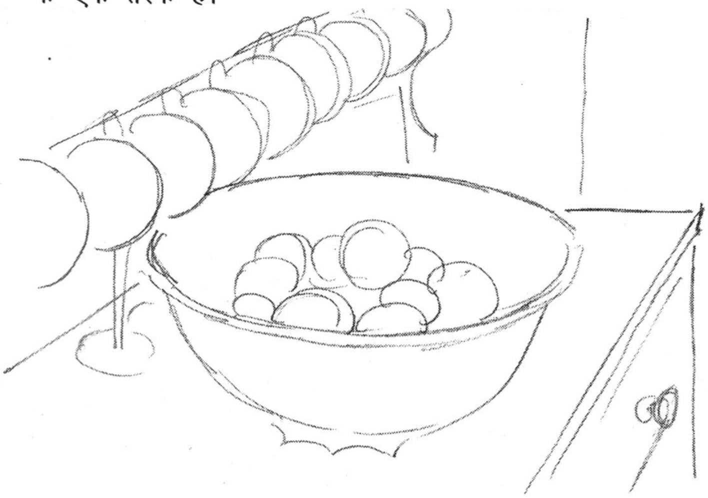

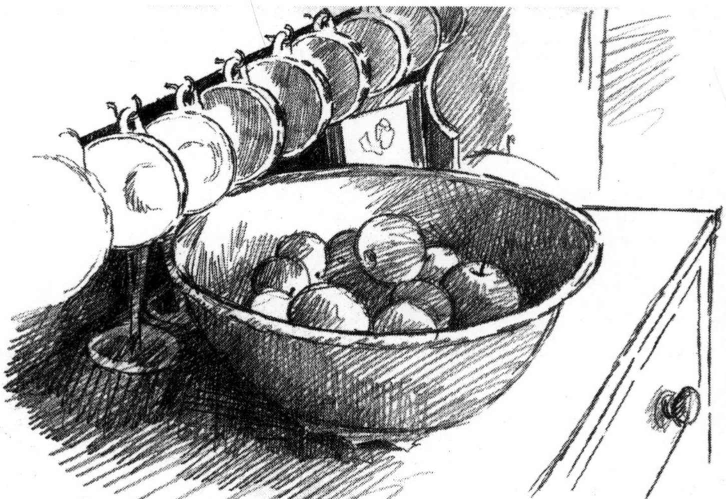

मैं उठ खड़ा हुआ और बड़े कटोरे को जो ड्रैसर पर रखा था, देखा। इसमें कुछ सेब रखे हुए थे। मैंने इसका रेखांकन किया और इसके ऊपर टंगे कपों का भी स्कैच किया, ड्रैसर का थोड़ा हिस्सा भी मैंने चित्रित किया। यह एक तरह का वस्तुचित्रण (Still Life) ही है।

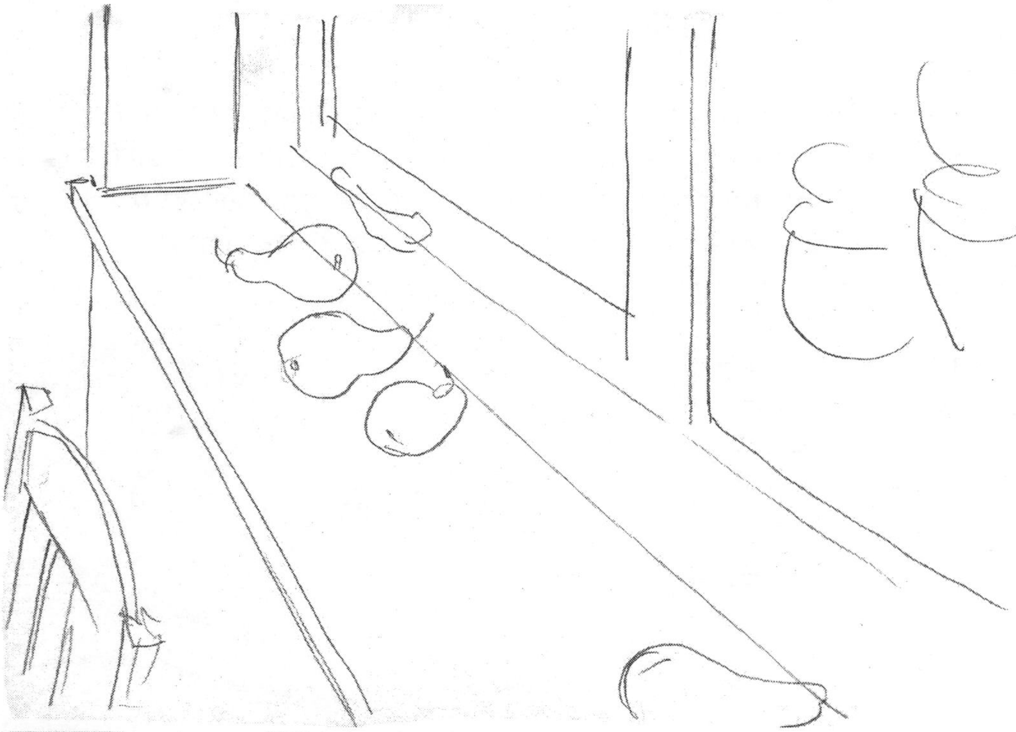

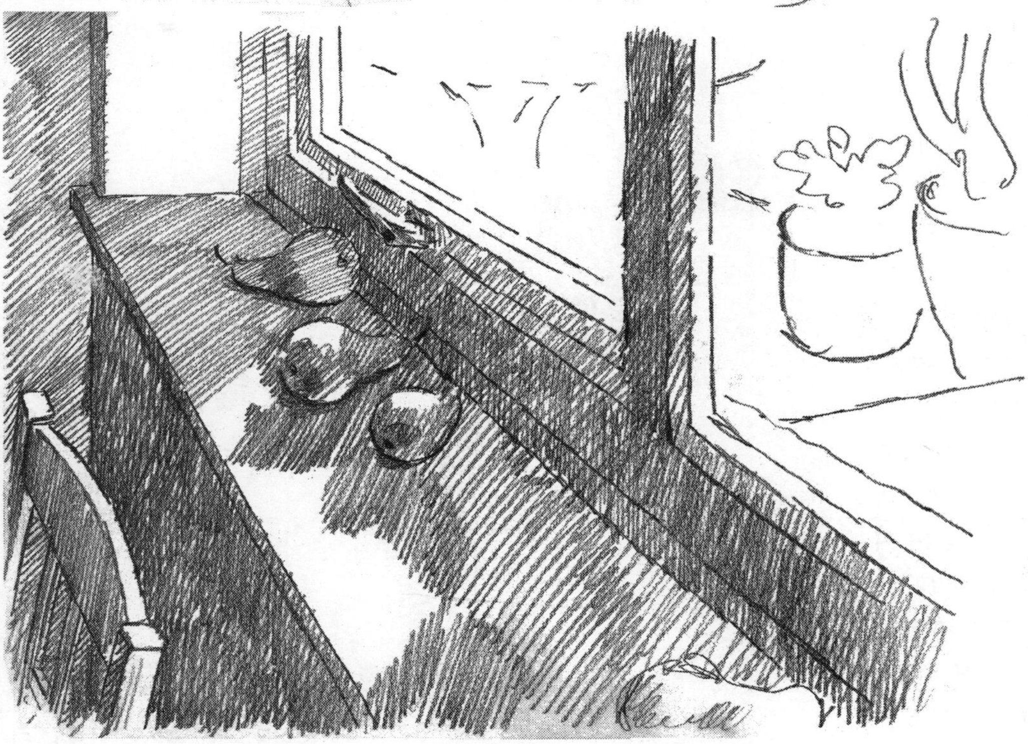

आखिरी ड्राइंग जो मैंने बनाई वह एक और वस्तु-चित्रण ही है। खिड़की के फ्रेम के पास कुछ नाशपतियां ऐसी छाया में थीं जो खिड़की के फ्रेम से बन रही थीं। गहरी छाया के कारण नाशपतियां छाया में मिल गई हैं। अब मैं पूरे कमरे में घूमा और रेखांकन करता हुआ उसी बिन्दु पर लौट आया जहां से मैं चला था। बिना कुछ सोचे-विचारे कि मुझे क्या चित्रित करना है, मैंने जो सामने दिखा उसका रेखांकन करता रहा। एक के बाद एक चीजों को मैं अपनी स्केच बुक पर उतारता रहा।

योजना : एक वस्तु पर ध्यान केन्द्रित करना

इस अभ्यास को आजमाने के लिए आपको अपना ध्यान एक ही वस्तु पर केन्द्रित करना होगा। कम से कम कुछ समय के लिए। जरूरी नहीं कि आप एक ही बार में पूरा रेखांकन कर डालें। दो तीन दिन का समय लें। कोई ऐसी वस्तु लें जो कम जटिल हो, जैसे कि एक जूता–इससे आप परिचित तो हैं ही यह एक सरल वस्तु है। पर इसका आकार विचित्र है, यह आपको इसका रेखांकन शुरू करते ही पता चल जाएगा।

प्रथमतः जूते का रेखांकन जूते की साइड से करें। गौर करें कि जूते की लंबाई और ऊंचाई का अनुपात क्या है। इसको चित्रित करने के लिए यह आवश्यक है ताकि आपका चित्रण सटीक बन सके। अब इसका रेखांकन सूक्ष्मता से करें। इसकी बनावट और इसका आकार कुछ भी न छोड़े। ड्राइंग को सुधारते रहें।

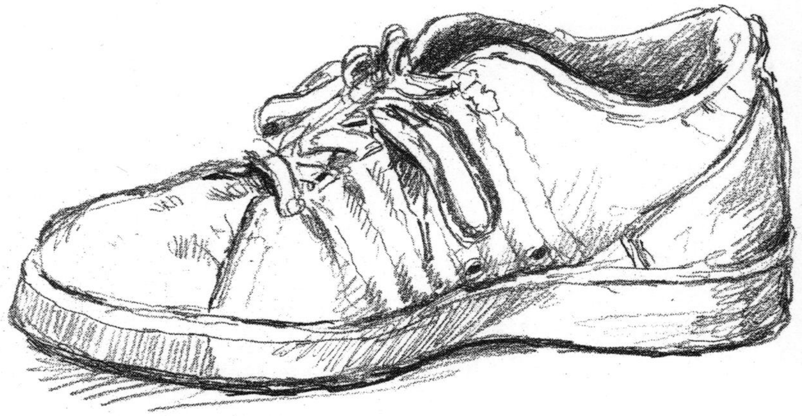

जब पहली ड्राइंग पूरी हो जाए, तो जूते की स्थिति बदलें, इस बार जूते का नुकीला हिस्सा आपकी तरफ हो। पहले की तरह इसका एक रफ आकार बना लें। ताकि अनुपात सही हों। अगर जूते में फीते हों तो उन्हें धनुष के आकार में बांध दें ताकि वे जूते के मुख्य आकार के अन्दर ही रहें। एक बार फिर पूरी सूक्ष्मता से रेखांकन करें और साथ के साथ ही ड्राइंग में सुधार करते रहें। जब आपको लगे कि आपकी ड्राइंग पूर्णता को प्राप्त हो गई है, इसे अलग रख दें और अगली ड्राइंग के लिए अपने को तैयार करें।

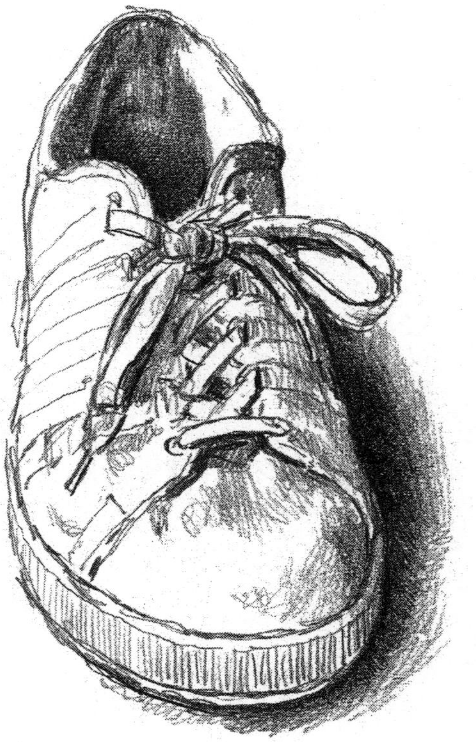

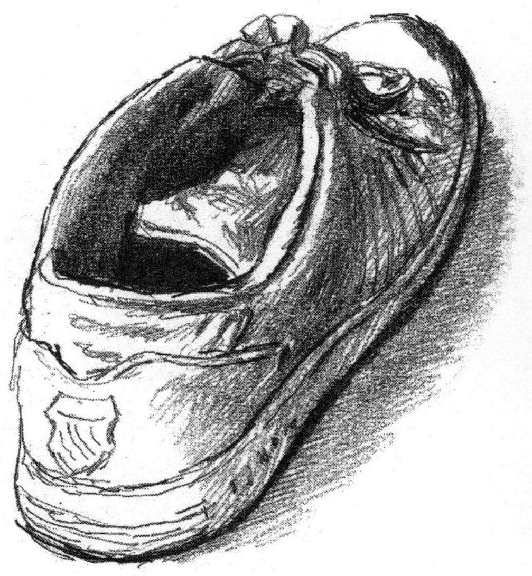

अब आप अगला चित्र जो बनाएं उसमें जूते की मुद्रा बदल दें। अब जूते का एड़ी वाला भाग आपकी तरफ होना चाहिए। और ऐसा ही चित्रांकन करें जैसा कि आपने पिछली ड्राइंग में किया था। यह थोड़ा तकलीफदेह तो लगेगा, पर यह आपके रेखांकन को सुधारने का सबसे सरल तरीका है।

इससे पहले कि आप अगले रेखांकन की तरफ बढ़ें, अपनी पिछली ड्राइंग की तुलना करें जो कि आप बना चुके हैं। आप पाएंगे कि कौन सा स्कैच ठीक बना, और किसमें कमजोरियां रह गईं। यह प्रक्रिया आपके रेखांकन को समझने में आपकी मदद करेगी। अब जूते को ऐसी स्थित में रखें जिससे जूता ऐन आपकी नाक के नीचे हो, और पूरे आकार में दिखाई दे रहा हो। इसकी परवाह न करें कि एड़ी आपकी तरफ है या उंगलियों वाला भाग आपकी तरफ है। उद्देश्य यह है कि पूरा जूता आपको दिखे। पहले रेखांकनों की तरह इसे भी ड्रा करें। और जितना अच्छा ड्रा कर सकते हैं, उतना करें।

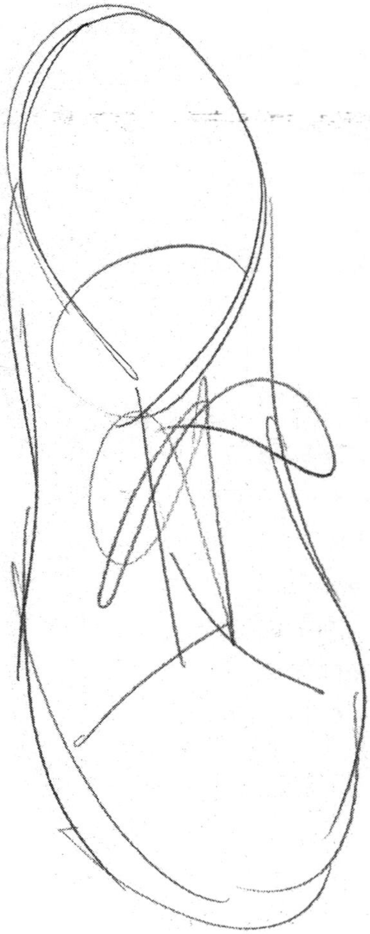

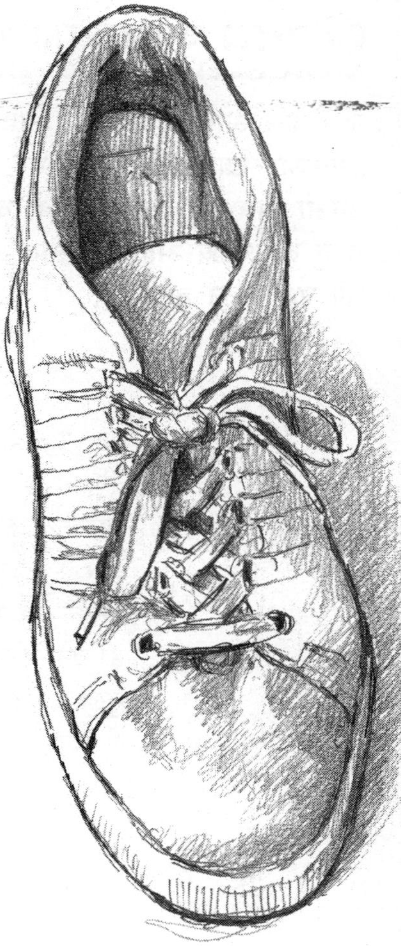

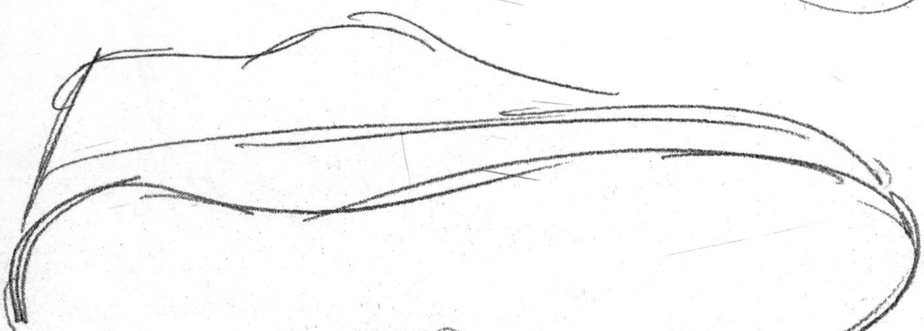

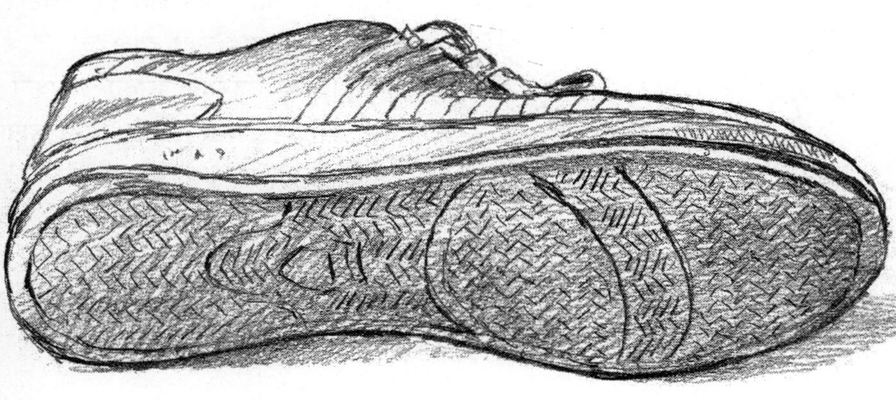

अन्त में जूते को इस स्थिति में स्थिर करें कि जूते का तला आपकी तरफ हो। यह काफी चुनौतीपूर्ण है। यह स्पष्ट है कि ऐसे कोण से जूते की ड्राइंग बनाने के लिए आपको काफी सावधानी बरतनी पड़ेगी। जब आप संतुष्ट हों तभी कागजों को जिन पर ड्राइंग बनीं है एक साथ फैला दें। अब आप जान पाएंगे कि आप एक बड़ी ड्राइंग के बनाने में सक्षम हैं जो एक जूते को ड्रा करने की सभी संभावनाओं को थका देती है। यह आपकी स्मरण शक्ति के लिए आवश्यक है। हालांकि आवश्यक नहीं कि निकट भविष्य में आप कोई जूता ड्रा ही करें। जूते का स्मरण आपकी तब सहायता करेगा जब आपको जूता बनाना पड़े।

सभी रेखांकन जिन पर अपने समय लगाया आगे जाकर आपकी काफी सहायता करेंगे।

स्वयं का परीक्षण (Testing Yourself)

जैसे जैसे आप आगे बढ़ें, आप अपनी योग्यता का परीक्षण करते रहें। आपको जब यह लगे कि आपका रेखांकन सटीक होता जा रहा है, तो आप अधिक मुश्किल रेखांकनों की तरफ बढ़ें। आओ अब हम ऐसी वस्तुओं की तरफ ध्यान दें जो चुनौतीपूर्ण हैं। यह आवश्यक है कि आप वस्तु का मुख्य आकार बनाएं और वह भी काफी ध्यान से, पर आप अति सूक्ष्मताओं (Details) की परवाह न करें।

एक साइकिल आपकी योग्यता की अच्छी परीक्षा होगी। क्योंकि साइकल का आकार स्पष्ट है और समझने के काबिल है। पर इसकी सूक्ष्मताएं काफी जटिल हैं। इनमें ज्यादा मत उलझें, पर मुख्य आकार को सटीक तरीके से बनाएं।

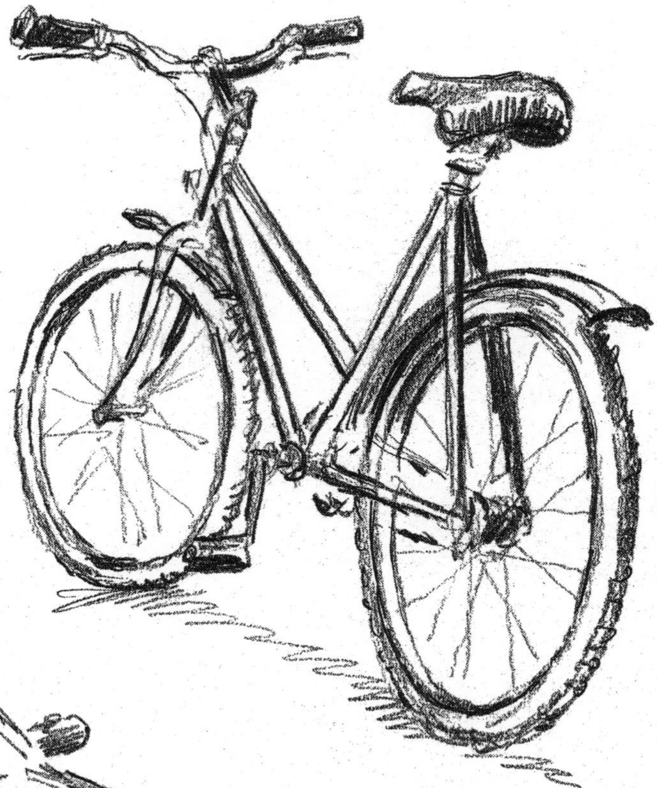

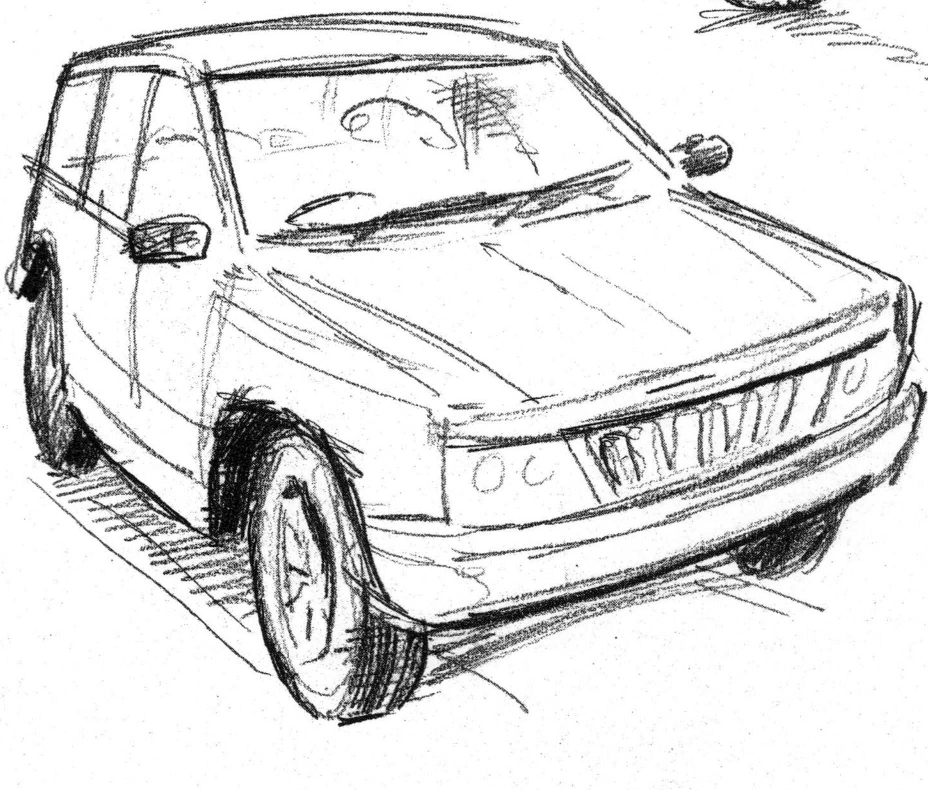

कार बनाना भी दिलचस्प विषय हैं क्योंकि एक तो यह काफी बड़े आकार की होती है, और इसे छोटी वस्तुओं की तरह नहीं देखा जा सकता। यहां आपको इसका रेखांकन करने के लिए कार से दूर खड़ा होना पड़ेगा। तब आप इसे पूरे आकार में ही कागज पर उतार सकेंगे।

इसका ठोसत्व और इसकी विशालता का रेखांकन सटीकता से करें।

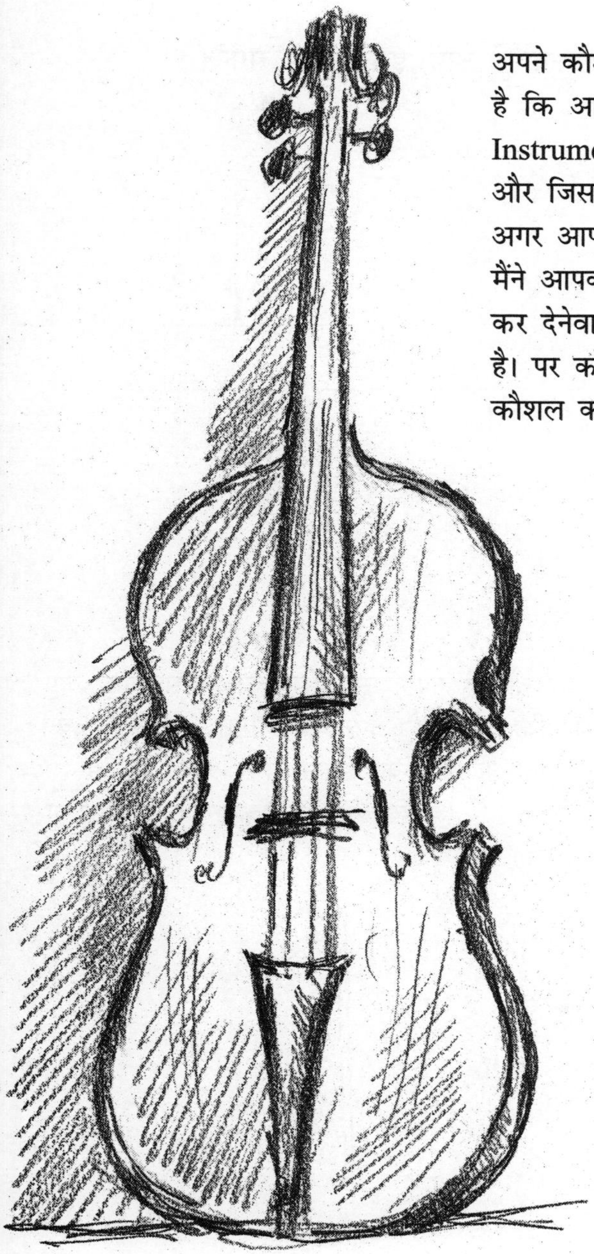

अपने कौशल को परखने का सबसे अच्छा तरीका यह है कि आप रेखांकन के लिए कोई वाद्य-यंत्र (Musical Instrument) चुनें। जिसका एक सुनिश्चित आकार होता है, और जिसका निरीक्षण (Observation) आप ध्यानपूर्वक करें, अगर आप चाहते हैं कि आप की ड्राइंग सुरुचिपूर्ण बने। यहां मैंने आपको एक वायलिन का रेखांकन दिखाया है, जो भ्रमित कर देनेवाला है क्योंकि यह आकार में काफी सूक्ष्म (Subtle) है। पर कोई भी सुघड़ता से बना यंत्र आपकी योग्यता और कौशल की अच्छी परीक्षा लेता है।

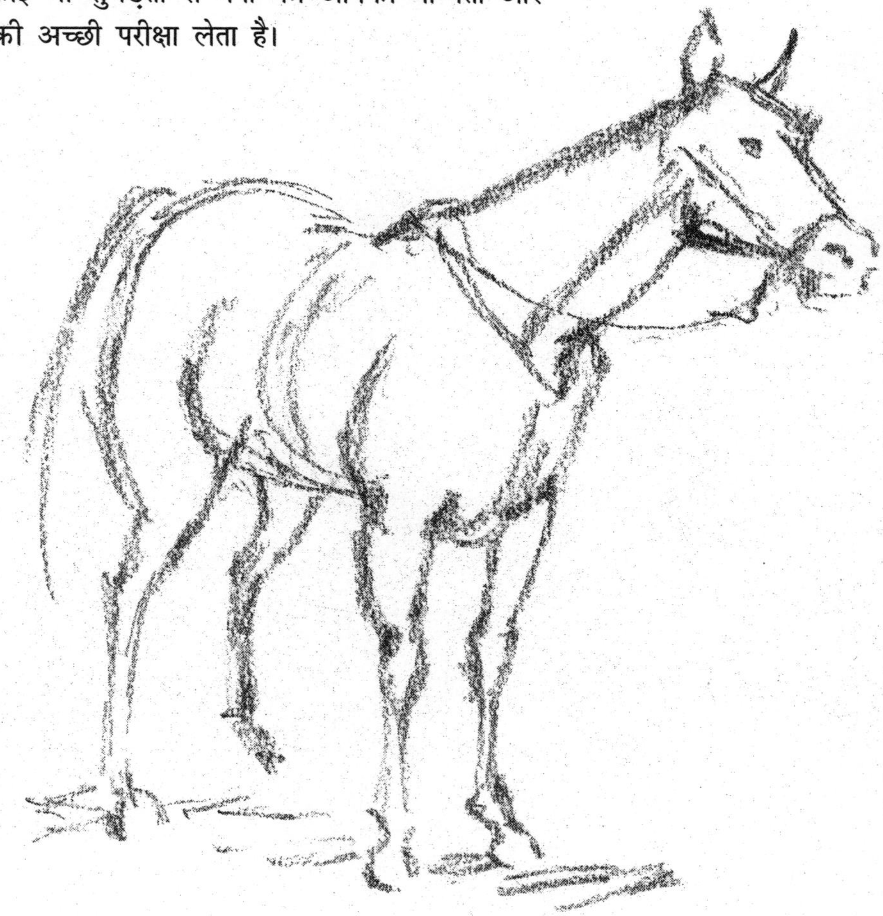

किसी जानवर का स्कैच बनाना विशेषतः एक घोड़े का एक चुनौतीपूर्ण काम हो सकता है, क्योंकि यह स्थिर खड़ा नहीं रह सकता। कभी-कभी आप इसका उतना ही स्कैच कर सकते है जितनी देर वह स्थिर खड़ा था। आपको फिर स्कैच करना होगा जब वह स्थिर हो गया हो। यह इसलिए लाभदायक है क्योंकि आप यह चिन्ता करना भूल जाते हैं कि आप कितना अच्छा कर रहे हैं। आप अपना ध्यान इस बात पर केन्द्रित करते हैं कि आपने अन्त में क्या चित्रित किया है। यह अभ्यास आपको इस योग्य बना देता है कि आप ऐसा रेखांकन कर सकें जिसमें आप अपने मॉडल की अधिक परवाह नहीं कर रहे हैं।

व्यक्ति चित्र (Portrait) का नापना

जब आप कोई पोरट्रेट बनाएं, तो सिर का नाप जितना ज्यादा हो सटीकता से नापें। इससे आप सफल परिणाम तक पहुचेंगे। अनुपात आपके दिमाग में बिल्कुल साफ होंगे।

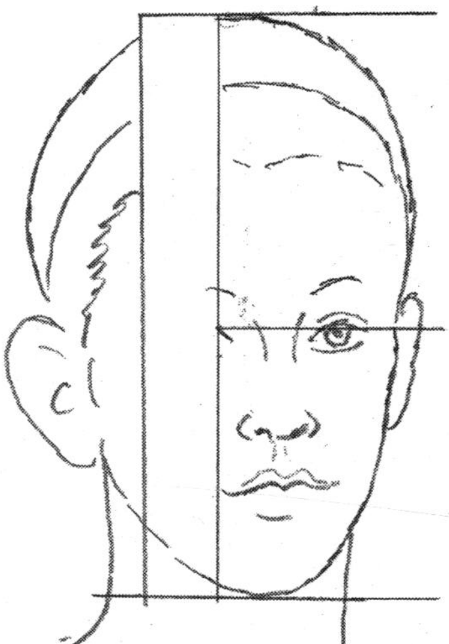

एक फुट रूलर (Scale) का प्रयोग कर सिर की लंबाई को नापें और आँखों का स्थान सुनिश्चित करें।

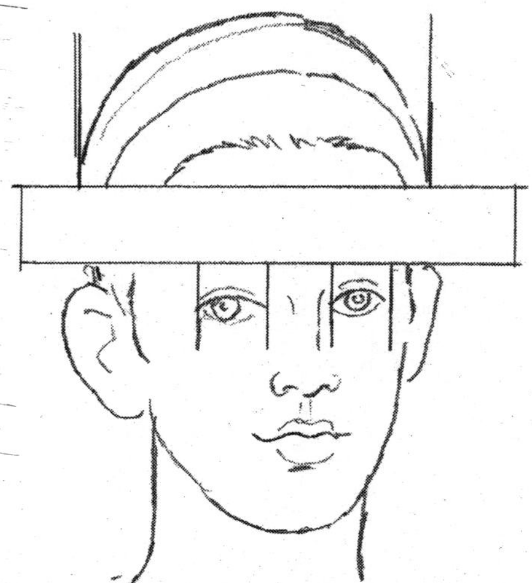

अब सिर की चौड़ाई नापें जिसमें सिर का सबसे चौड़ा नाप आ जाए जो कि कानों के ऊपर तक होगा। अब आंखों की लंबाई और दोनों के बीच का स्थान नापें। आंखों के अन्दर के कोने का भी नाप लें जो कि सिर के किनारे से लिया गया हो। (देखें चित्र)

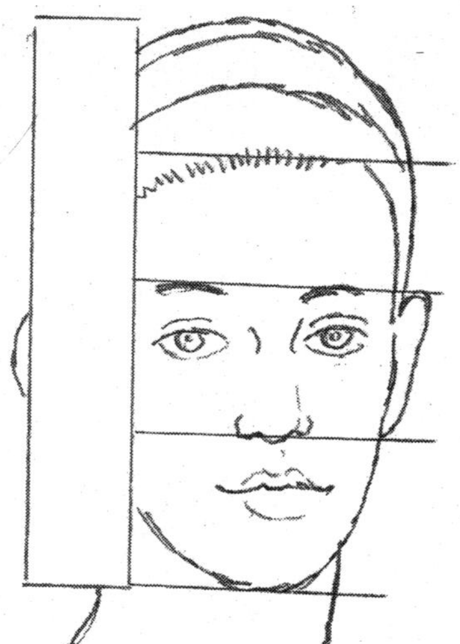

अब अगला नाप सिर के शिखर (Top) से बालों की सीमा रेखा तक का लें। बालों की सीमा रेखा से भौहें तक का नाप लें। और इसे नाक की लम्बाई तक ले जाएं; नाक के अन्त से ठोड़ी तक भी नापें। जैसे जैसे आप नाप लें अपने कागज पर इन्हें चिन्हित (Mark) करते जाएं।

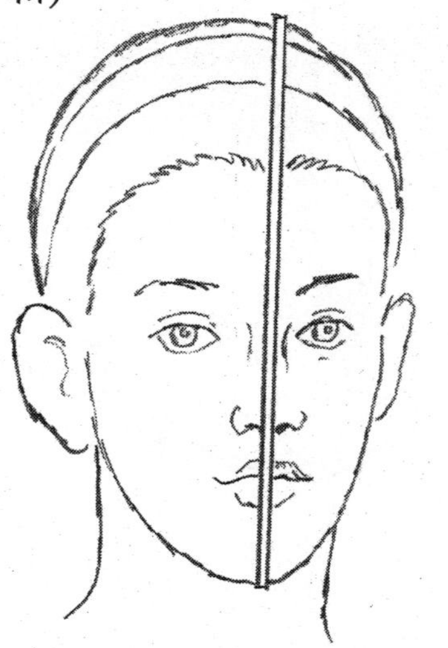

अब अपने स्केल को चेहरे के ठीक केन्द्र में रखें ठीक आंखों के बीच से ताकि आप पहचान सकें कि चेहरे के दोनों भागों में क्या क्या अन्तर हैं। किसी भी व्यक्ति को चेहरे के दोनों भाग कभी समान नहीं हो सकते। इससे आपको चेहरे के लक्षण बिल्कुल सटीक मिल जाएंगे।

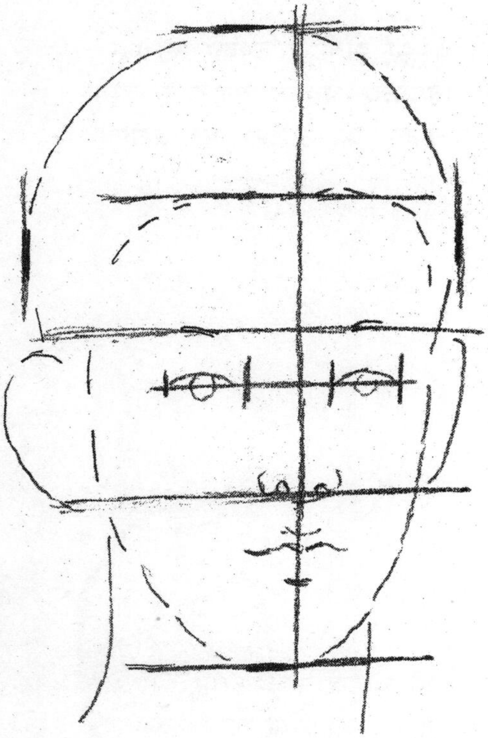

1

बाएं रेखांकित ड्राइंग (1) में वे सारे चिन्ह (Mark) लग चुके हैं जिनसे एक सटीक पोरट्रेट बनाया जा सकता है। बस अब इन्हें जोड़ना भर है ताकि–चेहरा सटीक लग सके। अब आप रेखाओं को और उभार कर अनुपातों को सटीक कर लें। टोन दे कर पोरट्रेट के सभी लक्षणों को सुनुयोजित (Accurate) कर दें (देखे स्टैप 2 और 3)

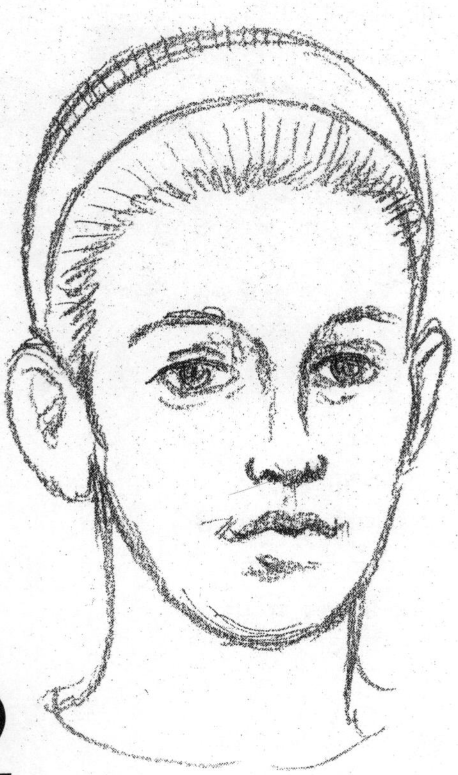

2

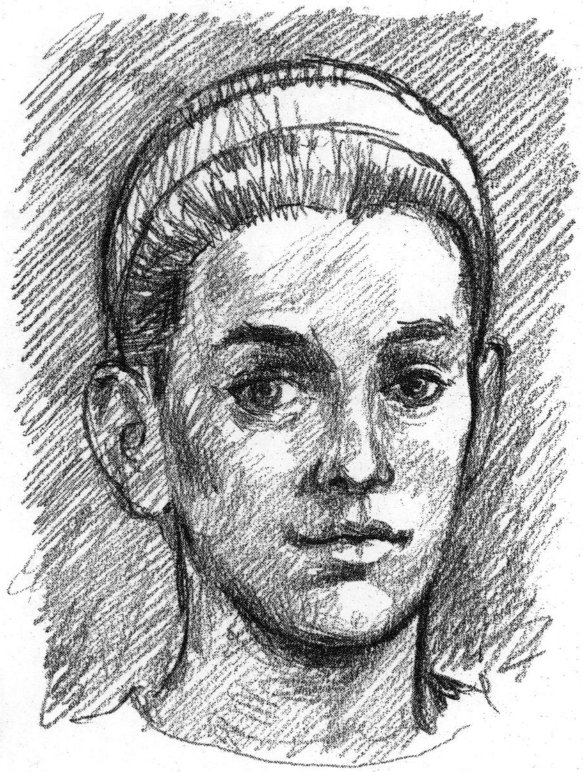

3

निगेटिव आकार

रेखांकन में स्थानों का इतना महत्व नहीं–विषय वस्तु के आसपास जो वस्तुएं होती हैं उनका अधिक महत्व है। यह वस्तुओं के आसपास जो खाली स्थान होता है उसी को निगेटिव आकार कहते हैं। इसी का अध्ययन कर आप अपनी ड्राइंग को अधिक सटीक और अपनी संयोजना को अधिक प्रभावशाली बना सकते हैं।

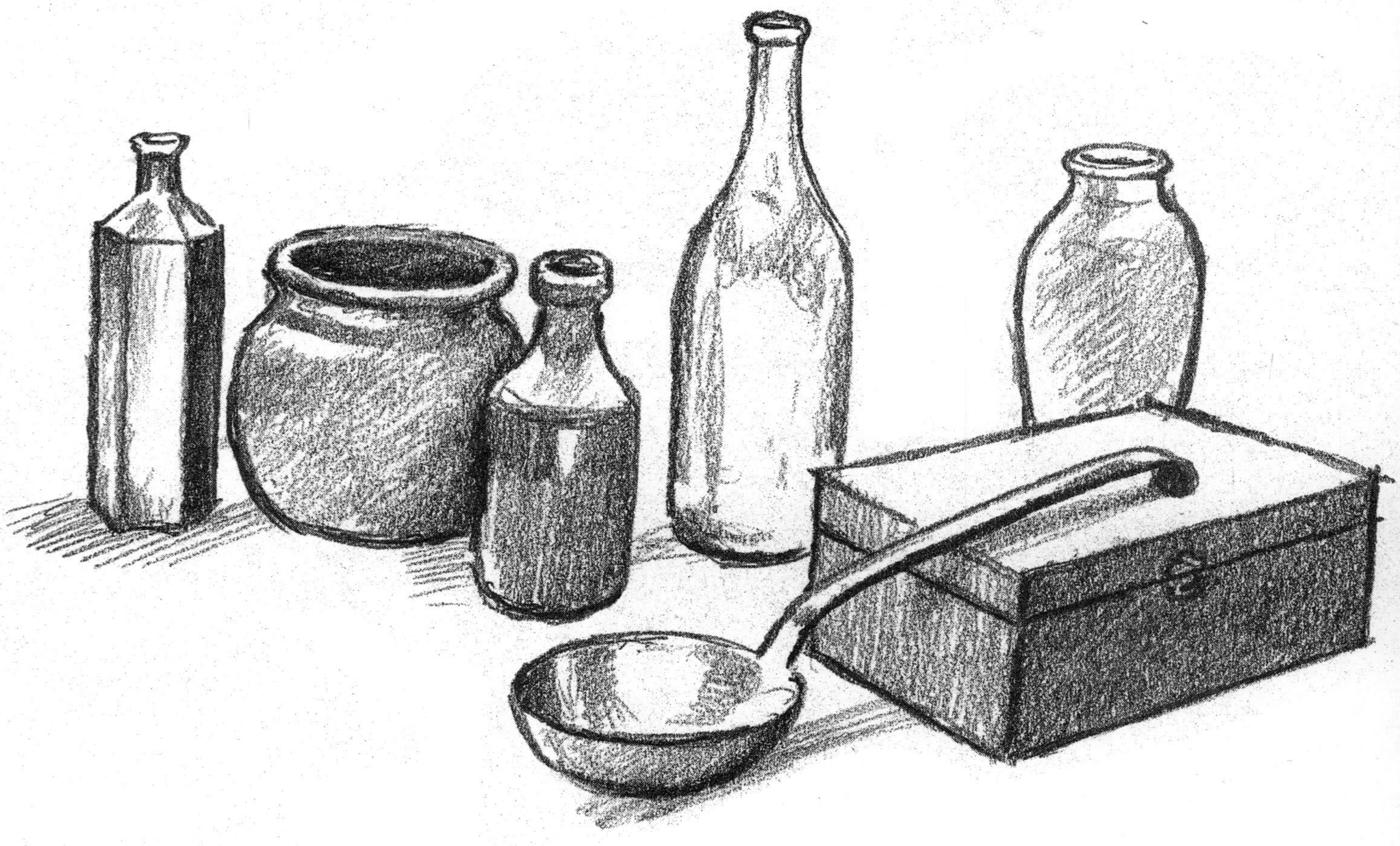

यहां एक वस्तु-समूह है जिसे ड्रा करने की इच्छा आपके मन में जागेगी। आपकी पहली स्वाभाविक प्रवृत्ति होगी कि आप इन्हें संभवतः अलग अलग ड्रा करना चाहें, इस आशा में कि वे एक समूह के रूप में सटीक लगेंगे।

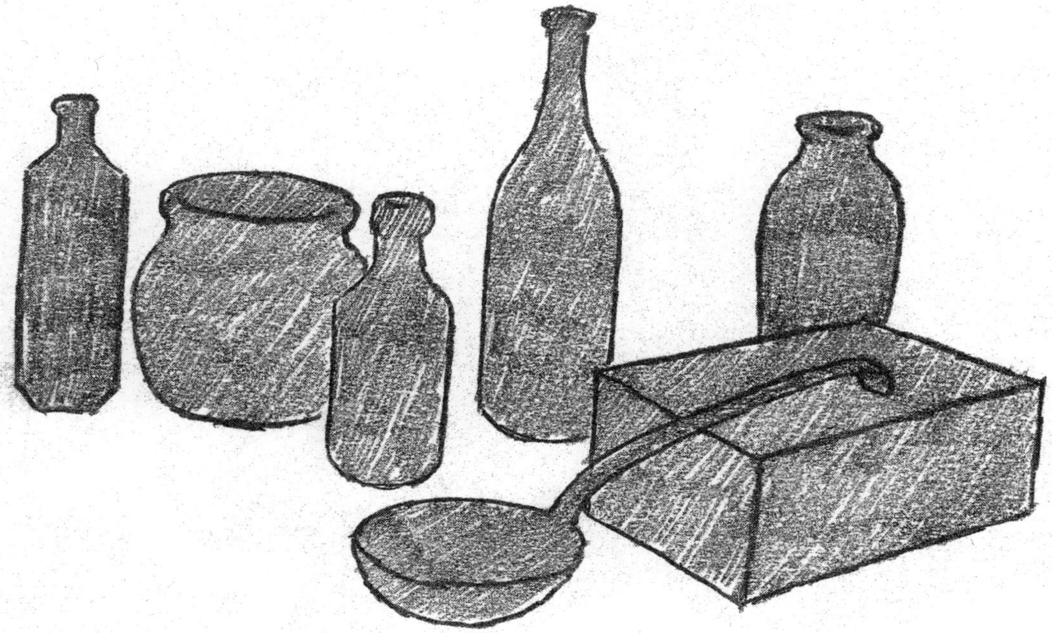

इन वस्तुओं के समूह को फ्लैट-टोन से भर दिया गया है। इससे आपको प्रमुख आकारों को समझने में आसानी होगी और इनके आपस में सम्बन्ध का भी आपको आभास होगा। इसका निरीक्षण आपके लिए काफी लाभदायक है।

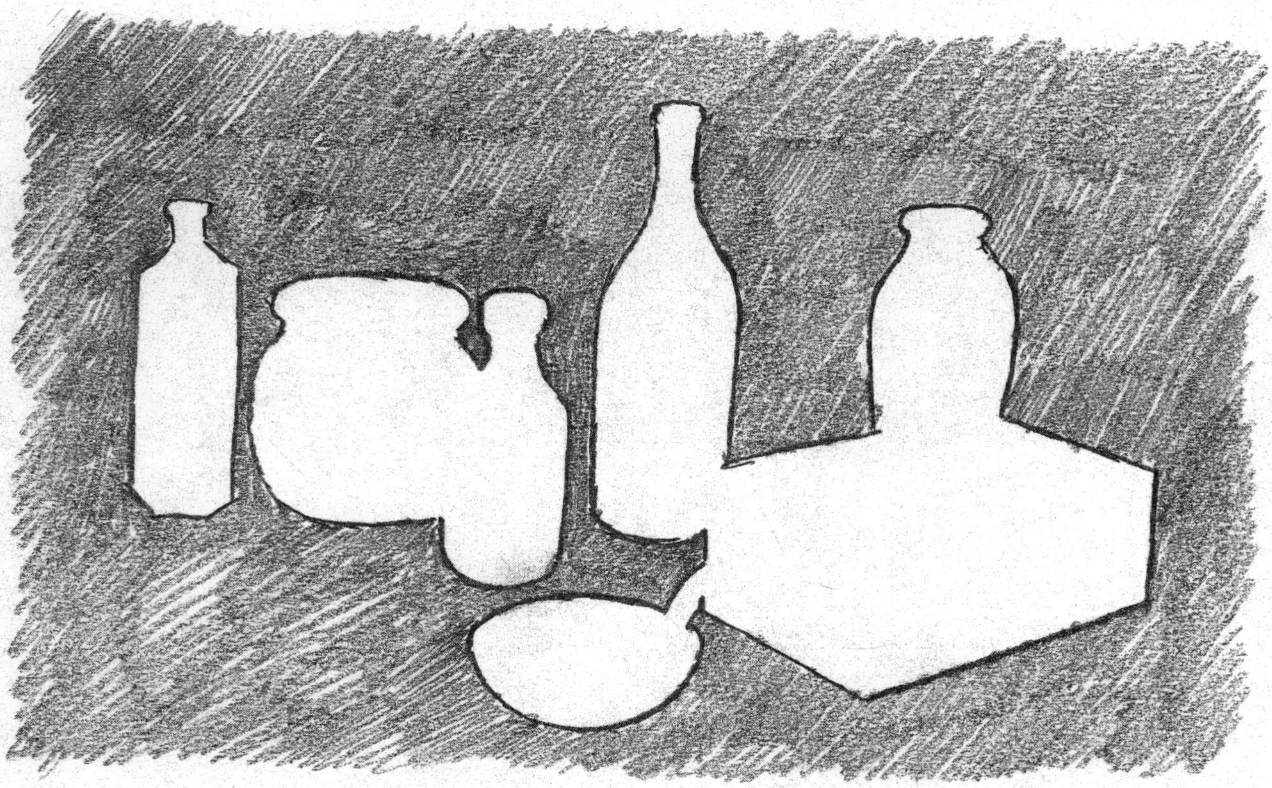

इस उदाहरण में आप देखेंगे कि किस तरह निगेटिव आकारों ने वस्तुओं के आकारों को उभार दिया है और किस तरह वे एक दूसरे के ऊपर भी स्थित हैं।

दृश्य चित्रण की युक्तियाँ (Landscape Hints)

जब आप किसी दृश्य-चित्रण को ड्रा करने का साहस करते हैं, तो एक बाधा तो दृश्य की विशालता ही होगी इस विशालता में कौन सा भाग आपको ड्रा करना है यह सुनिश्चित करने के लिए अक्सर कलाकार अपनी दोनों हथेलियों को आपस में जोड़ उस भाग का जो उन्हें ड्रा करना होता है एक फ्रेम सा बना लेते हैं। (देखें चित्र)। इस तरीके से बेहतर एक तरीका यह है कि आप समकोण पर काट कर गत्ते के दो टुकड़ों को एक चौखटे (Frame) का रूप दें। आप दृश्य को छोटा या बड़ा करना चाहें तो इन टुकड़ों को इधर-उधर सरका कर ऐसा कर सकते हैं। (देखें चित्र)

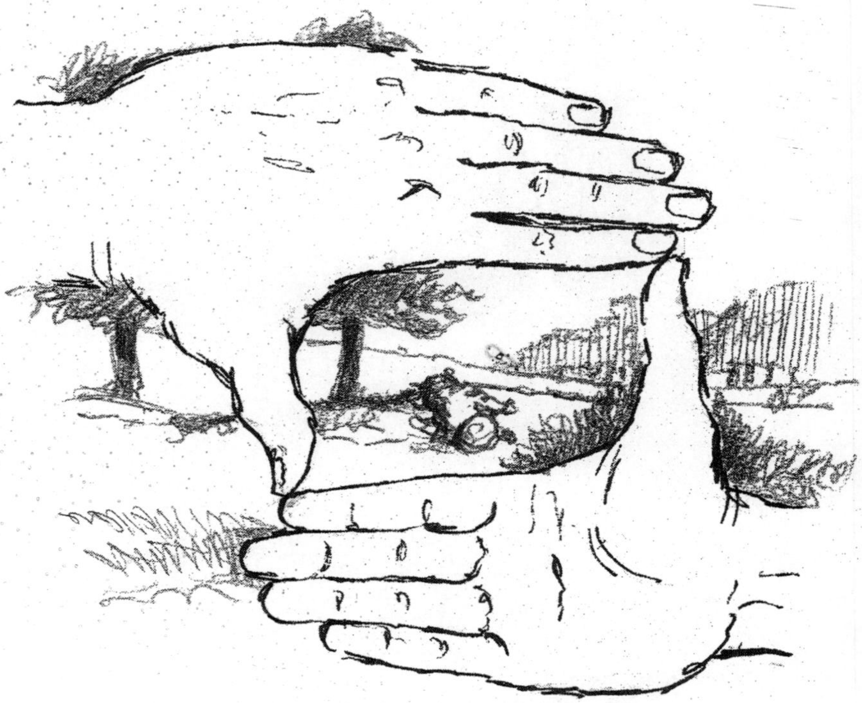

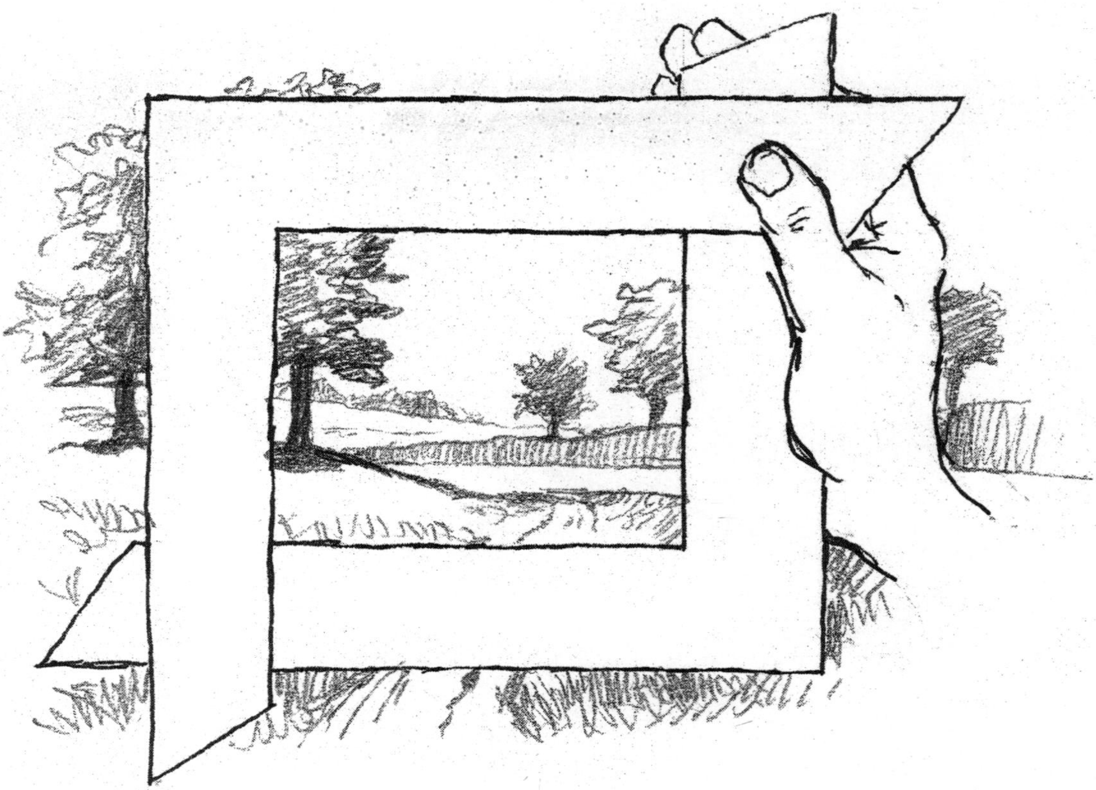

अक्सर यह कठिन होता है कि दृश्य-चित्रण के लिए ठीक मौसम आपको मिल जाए। बरसात, कोहरा, ठंड आपके लिए बाधा उत्पन्न कर सकते हैं। इसलिए सही मौसम का आकलन करके ही आप बाहर निकलें। अच्छा तरीका तो यह है कि आपके पास कैमरा होना चाहिए ताकि दृश्य का जो भाग आप बनाना चाहें उसका फोटो खींच लें। यह आपको बाद में काफी सहायता देगा। यहां कुछ दृश्यों का रेखांकन है जिन्हें मैंने अपनी कुछ पेंटिंगों के लिए स्कैच किया था। मैंने दो या तीन फोटो रिचमन्ड पार्क की झील के खींचे जो कि लन्दन के बाहरी भाग में है। क्योंकि सर्दियां थीं इसलिए वातावरण ठंडा और गीला था। मैं खुश था क्योंकि बजाय इसके कि मैं सर्द मौसम में बैठकर ईजल पर लंबे समय तक पेंटिग करता फोटो खींचकर दृश्य को कैमरे में कैद कर आराम से अपने स्टुडियो में इसका चित्रण सुविधाजनक स्थिति में करना ज्यादा आरामदायक था।

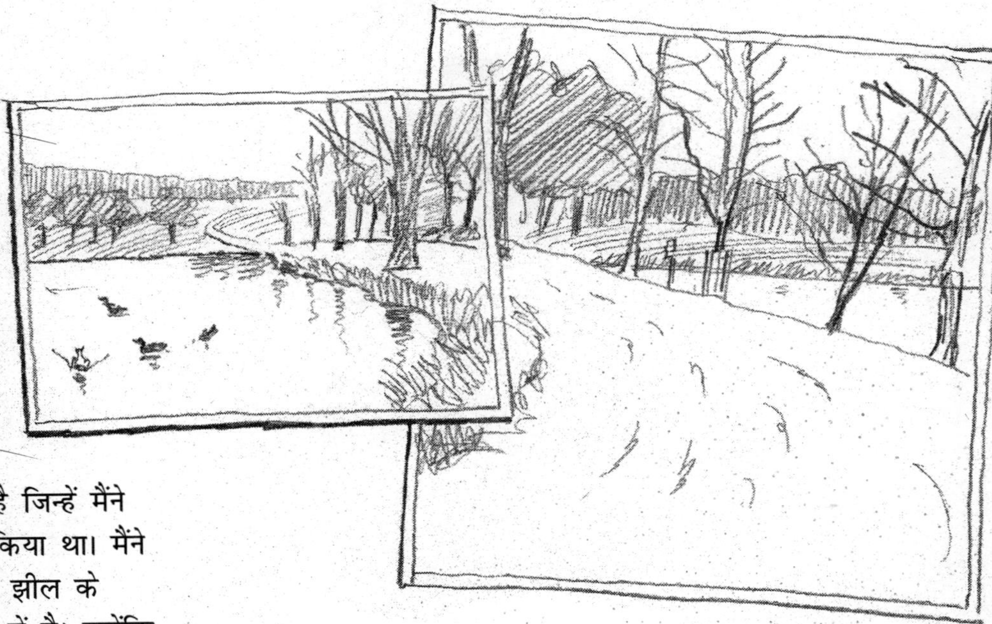

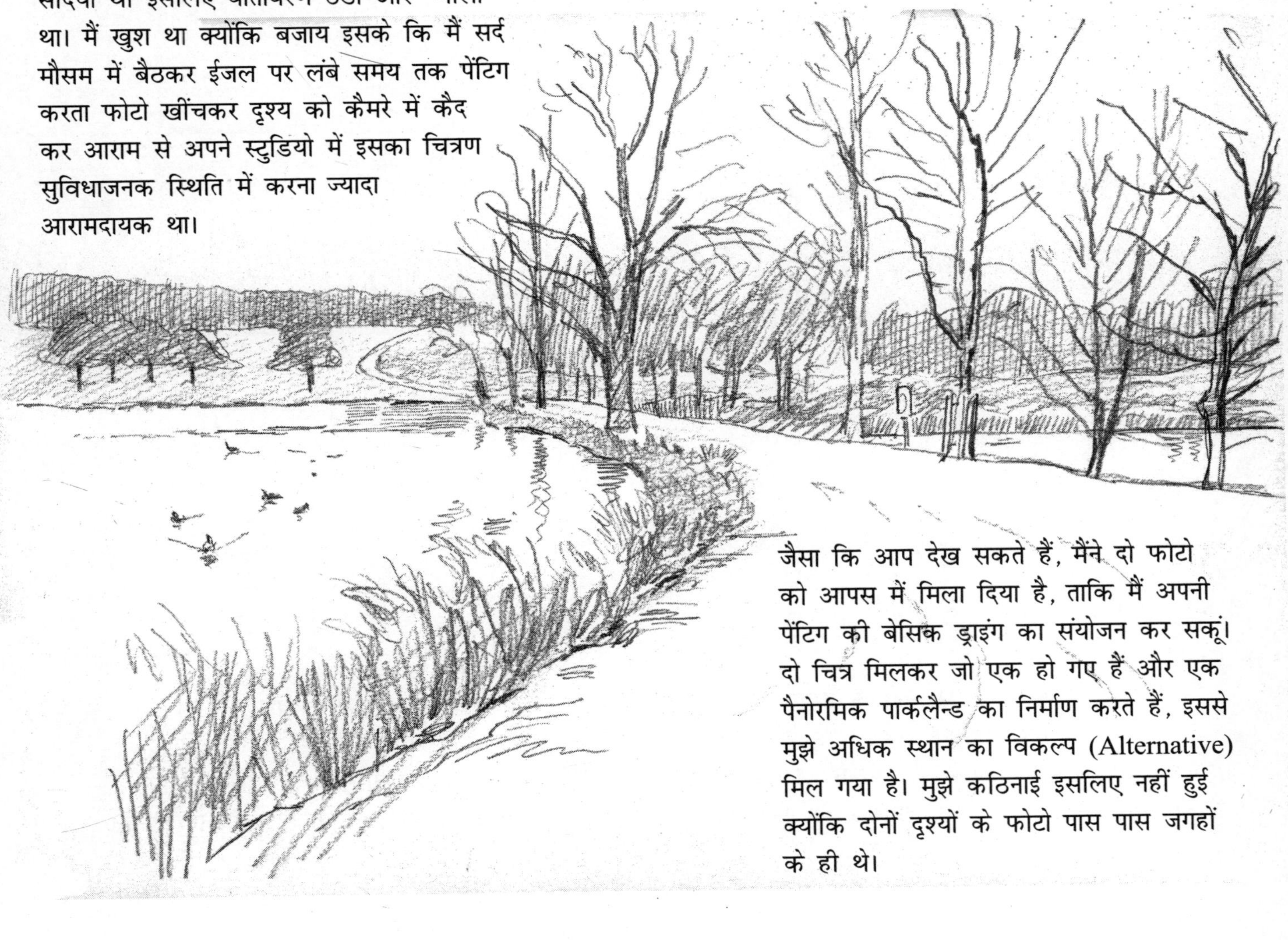

जैसा कि आप देख सकते हैं, मैंने दो फोटो को आपस में मिला दिया है, ताकि मैं अपनी पेंटिग की बेसिक ड्राइंग का संयोजन कर सकूं। दो चित्र मिलकर जो एक हो गए हैं और एक पैनोरमिक पार्कलैन्ड का निर्माण करते हैं, इससे मुझे अधिक स्थान का विकल्प (Alternative) मिल गया है। मुझे कठिनाई इसलिए नहीं हुई क्योंकि दोनों दृश्यों के फोटो पास पास जगहों के ही थे।

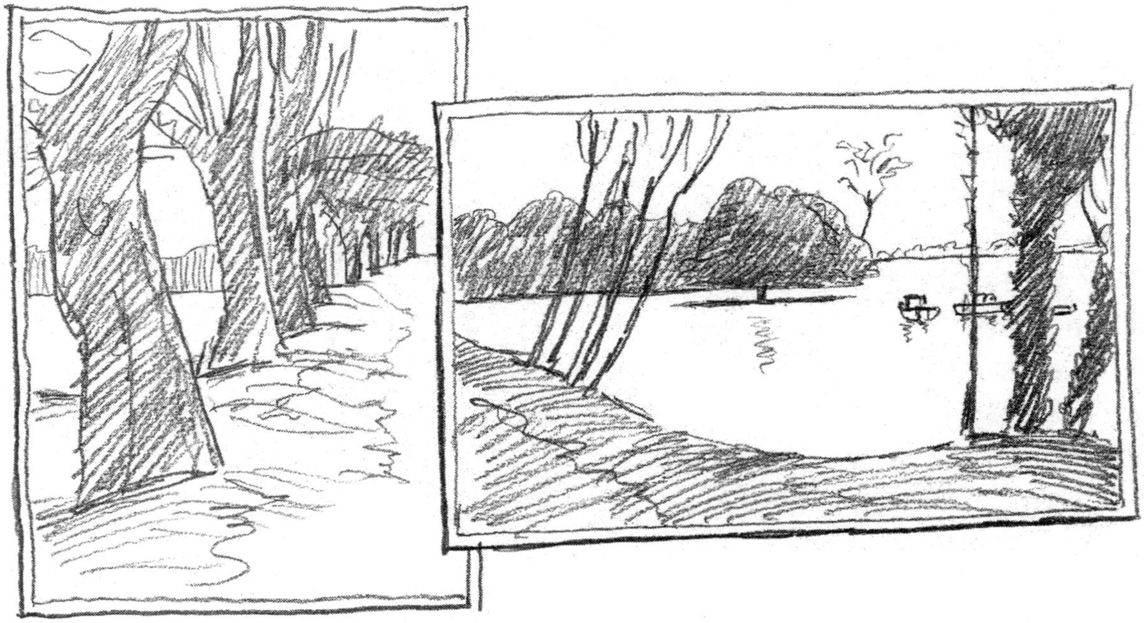

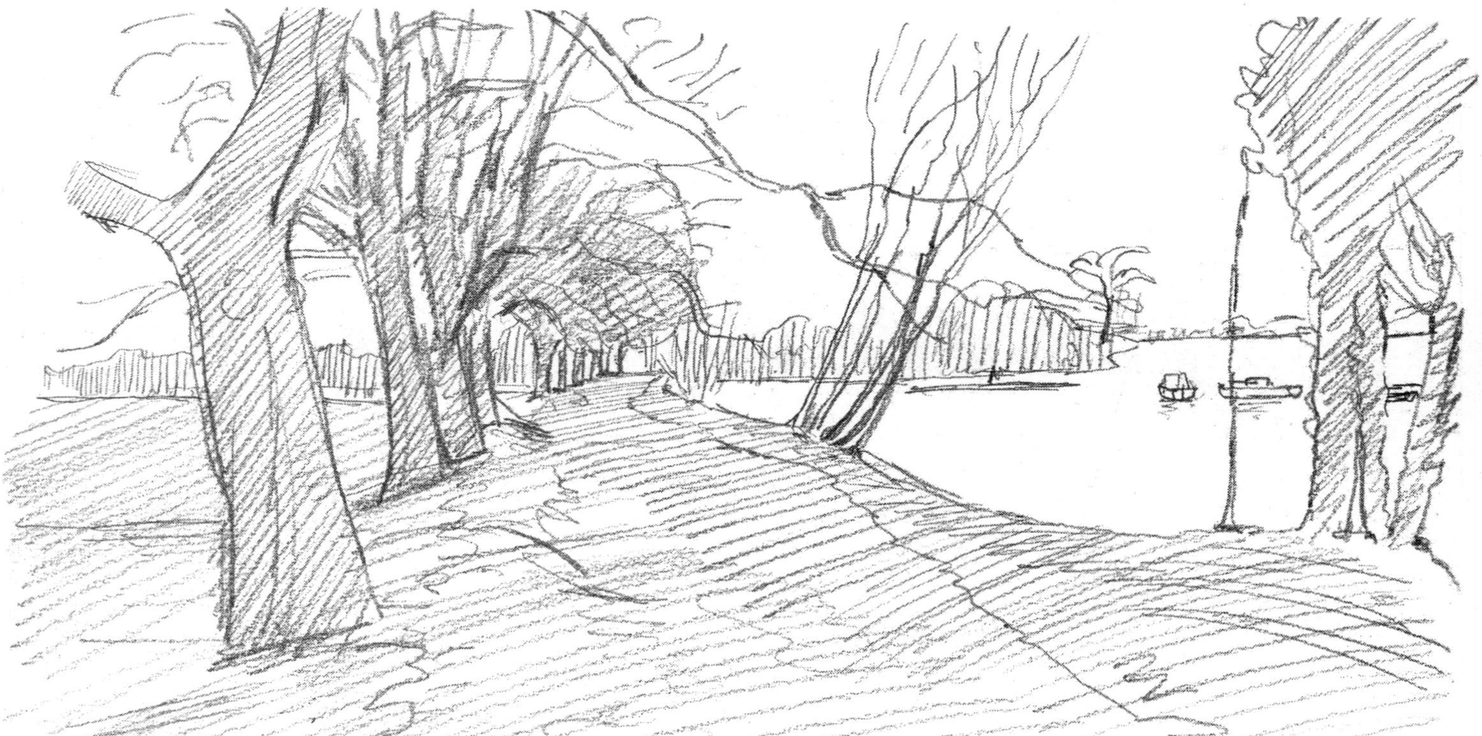

फिर मैंने टेम्स नदी के हैम्पटन कोर्ट के पास के भाग में नदी के तट के साथ-साथ जाते टो पाथ (एक सहायक सड़क) के पास से नदी के दो फोटो लिए। दोनों चित्रों के साथ जोड़ने के लिए मुझे टो पाथ को स्मरण (Memory) से बनाना पड़ा। पर यह ही अकेली समस्या नहीं थी। दोनों चित्रों को एक बनाने के संयोजन में खासी मेहनत करनी पड़ी। पर संयोजना शक्तिशाली बन गई है।

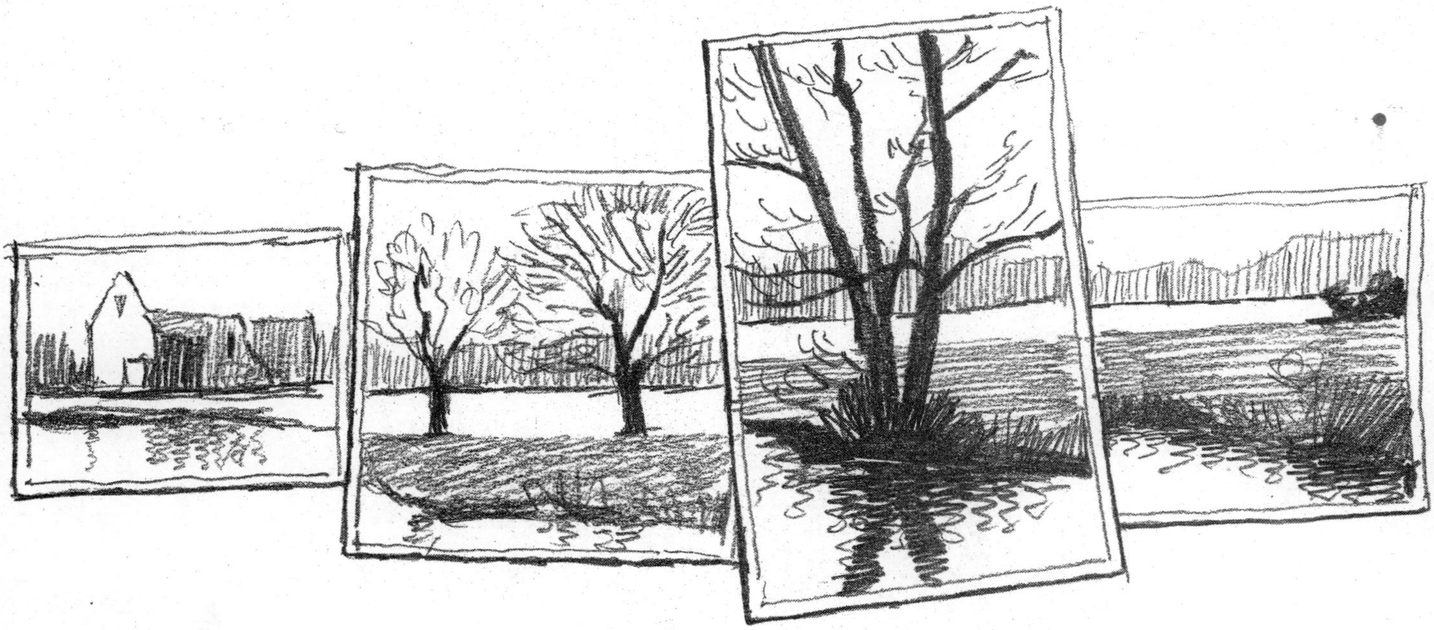

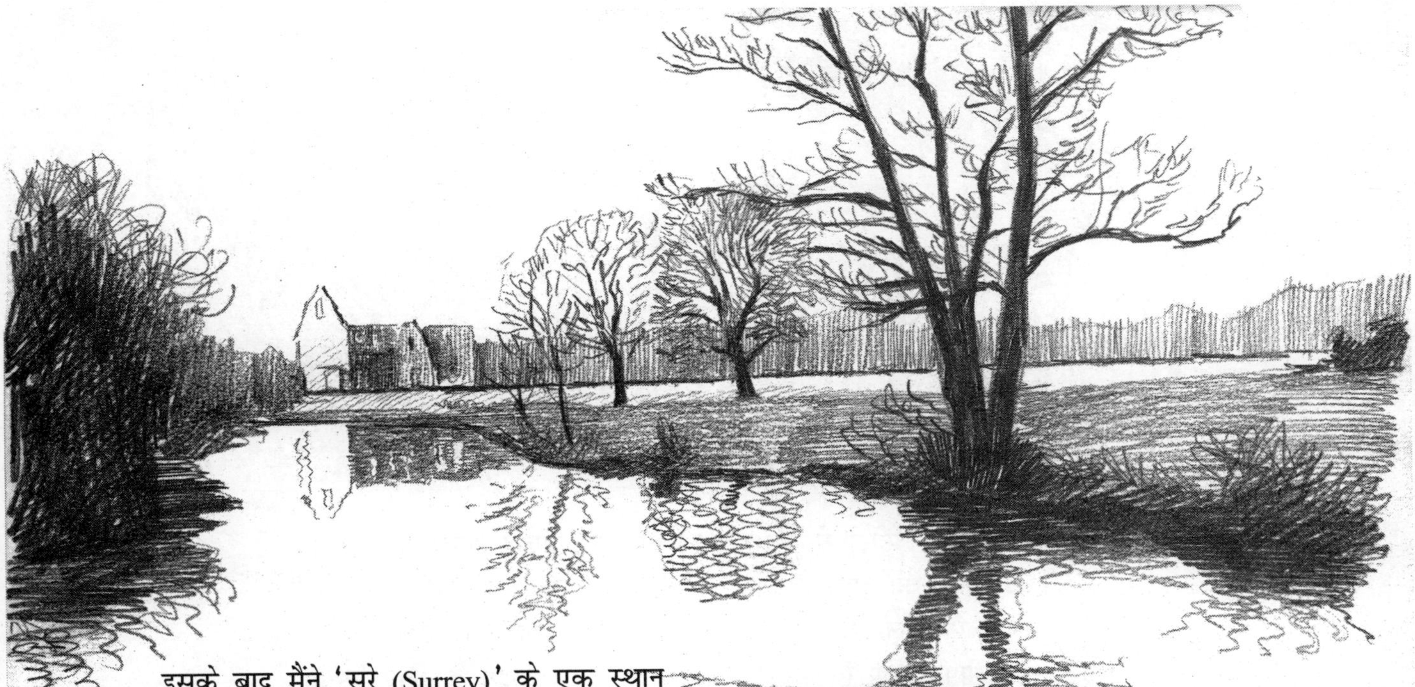

इसके बाद मैंने 'सरे (Surrey)' के एक स्थान की यात्रा की। जहां से एक पुराने खंडहर बने चर्च के पास से एक नदी गुजरती है। इस बार मैंने इस स्थान के 4 फोटो लिए। फिर इन्हें पास पास रखकर मैंने अपनी वांछित पेंटिग की संयोजना का जायजा लिया। यह काम आसानी से हो गया क्योंकि काफी कुछ तो फोटोग्राफों में था ही, और वास्तविक दृश्य ज्यादा जटिल नहीं था।

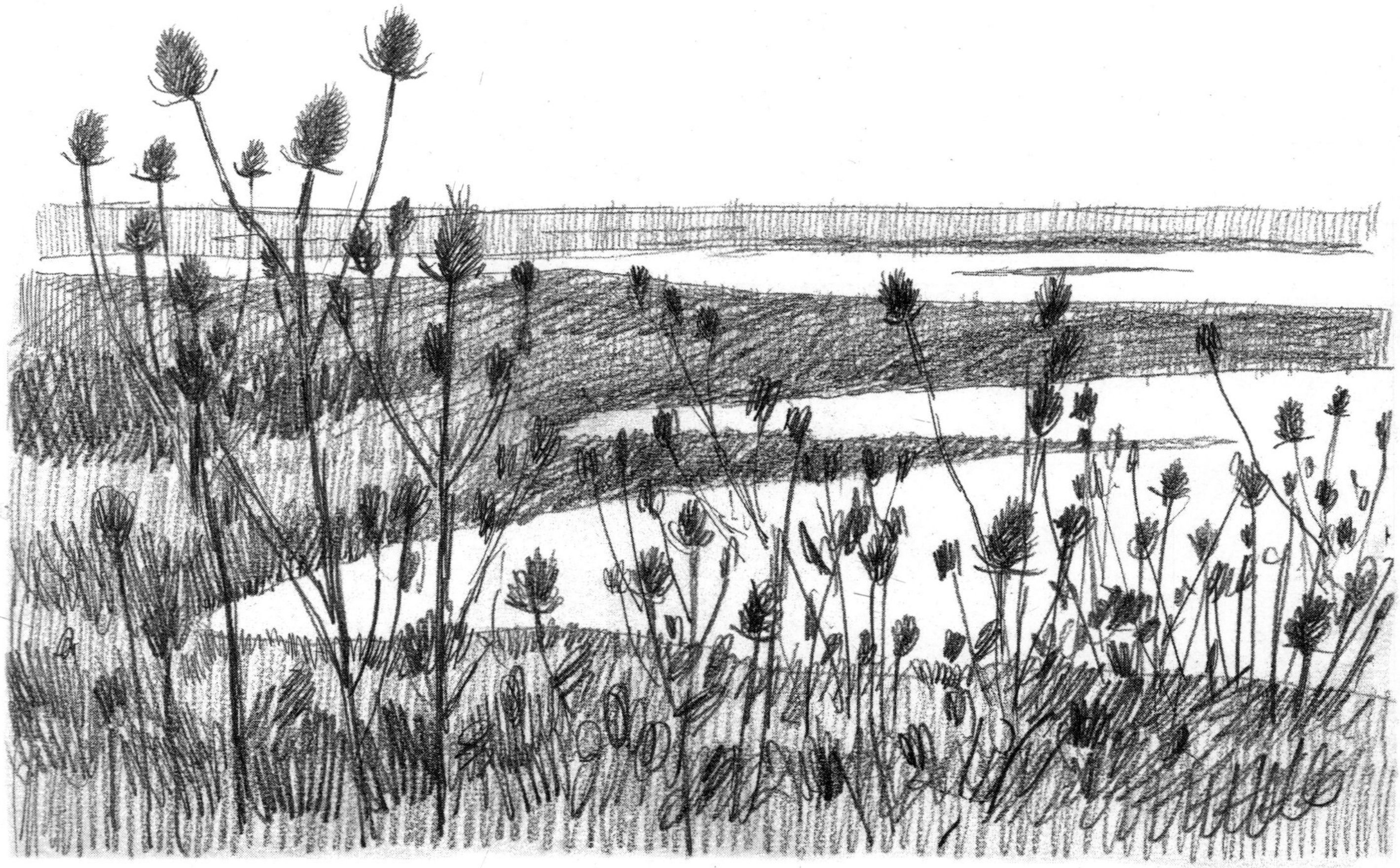

अंतिम चित्र एक ही फोटो से बन गया, इसमें वन्य-जीव अभ्यारण्य (Wild Life Sanctuary) का दृश्य है। यहां मैंने रास्ते के साथ उगी एक कांटेदार सिर वाली वनस्पति को क्लोजअप में रखा। बैकग्राउन्ड में नदी का तट दिखाई दे रहा है। इस तरह आपने देखा कि अगर आपकी आउटडोर ड्राइंग के लिए स्थिति ठीक नहीं है तो अपने खींचे हुए फोटो से सहायता लेकर अपने स्टुडियो के सुविधाजनक वातावरण में अपनी दृश्य-चित्रण की पेंटिग पूरी कर सकते हैं।

कला दीर्घाओं में जाना (Going to Art Galleries)

जब आप दूसरे चित्रकारों के काम से प्रभावित होकर उनसे प्रेरणा लेना चाहें, तो सबसे अच्छा तरीका है कि आप किसी कला दीर्घा (Art gallery) में जाएं। यहां हजारों चित्र देखने के लिए दीवारों पर टंगे रहते हैं। किन्तु, इन चित्रों में किसका सूक्ष्म अध्ययन किया जाए, यह कठिन काम हो सकता है। इन सब चित्रों पर समय व्यय करना थकान भरा काम होगा। इस तरह इन्हें देखकर जब आप घर लौटेंगे तो किसी भी चित्र की सूक्ष्मताएं आपकी स्मृति में नहीं होंगी।

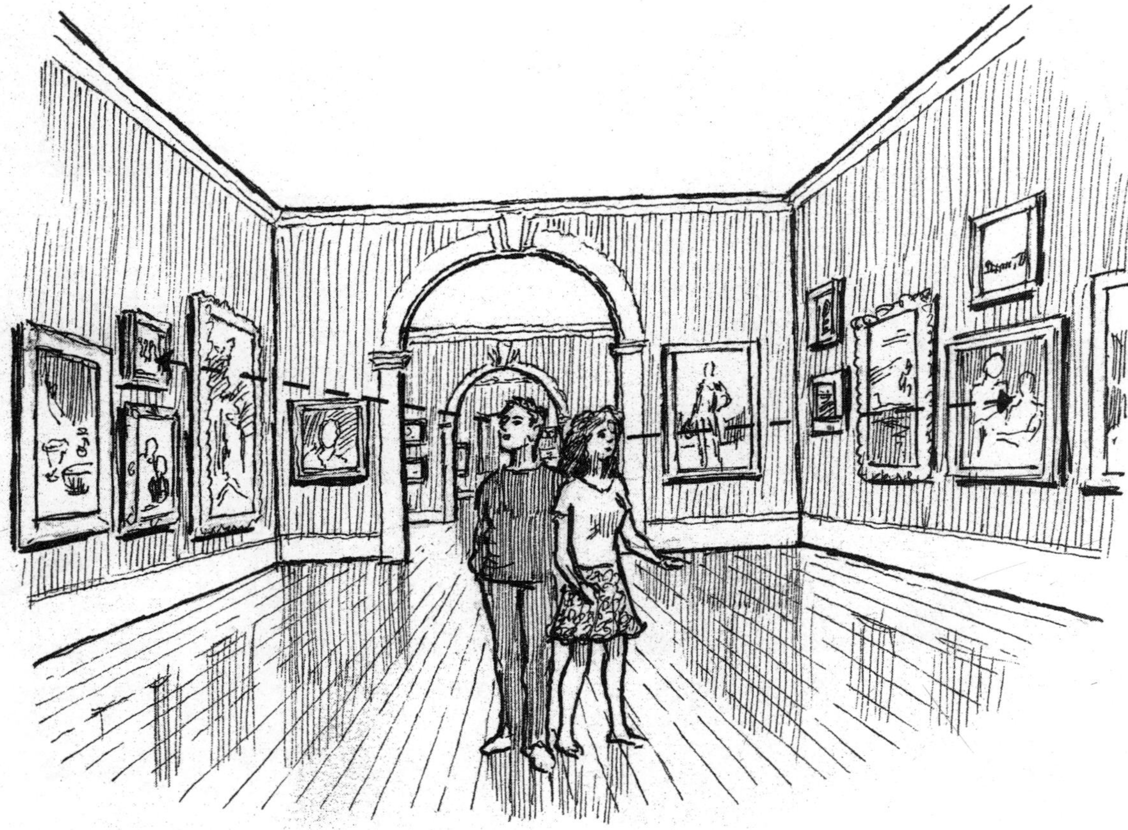

इसलिए जब भी आप किसी कला दीर्घा में जाएं तो दीर्घा (Gallery) में घूम कर देखें कि कौन सा चित्र आपकी आंखों को भा रहा है। यह कोई छोटा या बड़ा चित्र हो सकता है। यह कोई ऐसा चित्र हो सकता है जिसके रंग चटक हों और जिसकी संयोजना नाटकीय हो। इस तरह आप दीर्घा में चारों ओर नजर भर कर देखें जब तक कि आपको अपना मनभावन चित्र न मिल जाए। तब आप इसके निरीक्षण को अपना समय दें। अपने दिमाग पर जोर देकर सोचें कि इस चित्र ने ही आपका ध्यान क्यों खींचा। इस तरह गैलरी में किसी एक चित्र का चयन आपको कई दिलचस्प खोजों से सामना करा देगा।

जब आप किसी चित्र की तरफ गंभीरता से देख रहे होते हैं तब आप अपनी स्मृति में इसे स्थिर होने के लिए समय दें।

इसलिए चित्र की तरफ देखने में कुछ मिनट बिताएं, तब आप दूसरे चित्र की तरफ बढ़ें। चित्र की गुणवत्ता के लिए इसकी संयोजना पर गौर करें कि रंगों की स्कीम क्या है, टोन को किस ढंग से उकेरा गया है आदि आदि। तब आप जान सकेंगे कि चित्र के विषय के अलावा भी उसमें बहुत कुछ होता है। जल्दी ही आपको यह आभास हो जाएगा कि कुछ चित्र आपका ध्यान वास्तव में खींच रहे हैं। और कुछ चित्र नहीं। पर जब आप दुबारा गैलरी में जाएं तो इसके उलट हो सकता है कि पिछली बार पसन्द आने वाला चित्र अब आपको बिल्कुल भी पसन्द नहीं आ रहा है। और नापसन्द लगने वाला चित्र लुभावना लग रहा है। इसलिए यह आशा न करें कि आकर्षित करने वाला चित्र आपको हमेशा ही आकर्षित करता रहेगा।

कला की एक पूरी दुनिया आपके अनुसंधान (Explore) के लिए प्रतीक्षारत है।